〈개정판〉

한국 산업화 시기의 교육과 경제성장

－비교역사적 관점－

김영화 지

교육과학사

개정판 머리말

한국의 급속한 경제성장은 전 세계적인 관심의 대상이 되어 왔다. 세계은행(World Bank, 1993)의 통계에 따르면, 한국 전쟁 이후 세계에서 가장 가난한 나라 중의 하나였던 한국은 산업화가 추진되었던 1960년대 중엽부터 1990년대 중엽까지 세계 197개국 중 가장 빠른 경제 성장을 이룩한 것으로 나타났다. 실질 국민소득은 1963～1972년 8.25%, 1972～1979년 8.31%, 1979～1985년 5.29%, 1985～1995년 8.81%(Kim & Hong, 1997)의 높은 성장률을 보였으며, 산업화 시기(1963～1995년) 동안의 국민소득 연평균 성장률은 7.89%로서 세계에서 가장 높은 국가 중 하나였다.

한국의 경이적인 교육성장 역시 세계의 주목을 받아 왔다. 1945년 해방 직후 취학률이 60%를 밑돌았던 초등학교 교육은 1950년대 말에 이미 완전 취학 상태에 이르렀으며, 중등교육 역시 1970년대 이후 빠르게 성장하여 중학교 취학률은 1980년대 중엽 100%에 도달하였고, 고등학교 취학률은 1990년대 중엽에 90%를 넘어섰다. 고등교육도 1970년대 말부터 급속하게 팽창하기 시작하여 1990년대 들어서부터는 취학률이 북미 국가들에 이어 가장 높은 수준을 나타내었다. 뿐만 아니라 한국 학생들은 각종 국제학력평가에서 매우 우수한 성취도를 나타내 왔다. 특히 2000년부터 3년 주기로 실시되고 있는 경제협력개발기구(Organization for Economic Cooperation and Development: OECD)의 국제학생성취도평가(Program for International Student Assessment: PISA)에서 한국은 핀란드와 함께 최상위권을 유지해 오고 있어 한국 교육은 더욱더 세계의 관심을 끌게 되었다.

경제성장에 관심을 가지고 있는 국내외 학자나 정책결정자들은 이러한 한국의 급속한 경제성장과 교육성장을 관련지어 교육이 한국 경제성장의 원동력이 되었다고 논의하고 있다. 후발국들도 한국을 통해 이러한 교육의 역량을 배우고 싶어 한다.

필자가 한국교육개발원에 근무하던 1990년대 전반에 동남아시아, 아프리카, 남아메리카 등에 속한 많은 개발도상국에서 교육과 경제 관련 전문가들이 한국을 방문하여 과연 한국 교육의 어떠한 측면이 어떻게 경제발전에 기여했는지를 알고 싶어 하였다. 그러나 한국 경제성장에 대한 교육의 기여도를 계량적으로 분석한 연구물들은 지속적으로 축적되어 왔던 반면, 이 기여가 한국 교육의 어떠한 양상에서 비롯되었는지를 밝혀주는 연구들은 거의 수행되지 않았기 때문에 이들의 궁금증을 해소해주기 어려웠다.

이와 같은 배경 아래서 한국교육개발원에서는 1996~1997년 2개년에 걸쳐 한국 교육이 국가 발전 과정에서 수행한 역할을 분석하는 연구를 수행하였다. 이 연구에서는 교육과 국가 발전에 관한 제 이론을 탐구하여 한국에 있어서 교육과 국가 발전의 관계 모형을 설정하고, 지난 50년간 교육이 경제, 사회, 정치 발전 과정에서 수행한 역할을 실증적인 자료에 터하여 분석하였다. 연구 결과는 『국가발전에서의 교육의 역할 분석 연구(Ⅰ)(1994~1995)』(김영화 외, 1996)와 『한국의 교육과 국가발전(1945~1995)』(김영화 외, 1997) 두 권의 보고서로 출간되었다. 필자는 이 연구에 연구책임자로 참여하였으며, 이 책은 당시 필자가 주로 집필한 교육과 경제발전 부분을 발췌하여 수정 · 보완하고, 1995년 이후 글로벌 지식기반경제에 대응하여 전개된 한국 교육의 재구조화에 관한 내용을 추가한 것이다.

한국 교육이 다른 개발도상국의 교육과 어떻게 달랐기에 경이로운 경제성장에 기여했는지, 왜 한국 교육은 그렇게 다를 수 있었는지, 한국 교육의 그러한 특성이 경제성장에 긍정적으로 영향을 미칠 수 있도록 만든 제반 사회문화적 요인들은 무엇인지 등을 탐구하는 것은 학문적으로나 정책적으로나 매우 의미 있는 작업이다. 일단의 사회학자들(Fuller & Robinson, 1992; Benavot, 1992)은 교육과 발전의 관계는 보편적으로 성립되는 것이 아니라, 각 사회를 둘러싼 조건에 따라 달리 나타난다는 것을 강조하면서 이 조건을 규명하려는 노력을 기울였다. 이들에 의하면 계급구조와 지위경쟁의 양상, 경제와 노동시장의 구조, 경제 수요를 교육 부문에 반영시키려는 메커니즘(시장기제 또는 국가의 정치적 결정 과정) 등에 따라 양사의 관세는 날라지며, 따라서 이것은 양자의 관계가 사회에 따라 그리고 한 사회에서도 역사적 시기에 따라 달라진다는 것을 의미한다.

이 연구에는 비교역사적 관점이 반영되었다. 연구의 초점이 우리나라 경제성장에 교육의 어떠한 측면이 어떻게 기여했는지를 분석하는 데 있으므로, 이 연구에서는 교육의 기여도를 분석하는 계량적 방법뿐 아니라 국가 간 비교 분석이나 역사적 분석 등 질적 방법을 병행하여 교육의 경제성장 기여도와 함께 교육과 경제성장을 연결짓는 메커니즘을 분석하고자 하였다. 교육이 경제성장에서 수행한 역할은 시기별로 다를 것이라는 것을 주요 가설로 설정하여 한편으로 한국 산업화 과정의 각 단계에서 교육의 어떠한 측면이 경제성장에 어떠한 역할을 수행했는지를 분석하였으며, 다른 한편으로 우리와 유사한 시기에 산업화에 착수했으면서도 경제성장이 느리게 진행되어 왔던 남아시아, 남아메리카 및 아프리카의 몇몇 국가들과, 우리와 마찬가지로 빠른 경제성장을 이룩했던 신흥개발국들의 교육체제 및 그 발전 양상들을 비교 검토함으로써 우리나라 경제성장에 기여한 교육 발전 과정의 특징을 찾아내고자 하였다.

필자가 이 연구를 수행한 이후 개발도상국가의 경제 및 교육 관료와 전문가 대상 연수에서 연구 결과를 가지고 수차례에 걸쳐 특강을 실시한 바 있는데, 그 때 반응들이 매우 좋았다. 한편 2010년 한국이 OECD의 개발원조위원회(Development Assistance Committee: DAC)에 가입한 후 원조를 받던 나라에서 원조를 하는 나라로 바뀐 최초의 나라로서 세계의 관심을 받게 되었고, 한국 교육이 경제성장 과정에서 수행한 역할은 여전히 후발 국가들의 최대 관심사여서, 한국의 관계 기관들은 교육부문 공적 개발원조 차원에서 이들에게 문헌과 포럼, 세미나, 워크숍, 자문 등 다양한 통로를 통하여 한국의 경험을 전해주고 있다. 이 과정에서 이 연구 결과도 상당 부분 활용되었다.

이 책의 초판은 2002년에 한국학술정보(주)에 의해 전자도서로 출간된 바 있다. 수요자의 요청에 따라 인쇄본으로도 공급하기로 하여 인쇄본이 소량 발간되기는 하였으나, 당시에는 우리나라에서 전자도서가 대중화되지 않은 상태였고, 인쇄본도 쉽게 구할 수 없어, 이 책을 필요로 하면서도 이 책에 접근하지 못한 학우들이 많았다. 여러 곳에서 요청하여 연구의 일부를 수차례 문헌으로 발표하였는데, 이 문헌에 접한 학우들로부터 이 책의 구입 방법에 대한 문의를 받고도 알려주지 못하는 형편이었다. 지난해 대한민국 교육 70년을 회고하는 대한민국 역사박물관의 연구(오성철 외, 2014)에 참여하여 교육과 경제성장 부분을 집필하게 되면서, 이를 계기로 개정판을 발간해야겠다는 생각을 하게 되었다.

한국 교육이 한국 산업화 과정에서 수행한 역할에 대해 긍정적으로 평가하는 시각이 국제적으로 주류를 이루는 가운데서도, 다른 한편에서는 1990년대 중엽 맞이한 아시아 외환위기를 전후로 하여 한국을 포함한 동아시아 국가들의 발전모델과 그 한계에 대해 재검토해야 한다는 논의들이 확산되었다. 국내에서도 글로벌 지식기반 경제에서 국가 경쟁력을 확보하기 위한 교육의 역할을 재조명하는 논의들이 전개되었고, 1995년 발표된 김영삼 문민정부의 교육개혁안을 시작으로 교육 재구조화 작업이 추진되어 왔다. 개정판에서는 별도의 장을 할애하여 1995년 이후 한국의 교육 재구조화 작업을 경제성장과 연계지어 검토하였다.

이 책의 구성은 다음과 같다. 먼저 1장에서는 한국의 경제발전과정을 개관하였다. 2장에서는 한국 교육의 경제성장 기여도에 대한 계량적 분석 결과들을 검토하였다. 초판에서는 연구 당시 용역을 의뢰하여 수행한 연구결과만을 제시하였으나, 개정판에서는 한국 교육이 경제성장에 시기별로 얼마나 기여했는지를 계량적으로 분석한 주요 선행연구들을 종합적으로 검토하였다. 이어 3장에서는 초등교육과 문해교육이 경제성장에 어떻게 기여했는지를 분석하였다. 초판에서는 초등교육만 다루었으나, 학교체제 밖에서 사회교육 차원에서 이루어진 문해교육도 초등교육과 유사한 효과를 나타내었기 때문에 추가하여 검토하였다. 4장과 5장에서는 중등교육과 고등교육이 각각 경제성장에 어떻게 기여했는지를 분석하였으며, 6장에서는 교육투자가, 7장에서는 학교체제, 교육과정 및 교육계획이 경제성장과 어떠한 관련성이 있는지를 검토하였다. 개정판에서는 6장에서 국제 원조의 활용부분을 추가로 검토하였다. 마지막으로 8장에서는 상술하였듯이 1995년 이후 글로벌 지식기반경제에 대응하여 전개된 한국 교육의 재구조화 과정을 경제성장과 관련지어 검토하고, 그 한계와 과제를 논의하였다. 초판에서는 8장에 경제성장에 영향을 미친 교육 외적 요인들을 간략히 개관하였으나, 외적 요인들은 여러 분야에 걸쳐 방대하게 논의되고 있으므로 한 장으로 간략히 개관하는 것은 지나친 단순화를 초래할 가능성이 있다고 판단하여 개정판에서는 이 부분을 삭제하였다. 이외에 모든 장에서 새로운 자료를 추가하고, 논의를 심화시키며, 크고 작은 오류를 시정하는 등 수정 · 보완하였다.

이 책이 교육과 경제성장의 관계에 대해 학문적 관심을 가지고 있는 학우들과 경제성장 과정에서 교육이 수행한 역할에 관하여 한국의 경험을 배우고자 하는 후발국의 관련 전문가들, 그리고 이들에게 다양한 기회를 통하여 한국의 경험을 전해 주어야 하는 관계자들에게 도움이 되기를 기대한다. 끝으로 이 책이 나올 수 있도록 연구의 기회를 주신 한국교육개발원과 초판을 발행해 주신 한국학술정보(주), 그리고 개정판을 발간할 수 있는 계기를 마련해 주신 대한민국 역사박물관의 관계자들께 감사를 드린다. 아울러 이 책의 출판을 맡아주신 교육과학사의 김동규 사장님께도 감사의 말씀을 드린다.

2015년 6월

김영화

초판 머리말

한국의 급속한 경제성장은 전 세계적인 관심의 대상이 되고 있다. 세계은행의 통계에 따르면 한국 전쟁 이후 세계에서 가장 가난한 나라 중의 하나였던 한국은 1960년대 중반부터 최근까지 세계 197개국 중 가장 빠른 경제성장을 이룩한 것으로 나타났다. 한국의 경제 규모는 아프리카 대륙 42개국 전체의 규모를 능가하며, 동남아국가연합(ASEAN) 6개국 전체와 같을 정도이다. 국내총생산(GDP)은 1963~1973년 9%, 1973~1979년 9.26%, 1979~1990년 8.21%의 높은 성장률을 보였으며, 지난 30여 년 동안 국내총생산(GDP) 평균 성장률은 8.4%로서 세계에서 가장 높은 국가들 중 하나였다.

한국의 경이적인 교육 성장 역시 세계의 주목을 받고 있다. 한국의 교육 수준은 산업화를 시작할 당시에 이미 한국과 유사한 경제 수준을 가지고 있던 나라에 비해 월등히 높았으며, 그 이후 산업화 과정에서 급격히 성장하여, 현재 모든 학교급의 취학률이 세계 여러 나라 중 선두를 차지하고 있다. 고등교육 취학률의 경우 캐나다와 미국에 이어 세계 3위에 이르고 있다.

경제발전에 관심을 가지고 있는 학자나 정책 결정자들은 이러한 한국의 급속한 경제성장과 교육성장을 관련지어 교육이 한국 경제발전의 원동력이 되었다고 주장하고 있다. 후발국들이 한국을 통해 배우고자 하는 것도 바로 이러한 교육의 역량이다.

그러나 과연 한국교육의 어떠한 측면이 어떻게 경제 발전에 기여했는지를 알려주는 자료는 찾아보기 어렵다. Denison 등의 잔여요인분석법(The growth contribution approach)에 의하여 교육의 경제성장 기여도를 계량적으로 분석한 연구물들은 지속적으로 축적되어 왔으나, 이 기여분이 한국교육의 어떠한 양상에서 비롯되었는지를 실증적으로 밝혀주는 연구들은 거의 수행되지 않았다.

우리나라 교육이 다른 개발도상국의 교육과 어떻게 달랐기에 경이로운 경제성장에 기여했는지, 왜 한국교육은 그렇게 다를 수 있었는지, 한국교육의 그러한 특성이 경제성장에 긍정적으로 영향을 미칠 수 있도록 만든 제반 사회문화적 요인들은 무엇인지 등을 탐구하는 것은 학문적으로나 정책적으로나 매우 의미 있는 작업이다. 이와 같은 작업은 한편으로 우리나라의 지속적인 경제성장을 위한 시사점을 제공해 줄 것이며, 다른 한편으로 경제성장에 전력 질주하고 있는 후발 개도국들에게도 한국 경험에 터한 교훈을 제공해 줄 수 있을 것이다.

이러한 작업의 일환으로 한국교육개발원에서는 1996~1997년 2개년에 걸쳐 한국교육이 국가 발전 과정에서 수행한 역할을 분석하는 연구를 수행하였다. 이 연구에서는 교육과 국가발전에 관한 제 이론을 탐구하여 한국에 있어서 교육과 국가 발전의 관계 모형을 설정하고, 지난 50년간 교육이 경제, 사회, 정치 발전 과정에서 수행한 역할을 실증적인 자료에 터하여 분석하였다. 연구 결과는 『국가발전에서의 교육의 역할 분석 연구(Ⅰ)(1994~1995)』와 『한국의 교육과 국가 발전(1945~1995)』, 두 권의 보고서로 출간되었다. 필자는 이 연구에 연구책임자로서 참여하였으며, 이 책은 당시 필자가 주로 집필한 교육과 경제발전 부분을 편집한 것이다.

일단의 사회학자들(Fuller & Robinson, 1992; Benavot, 1992)은 교육과 발전의 관계는 보편적으로 성립되는 것이 아니라, 각 사회를 둘러싼 조건에 따라 달리 나타난다는 것을 강조하면서 이 조건을 규명하려는 노력을 기울이고 있다. 이들에 의하면 계급 구조와 지위경쟁의 양상, 경제와 노동시장의 구조, 경제 수요를 교육부문에 반영시키려는 메커니즘(시장기제 또는 국가의 정치적 결정 과정) 등에 따라 양자의 관계는 달라지며, 따라서 이것은 양자의 관계가 사회에 따라 그리고 한 사회에서도 역사적 시기에 따라 달라진다는 것을 의미한다.

이 연구에는 비교역사적 관점이 반영되었다. 연구의 초점이 우리나라 경제성장에 교육의 어떠한 측면이 어떻게 기여했는지를 분석하는 데 있으므로, 이 연구에서는 교육의 기여도를 분석하는 계량적 방법뿐 아니라 국가 간 비교 분석이나 역사적 분석 등 질적 방법을 병행하여 교육의 경제성장 기여도와 함께 교육과 경제성장을 연결짓는 메커니즘을 분석하고자 하였다. 교육이 경제성장에서 수행한 역할은 시기별로 다를 것이라는 것을 주요 가설로 설정하여 한편으로 한국 산업화 과정의 각 단계에서 교육의 어떠한 측면이 경제성장에 어떠한 역할을 수행했는지를 분석하였으며, 다른 한편으로 우리와 유사한 시기에 산업화에 착수했으면서도 경제성장이 느리게 진행되어 왔던 남아시아, 남아메리카 및 아프리카의 몇몇 국가들과, 우리와 마찬가지로 빠른 경제성장을 이룩했던 신흥개발국들의 교육체제 및 그 발전 양상들을 비교 검토함으로써 우리나라 경제성장에 기여한 교육 발전 과정의 특성을 찾아내고자 하였다.

경제발전의 제 측면은 여러 각도에서 조망할 수 있지만, 교육의 역할과 관련지을 때에는 대체로 경제성장과 소득분배의 두 측면에 초점이 맞추어진다. 본래의 연구에서는 경제성장과 소득분배 각각에 있어 교육이 수행한 역할을 분석하였지만, 이 책에서는 이 가운데 경제성장에서 교육이 수행한 역할 분석 결과만 수록하였다. 제1장에서 한국의 경제발전과정을 개관하였으며, 2장에서 한국교육의 경제성장 기여도를 계량적으로 분석하였다. 이어 3장, 4장, 5장에서는 각각 초등교육, 중등교육, 고등교육이 경제성장에 어떻게 기여했는지를 분석하였으며, 6장에서는 교육투자가, 7장에서는 학교체제, 교육과정 및 교육계획이 경제성장과 어떠한 관련을 맺어 왔는지를 분석하였다. 우리나라의 경제성장 동인은 교육 외의 요인에서도 찾아볼 수 있는데, 8장에서는 경제성장에 영향을 미친 교육 외적 요인들을 간략히 개관하였다. 마지막으로 9장에서는 분석 결과를 요약하고 분석 결과를 바탕으로 결론을 맺었다.

필자가 이 연구를 수행한 이후 개발도상국가의 경제 및 교육 관료와 전문가 대상 연수에서 연구 결과를 가지고 수차례에 걸쳐 특강을 실시한 바 있는데, 그 때 반응들이 매우 좋았다. 이 연구 결과는 교육과 경제성장 간의 관계에 대하여 관심을 가진 사람들과 이 문제에 대한 한국의 경험을 알고자 하는 사람들에게 도움이 될 것으로 기대한다. 아울러 우리 국민들의 교육에 대한 지지와 지원을 확고히 하고, 앞으로 교육을 어떤 방향으로 그리고 어떤 정책으로 이끌어 가야 할 것인가를 결정하는 데 기초 자료를 제공해 줄 것으로 생각한다.

차 례

표 차례

그림 차례

제1장

한국의 경제성장 과정

1. 시기별 경제발전 전략
2. 경제 및 노동시장 구조 변화

해방 이후 50여 년 동안 한국은 세계적으로 유례없이 급속한 경제성장을 이룩하였다. 60년대 초반까지는 전쟁으로 파괴된 공장 복구와 동시에 수입 대체를 중시하는 공업화 전략에 의해서, 그리고 그 이후는 수출주도형 공업화 전략에 의해서 휴전 이후 41년간 우리 경제의 규모는 약 21배의 증가를 나타내었다. 연평균 7.6%씩 성장한 결과이다. 특히 1962년 제1차 경제개발 5개년 계획이 실시된 이후 한국의 산업발전과 경제성장은 주목할 만한 성과를 거두었다. 1962년 한국인의 1인당 국민총생산(GNP)은 경상가 87달러였으나 1985년 2,242달러, 1994년에는 8,483달러에 달하였다. 이 장에서는 우리나라의 산업화 과정에서 경제발전 전략의 변화를 간략하게 개관하고, 이어 경제 및 노동시장 구조의 변화를 개관하고자 한다.

1. 시기별 경제발전 전략[1)]

한국의 산업화 시기 경제발전 전략은 시기별로 크게 다섯 단계로 나누어 볼 수 있다. 즉, ① 해방과 전후 복구기(1945~1960), ② 노동집약적 경공업 중심의 대외 지향적 공업화 시기(1961~1972), ③ 자본집약적 중화학 공업의 선택적 육성을 통한 산업화 시기(1973~1980), ④ 산업 구조의 고도화와 지식 · 기술집약적 산업화 시기(1981~1995) 등이다.

1) 이 절은 별도의 출처 · 인용이 없는 한, 한국개발연구원(1995)의 『한국경제 반세기: 역사적 평가와 21세기 비전』 제1장과 전국경제인연합회(1986)의 『한국 경제 40년사』, 대한민국정부의 『제6차 경제개발 5개년 계획 1987~91』을 참조하였다.

1) 해방과 전후 복구기(1945~1960)

오랜 역사에 비해 경제적으로 낙후되었던 한국은 특히 36년간 일제의 식민지 약탈 정책으로 인해 해방 당시 산업이라 할 기반이 거의 없었다. 더욱이 해방 직후 약 10년간 한국은 좌우익의 분열 등으로 인한 극심한 정치사회적 혼란과 남북분단, 한국 경제의 일본 경제권으로부터 분리, 해방 직후 통화량의 급팽창과 초고속 인플레이션 등으로 경제 불안정과 침체 상태에 있었다. 국내의 제조업 생산은 급격히 감소하였으며, 양곡 생산까지도 감소하여 급격히 증가하는 인구에 필요한 식량도 제대로 공급할 수 없었다.

더구나 1950년부터 3년간 지속되었던 한국전쟁은 한국 경제의 부흥을 더욱 어렵게 만들었다. 한국전쟁 3년간 민간 부문의 물질적 전쟁 피해액은 1953년 경상 GNP의 85% 정도에 해당하였고, 산업 시설에 대한 전쟁 피해는 전전 시설의 42~44%에 해당하였다. 1953년의 총재화순생산은 1940년의 총재화순생산보다 27% 감소하였고, 1940~1953년간 1인당 재화순생산은 44%나 감소하였다. 1948년 남한의 제조업 생산고는 1939년 수준의 약 15%에 불과하였고, 해방 이후 미국의 원조 수입을 제외한 남한의 무역 규모는 1940년 수준의 1%에도 미치지 못하였다가 서서히 증가하는 추세를 보였으나 1953년까지도 1940년 수준의 15%에도 달하지 못하였다.

한국전쟁이 종료된 1953년부터 제1차 경제개발 5개년 계획이 시작된 1962년 사이의 한국경제는 여전히 침체 상태에 있었다. 이 기간 중의 전후 복구는 미국과 유엔의 원조 없이 자력으로 감당하기 어려웠다. 1953년부터 1960년 사이에 유엔 한국부흥단에서 제공한 원조와 미국의 공공 원조는 18억7천 달러에 이르렀고, 이러한 원조 자금의 대부분이 무상 원조의 형태로 제공되었다. 이러한 외국 원조는 전후 복구기 상품 및 용역 수입의 70% 이상에 해당하는 자금을 조달하였다.

휴전 직후 몇 년간은 전쟁으로 파괴된 하부구조와 산업시설의 복구에 중점을 두어 보다 긴급한 공장과 사회간접자본의 복구 작업을 추진하였으며, 1957년 중반부터는 정책적 역점을 점차 전재 복구에서 경제 안정화 쪽으로 전환시켜 갔다. 이 기간 동안 농산물의 수확량이 증가하였고 식료품 및 섬유류 등의 소비자 산업이 태동하는 등 이 시기는 경제의 틀이 서서히 잡혀가는 재건의 시기였다.

투자가 저조하여 실질 경제성장률도 연평균 4%에 불과하였으나 이 기간부터 우리의 경제성장은 제조업 부문에 의해서 주도되기 시작하였다. 이 기간 중 GNP에서 농림어업 부문이 차지하는 부가가치 비중은 47%에서 37%로 10% 포인트 감소했던 반면, 제조업 부문 비중은 9%에서 14% 수준으로 증가함으로써 공업화로 진일보하였다. 이 기간 중 급속히 성장한 산업은 식품가공업과 섬유산업 등의 경공업이었으며, 중화학공업 부문에서는 자본집약도가 상대적으로 낮은 석유 및 석탄의 잡제품, 고무제품과 비금속 광물 제품 등이 비교적 높은 성장률을 나타내었다.

그러나 이 시기의 한국 경제는 저개발국들이 직면하는 문제들인 빈곤과 다산, 높은 실업률, 낮은 저축률 등의 문제를 안고 있었다. 또한 수출은 거의 이루어지지 않고 원자재 및 공산품의 수입이 무역의 대부분을 차지하였던 수입 대체가 무분별하게 이루어졌다.

2) 노동집약적 경공업 중심의 대외 지향적 공업화 시기 (1961~1972)

이 시기부터 한국 경제는 지속적인 확장기에 접어든다. 1960년대 전반은 우리나라 경제 정책의 일대 전환기로서 이 기간에 정부는 그때까지 주력해 왔던 전재 복구와 경제 안정화 정책을 포기하고 공업화를 통한 고도성장 전략으로 방향을 전환하였으며, 공업화 전략도 종래의 수입대체 위주에서 수출주도형 전략으로 전환하였다.

1961년 5 · 16 군사정변으로 집정하게 된 당시의 군사정권은 1962년부터 5개년 경제개발계획(〈표 1-1〉 참조)을 실시하여 강력한 정부 주도하에 외자 도입을 장려하고 투자 증대와 수출 증대를 통한 공업 성장을 시도하였다. 정부는 저개발 상태에서 탈피하기 위하여 환율제도 개혁, 종합적 수출지원제도 확립과 수입 자유화 조치 등을 통하여 주도적으로 공업화 정책 및 공산품 수출 정책을 추진하였으며, 기업들의 수출을 장려하기 위해 다양한 특혜 제도를 마련해 주었다. 이러한 대외 지향적 개발 전략의 추진은 당시 ① 동원 가능한 많은 유휴 노동력과 경제개발에 대한 국민의 염원 등 국내 경제 여건, ② 선진 공업국들이 노동집약적 산업이나 낮은 부가가치를 창출하는 산업에서 점차 손을 떼는 국제 환경, ③ 석유를 포함하는 1차 상품의 저렴한 가격 및 국제 경제의 순조로운 성장에 따른 상품 수요의 부단한 증가 등 국제경제의 호조에 힘입어 한국 경제가 1960년대를 통하여 고도성장을 이룩할 수 있도록 하였다.

제1차 경제개발 5개년 계획(1962~1966)은 원조 의존적 소비경제 체제에서 탈피하여 자립적 공업화 경제로의 이행이라는 내부적 요구에 의해 입안되었고 전력, 비료, 정유, 합성섬유(나일론계), 시멘트, PVC 등이 주요 공업 발전 분야로 등장하였다(〈표 1-2〉 참조). 한편 2차 경제개발 5개년 계획(1967~1971)은 수입 대체 공업을 개발하기 위하여 철강, 기계, 화학 등 기간산업의 건설을 시도하였고 섬유, 고무제품, 합판 등 기존 경공업을 수출 공업으로 발전시켜 한국의 공업화를 국제 분업 체제에 편입시킨 대외 지향적 공업화로 특징지어진다. 이 시기의 주요 공업 발전 분야는 합성섬유(폴리에스터계), 석유화학, 전기기기(TV, 냉장고) 등이다. 그러나 2차의 경공업 수출화 정책은 수입에 의한 수출화를 초래함으로써 국제수지 적자폭을 확대시켰다.

표 1-1 경제개발 5개년 계획의 개관

구분	목표	경제 성장률 % (실적)	개발전략 (정책과제)	공업화 기조
제1차 5개년 계획 (1962~1966)	1. 사회·경제적 악순환(저소득-저투자-저생산-저소득)의 시정 2. 자립 경제 달성을 위한 기반의 구축	7.1 (8.5)	1. 농업생산력의 증대에 의한 국민경제의 구조적 불균형 시정 2. "에너지" 공급원의 확보 3. 기간산업 확충과 사회 간접자본의 충족 4. 유휴자원 활용 5. 국제수지 개선 6. 기술의 진흥	공업화 출발의 기반 정비
제2차 5개년 계획 (1967~1971)	1. 산업구조의 근대화 2. 자립경제의 확립을 더욱 촉진	7.1 (9.7)	1. 식량자급과 수자원의 개발 2. 공업고도화의 기반조성(화학·철강·기계공업) 3. 7억불 수출과 수입대체 촉진-국제수지 개선 4. 고용증대, 가족계획 추진, 인구팽창 억제 5. 영농의 다각화와 농가소득 향상 6. 과학과 경영기술진흥과 생산 향상	대외지향적 공업화
제3차 5개년 계획 (1972~1976)	1. 성장·안정·균형의 조화 2. 자립적 경제구조 실현 3. 지역개발의 균형	8.6 (10.1)	1. 주곡의 자급화 2. 농어촌 생활환경개선 3. 국제수지 개선 4. 중화학공업 건설로 공업의 고도화 5. 과학기술 향상과 인력 개발 6. 사회 간접자본의 균형적 확대 7. 국토자원의 효율적 개발산업 및 인구의 적정 분산 8. 사회보장과 국민복지 향상	수출주도형 중화학공업의 건설
제4차 5개년 계획 (1977~1981)	1. 자력 성장구조의 실현 2. 사회개발의 촉진 3. 기술혁신과 능률 향상	9.2 (5.5)	1. 투자재원의 자력조달 2. 국제수지 균형의 달성 3. 산업구조의 개편과 고도화 4. 새마을사업의 확대 5. 과학기술 투자의 확대 6. 경제운용과 제도개선	기술집약적 공업개발

제5차 5개년 계획 (1982~1986)	1. 경제안정기반 정착을 통한 국제수지의 개선 2. 안정성장을 통한 소득 증대 3. 균형을 통한 국민복지의 증진	7.6 (7.9)	1. 물가안정의 조정 2. 비교우위산업의 육성 3. 투자효율의 극대화 4. 시장경쟁의 촉진 5. 대외개방의 적극화 6. 새로운 노사관계의 정착 7. 사회개발의 확충	선진국형 공업화 지향
제6차 5개년 계획 (1981~1991)	1. 능률과 형평을 토대로 한 경제 선진화 2. 국민복지의 증진	7.2	1. 고용기회 확대를 위한 적정 성장의 지속 2. 물가안정 기조의 견지 3. 국제수지 흑자기조의 정착과 외채부담 완화 4. 산업구조 조정촉진과 기술입국의 실현 5. 지역 간 균형발전과 농어촌 종합 개발 6. 국민복지 증진과 형평 제고 7. 시장경제질서의 창달과 정부기능의 재정립	산업구조 개편을 통한 기술입국의 실현

자료: 전국경제인연합회(1986). 한국 경제정책 40년사, 28.
대한민국정부(1986). 제6차 경제 사회 개발 5개년 계획(1987~91), 1-3.

표 1-2 한국 공업화 전략 추이

	제1차 계획 (1962~1966)	제2차 계획 (1967~1971)	제3차 계획 (1972~1976)	제4차 계획 (1977~1981)	제5차 계획 (1982~1986)	제6차 계획 (1987~1991)
공업 개발 전략	• 기초산업 육성과 사회 간접자본 경비 (자주공업기반 구축)	• 자본재 수입대체화와 경공업의 수출화(대외지향적 공업화)	• 중화학공업 건설(산업구조 고도화)	• 산업구조개편과 경쟁력 제고(자력성장 구조의 실현)	• 선진국형 공업화(지식, 정보 집약적 산업 개발)	• 산업구조개편과 기술입국의 실현(국제경쟁력 배양)
주요 공업 발전 분야	전력, 비료, 정유, 합성섬유(나이론사), 시멘트, PVC	합성섬유(폴리에스터계), 석유화학, 전기기계(TV, 냉장고)	철강, 수송용 기계, 가정용 전자기계(TV, 트랜지스터), 조선, 석유화학 콤비나트	철강, 산업용 기계, 전자기계 및 부품, 조선	정밀기계, 전자공업, 지식, 정보 산업	기계, 전자, 수송기기, 정밀화학

자료: 전국경제인연합회(1986). 한국 경제정책 40년사, 32.
대한민국정부(1986). 제6차 경제 사회 개발 5개년 계획(1987~91), 36.

3) 자본집약적 중화학 공업의 선택적 육성을 통한 산업화 시기(1973~1979)

이 시기는 대체로 제3차(1972~76)와 제4차(1977~1981) 경제개발 5개년 계획 기간에 해당한다. 정부는 1973년 초에 중화학공업화를 선언하고 철강, 비철금속, 기계, 조선, 전자와 화학 등 6개 중화학공업 분야의 육성을 위하여 1973년에서 1981년 사이에 총 2조 9천 8백억 원 상당을 투자할 것을 주 내용으로 하는 중화학공업건설계획을 발표하였다. 1, 2차 개발 계획에 의해 개발·성장된 신흥 공업에 원자재와 시설재를 공급함으로써 이들 공업의 해외 의존성을 단절시키고, 1960년대에 추진된 경공업화를 통한 수출 목표 확대의 한계를 타개하기 위한 돌파구를 마련하는 한편, 중화학공업 개발에 따른 소득 창출 효과를 얻음으로써 수출 주도형 중화학공업체제를 구축하려는 것이었다.

노동집약적 경공업에 치중된 수출 주도 산업화는 아래로부터 후발도상국들의 경쟁력 상승과 위로부터 수입 선진국들의 보호 장벽 구축에 의해 양면 위협을 받게 되었다. 이러한 경제적 어려움을 극복하기 위해서는 경공업 수출 상품보다 단가가 높고 부가가치가 큰 중화학 상품 위주의 수출산업 구조화가 필요하게 되었다. 또한 장기적으로 해외 의존도를 낮추고 자립적인 산업구조를 구축하기 위해서는 시설재 및 중간재 산업으로서 전후방 연관 효과가 큰 중화학공업 구조로의 전환이 필연적이라고 보았다. 한편 한국의 자체적 방위 능력 향상에 긴요한 국내 방위산업 건설을 위해서도 중화학공업 건설이 불가피하였다.

중화학공업건설계획에 포함된 거의 모든 사업은 사실상 민간 기업이 담당해야 하기 때문에 이 계획을 추진하기 위해서는 자본, 기술, 기술인력, 공업입지 및 기업가 등을 포함하는 자원들을 중화학공업 부문에 동원해야 하는 문제가 있었다. 정부는 이와 같은 문제를 해결하기 위해 중화학

공업 부문에 대한 정책적인 장기금융자금 지원 증대, 조세 유인 제공, 원활한 인력 공급을 위한 각종 전문 및 직업 교육기관의 정원 확대 및 시설 능력 확장, 중화학공업 분야 연구개발 촉진을 위한 새로운 연구소 창설, 중화학공장의 입지를 위한 공업 단지 건설 확대 등의 조치를 취하였다.

1976년 이후부터 중화학공업화 계획은 활발하게 추진되었으며, 그 결과 경제기획원의 제4차 5개년 계획 중간 평가에 의하면 1979년 말에 이미 2조 8천 600억 원이 투자되었다. 중화학공업 대 경공업의 부문별 투자 비율이 60 : 40으로 계획되었지만, 1979년에 75 : 25로 중화학 부문에 과잉 투자되는 상황에 이르렀다.

그러나 이 시기에 중화학공업이 수출 지향의 개별 기업 사업으로 출발하였기 때문에 한국 공업화의 자력 성장을 위한 기초적 재생산 기반 공업 부문으로서의 역할을 수행하지는 못하였다. 즉, 자본재와 중간 원자재를 생산하여 관련 산업으로 공급하는 역할을 하지 못하고 수출 중화학 제품 생산의 가공 산업으로 발전하여 수입 의존적 수출 규모를 확대시켰다.

이러한 외형적, 양적 공업화는 외자 의존 이식적 공업화일 수밖에 없었고, 1973년 석유파동을 기점으로 산업구조의 불균형과 공업 체질의 취약성을 드러내어 제4차 경제개발계획부터는 공업화의 방향을 수정하게 되었다. 4차 계획에서는 3차 계획 기간 중 건설된 중화학 공업의 전후방 관련 체제를 정비하여 한국 공업의 자력적 확대 재생산의 기반을 정립하고자 하였다. 그러나 결과적으로 큰 성과를 거두지 못한 채 3차에 걸친 '중화학공업 조정'이라는 구조적 불황 공업 대책이 등장하게 되었다. 중화학공업 조정의 목적은 과잉 시설 문제를 해결하고, 생산의 전문화를 통한 규모의 경제 이익을 얻을 수 있도록 경쟁적인 중화학기업 간에 합병을 추진하거나 경우에 따라서 일부 공장 시설 규모를 축소 조정하는 데 있었다. 그러나 이러한 중화학공업의 투자 조정 노력에도 불구하고, 이 부문의 생산 활동은 80년대 중반까지는 계속 부진하였다. 소위 3저 호기로 인한 전반적인 경기 상승이 있었던 1986년 이후에야 문제시되던 대부분의 중화학공업도 수출의 급속한 증가를 통해서 시설 가동률과 기업 수익성을 높일 수가 있었다.

1970년대의 중화학공업 육성 정책은 경공업에 대한 투자는 등한시한 채 중화학공업 일변도의 투자를 단행한 결과, 단기적으로는 시설의 가동률 저조로 인한 자원의 낭비, 경공업의 국제경쟁력 약화 등의 문제를 야기시켰으나, 장기적으로는 제조업 생산 구조와 수출 상품 구조의 개선을 가져왔다는 측면에서 성공적인 것으로 평가되고 있다.

4) 지식 · 기술 집약적 산업화 시기(1980~1995)

1980년대에 들어서는 국제 무역상의 보호무역주의 경향과 임금 상승 추세에 대응하여 기술집약적 첨단 산업에 집중 투자함으로써 산업구조가 고도화되었으며, 자동차, 반도체, 컴퓨터, 통신기기 등이 주력 산업으로 등장하였다. 1970년대 후반의 중화학공업 육성 정책은 자본재와 중간 원자재를 생산하여 관련 산업으로 공급하는 역할을 하지 못하고, 수출 중화학제품 생산의 가공 산업으로 발전하여 수입 의존적 수출 규모를 확대시킴으로써 외자 의존 이식적 공업화의 길을 걸을 수밖에 없었다.

이에 따라 중화학공업 조정이라는 구조적 불황 공업 대책이 등장하였고 제5차 경제사회개발 5개년 계획(1982~1986)에서는 공업화의 선도 산업을 중화학공업에서 기술집약적 공업으로, 다시 지식 · 정보 집약적 공업으로 이행시켰다. 제6차 개발계획에서는 선진국의 보호 무역주의 등 어려워진 국제 여건 속에서 국제 경쟁력을 배양하기 위하여 산업구조의 개편과 기술입국의 실현을 도모하였다.

1980년대 전반기에는 기술 개발비 세액 공제, 기술 개발 자금 지원 등 정부의 지원이 확대되었으며, 외국인 투자와 기술 라이센싱(licensing)

에 대한 규제가 완화되어 외국으로부터의 기술 이전이 계속 증대되었다. 그러나 국내 기업의 기술 개발은 생산적인 연구개발 활동이 미흡하여 여전히 역엔지니어링 위주의 선진 기술 모방과 부분적인 개량을 통해 기술 능력을 축적해 가는 데 그쳤다.

1980년대 중반 이후에는 산업의 기술집약화가 우리나라 경제의 중요한 과제로 부각되기 시작하였다. 원화 절상 경향이 수출경쟁력을 크게 저하시키는 가운데 후발 개도국으로부터 경쟁 압력이 심해지고, 임금 상승으로 인해 노동집약적 산업이 퇴조 조짐을 보이는 한편, 선진국의 지적 재산권 공세와 기술 이전 기피 등 기술보호주의가 강화되자 기업들은 독자적인 기술 혁신 노력을 기울여야만 하는 상황에 직면하게 되었다. 또한 산업구조가 고도화됨에 따라 국내 산업계에서 필요로 하는 기술이 고급 기술 중심으로 변화하였으나 일부 대기업을 제외하고는 외국으로부터 고가의 기술을 도입하기도 수월하지 않게 되었다. 정부도 기업의 경영 여건이 구조적으로 변화하고 있다는 것을 인식하여 공업발전법을 제정하는 등 기술·인력 개발 지원 강화를 통한 산업구조 조정 정책에 높은 우선순위를 두게 되었다.

이와 같이 기술 개발의 필요성에 대한 인식이 고조되면서 80년대 중반 이후 기술 개발 투자가 급격히 증가하게 되었고, 기술 개발의 주체도 이전의 정부에서 민간 부분으로 이행하게 되었다. GNP 대비 연구개발비 지출 비중을 보면 1980년에 0.58%에 불과하였으나 1990년에는 1.88%로, 1994년에는 2.61%로 크게 증가하였음을 알 수 있다(5장의 〈표 5-12〉 참조). 총 연구개발비 지출 중 민간 부문의 지출이 차지하는 비중은 1980년 48.3%에서 1990년 80.5%로, 1994년 82.8%로 증가하였으며(과학기술처, 각 연도), 기업부설연구소도 1981년에 53개에서 1990년에 901개로, 1995년에는 2,272개로 크게 증가하였다(5장의 〈표 5-13〉 참조).

이러한 기술 혁신 노력의 결과 국내 특허 등록 수가 1986년의 1,894건에서 1993년에는 11,446건으로 급증하게 되었으며, 이것은 종전의 모방 엔지니어링에서 탈피하여 자체 기술 개발이 크게 향상되었음을 의미한다. 한국인에 의한 미국에서의 특허 등록 수도 절대적 누계 건수로는 선진국에 비해 현저하게 낮으나, 증가율 면에서는 1979년에서 1992년 사이 연평균 43%로서 세계 최고를 기록하였다.

그동안의 고도성장 과정에서 국내 기업들이 조립가공형 생산에 치중해 왔고, 특히 기술 개발이 대기업 중심으로 이루어져 왔기 때문에 중소기업의 기술력 향상이 크게 부진하여 부품설계, 소재 가공 등 산업 기반 기술의 취약성이 노정됨에 따라 1990년대에 들어서면서 정부와 산업계는 미래 산업을 선도할 핵심 기술 개발에 큰 관심을 기울이게 되었다. 1992년에 한국의 기술 능력을 2001년까지 G-7 국가들의 수준으로 올린다는 목표 아래 G-7 프로젝트(핵심선도기술개발사업)가 마련되었다. G-7 프로젝트는 HDTV, 신약품, 차세대 자동차기술와 같은 제품기술과 초고집적 반도체와 같은 기반기술 등 두 개의 부문으로 나뉘어 추진되었다.

한편 기술집약적 산업화 전략의 추진으로 산업구조가 고도화됨에 따라 첨단산업제품의 생산이 크게 증가하였다. 1981년에서 1986년 사이 제조업 업종별 부가가치의 성장률을 보면 제조업의 평균 성장률이 10.4%, 경공업이 6.8%, 중화학공업이 13.3%였으며, 이중 전기 · 전자의 경우 18.7%를 나타내어 일반기계(21.3%), 수송용 기계(23.5%)와 함께 가장 높은 성장률을 보였다(한국산업은행, 1987: 18). 1980년대에 들어서는 수출상품도 전자, 자동차, 기계가 주력 상품으로 등장하였으며, 반도체, 컴퓨터, 통신기기 등 첨단 산업 제품이 새로운 수출 상품으로 추가되었다.

2. 경제 및 노동시장 구조 변화[2)]

1) 경제성장

세계은행의 통계에 따르면, 한국전쟁 이후 세계에서 가장 가난한 나라 중의 하나였던 한국은 산업화 과정에서 세계 197개국 중 제일 빠른 경제성장을 이룩한 것으로 나타났다. 세계은행의 동아시아 경제 기적 모형에서 한국은 고도 경제 성취국(high performing economies)의 주요 일원으로 간주되고 있으며, 한국이 이룩한 압축형 산업 발전은 전후 개도국의 경제발전사에 하나의 모델로서 평가되고 있다(World Bank, 1993).

〈표 1-3〉에서 보듯이, 일인당 국민소득(GNI)은 1953년 2천 원에서 1975년 29만 원, 1995년 835만 원으로 42년 동안 약 4,175배 증가했다. 물론 경상가격을 기준으로 했기 때문에, 물가상승률을 고려하지 못한 수치이지만, 증가 폭이 매우 급격하다고 할 수 있다.

〈표 1-4〉는 비교 대상 국가의 경제성장 지표를 제시하고 있다. 비교 대상 국가는 GDP 수준을 기준으로 선정하였다. 1960년을 출발점으로 하고, 1992년을 현재 시점으로 보아 출발점이 비슷하거나 현재 GDP 수준이 한국과 비슷한 개발도상국들을 선정하였으며, 선정된 국가들을 다시 지역, 사회, 문화 등의 유사성에 따라 다섯 유형으로 분류하였다.

I 군의 나라들은 이른바 아시아의 네 마리 용에 속하는 신흥공업국이며, II군은 남미 국가로서 산업화 초기에는 우리나라보다 국민소득이 높았으나 1990년대에는 한국보다 다소 뒤지고 있었던 나라들이다. III군으로 분류된 태국 등의 동남아 국가들은 1990년대에 급속한 경제발전으

2) 이 절은 별도의 출처인용이 없는 한 김영화 · 박인종(1990)의 『한국 경제 및 노동시장 변화와 학교교육체제의 대응』 III장을 참조하였다.

표 1-3 경제규모의 추이(1953~1995)

	국민총소득(GNI)		국내총생산(GDP)	
	총액 (억 원)	1인당 (만 원)	총액 (억 원)	1인당 (만 원)
1953	479	0.2	473	0.2
1960	2,449	1.0	2,431	1.0
1965	8,057	2.8	7,981	2.8
1970	27,517	9	27,252	9
1975	101,039	29	102,281	29
1980	370,322	97	377,885	99
1985	791,704	194	813,123	199
1990	1,786,283	417	1,787,968	417
1995	3,763,164	835	3,773,498	837
1975/53	211배	121배	216배	124배
1995/75	37배	29배	37배	19배
1995/53	7,856배	4,175배	1,978배	4,185배

자료: 한국은행. 국민계정, 각 호; 통계청(2000). 통계로 보는 한국의 모습, 247에서 재구성.
주: 1970년 이전은 1975년을 기준한 계열이고, 1970년부터는 1995년을 기준한 계열임.

로 주목을 받았던 국가들이다. Ⅳ군 국가들은 남미 국가들로서 산업화 초기에 GDP 수준이 한국보다 높았으나 그간의 성장이 완만하여 1992년 현재 1인당 GDP 수준이 한국에 비해 현저하게 낮은 국가에 해당한다. Ⅴ군의 국가들은 터키와 북아프리카 2개국으로서 1960년 1인당 GDP 수준이 한국과 비교적 유사하였지만, 이후 매우 완만하게 증가하여 1992년 현재 한국에 비해 매우 낮은 국가들이다.[3)]

한국은 1인당 GDP가 1960년 690달러에서 1992년 9,250달러로 13배 증가를 보이고 있다. 1960년에 1인당 GDP가 한국과 유사한 수준의 국가

3) 이와 같은 비교 대상 국가 선정 방식은 이후의 국제 비교 자료에도 적용될 것이다.

표 1-4 경제성장률의 국제 비교(1960~1992)

	국가명	GNP (US$billion)	GNP증가율(%)		1인당 GNP 증가율(%)	1인당 GDP (PPP$)	
		1992	1980~91	1965~80	1980~92	1960	1992
I 군	한국	315.5	10.0	7.3	8.5	690	9,250
	홍콩	90.8	6.9	6.2	5.5	2,323	20,340
	싱가포르	46.9	7.1	8.3	5.3	2,409	18,330
II 군	아르헨티나	205.9	-0.2	1.7	-0.9	3,381	8,860
	칠레	37.8	3.4	-	3.7	3,130	8,410
	멕시코	309.5	1.5	3.6	-0.2	2,870	7,300
	베네수엘라	59.7	1.1	2.3	-0.8	3,899	8,520
III 군	태국	104.8	7.8	4.4	6.0	985	5,950
	말레이시아	53.2	5.6	4.7	3.2	1,783	7,790
	인도네시아	128.3	5.8	5.2	4.0	490	2,950
	필리핀	50.1	1.2	3.2	-1.0	1,183	2,550
IV 군	페루	30.3	-0.4	0.8	-2.8	2,130	3,300
	콜롬비아	45.1	3.2	3.7	1.4	1,874	5,480
	브라질	432.2	2.5	6.3	0.4	1,404	5,240
	우루과이	10.9	0.2	2.5	-1.0	4,401	6,070
V 군	이집트	88.3	4.5	2.8	1.8	557	3,540
	모로코	26.7	4.3	2.7	1.4	854	3,370
	터키	118.6	5.4	3.6	2.9	1,669	5,230

자료: UNDP(1995). *Human development report*. Oxford: Oxford Univ. Press, 162-195.

주: PPP$(구매력: Purchasing power parity): 여기에서 구매력이란 각 국가의 통화로 구입할 수 있는 재화나 서비스를 기준 연도의 미국 달러로 환산한 것임.

들은 1992년에는 3천 내지 4천 달러의 수준을 보이고 있으며, 1992년 한국의 1인당 GDP 수준과 비슷한 수준의 국가들은 1960년 GDP 수준이 한국보다 4~5배 정도 높은 수준을 나타내고 있다. 아시아의 신흥공업국인

홍콩과 싱가포르도 9~10배에 가까운 성장을 보이고 있으나, 도시국가이기 때문에 GNP 총량 규모에 있어 한국의 3분의 1에도 미치지 못하고 있다. 아르헨티나를 비롯한 남미 국가들은 1960년대에는 상당한 수준의 1인당 소득을 나타내고 있었으나, 이후 GNP 총량 규모의 증가나 1인당 GNP 증가에 있어 마이너스 성장을 보여 현재 총량 규모나 1인당 소득 수준에 있어서 한국에 미치지 못하고 있다.

경제성장의 급격함은 수출입의 양이라는 대외적인 측면에서도 나타난다. 아래 〈표 1-5〉에서 보듯이 1960년 수출은 3,290만 달러, 수입은 3억 540만 달러를 기록했다. 33년 후인 1993년에 그 수치는 각각 936억 7,640만 달러와 968억 2,170만 달러로 크게 증가했다.

표 1-5 수출입 규모 추이(1960~1994) (단위: 백만 달러)

연도	수출	수입
1960	33	344
1965	175	463
1970	835	1,984
1975	5,081	7,274
1980	17,505	22,292
1985	30,283	31,136
1990	65,016	69,844
1995	125,058	135,119
1995/60(배)	3,790	393
1995/75(배)	25	19

자료: 한국무역협회. 무역동향, 각 호.
통계청(2000). 통계로 보는 한국의 모습, 264에서 재구성.

2) 산업구조 변화

고도의 경제성장 과정을 거치는 동안 산업구조도 크게 변화하였다. 선진 자본주의 국가들의 발전 경로처럼 우리나라도 급속한 경제성장에 따라 전통적인 농업 부문의 비중이 줄어들고, 2차 산업 및 3차 산업이 성장하여 선진국형 산업구조로 변모하였다. 먼저, 산업별 국내총생산 비율을 보면, 농림어업의 경우 1960년 36.8%에서 1995년에는 6.2%로 감소하였으며, 광공업이 같은 기간에 15.9%에서 29.8%로 증가하였다(〈표 1-6〉 참조).

또한 제조업 내부구조가 변화하여 그 중심이 노동 집약적인 경공업에서 자본 집약적인 중화학공업 중심으로, 다시 기술 · 지식 집약적 공업으로 이행해 갔다. 1960년에서 1987년 사이에 경공업(음 · 식료품, 석유,

표 1-6 산업별 국내총생산 비중 추이(1960~1995) (단위: %)

연도	농림어업	광공업		건설 · 전기 수도가스사업	서비스업
		전체	제조업		
1960	36.8	15.9	13.8	4.1	43.2
1965	38.0	20.0	18.0	4.7	37.2
△1970	27.1	22.7	21.2	6.7	43.5
1975	25.0	27.5	25.9	6.0	41.5
1980	14.8	29.7	28.2	10.1	45.4
1985	12.6	30.5	29.2	10.5	46.4
1990	8.5	29.6	28.8	13.5	48.4
1995	6.2	29.8	29.4	13.4	50.6

자료: 한국은행. 한국은행의 통계, 각 연도(1960~1965); 한국은행. 국민계정, 각 호(1970~1995); 통계청(2000). 통계로 보는 한국의 모습, 251에서 재구성.

주: △ 시계열의 비연속

인쇄 · 출판, 제재, 제지 등)의 부가가치가 전체 제조업에서 차지하는 비중이 64.2%에서 36.6%로 감소한 반면, 중화학공업의 부가가치가 차지하는 비중은 35.8%에서 63.3%로 증가하였다. 한국의 제조업의 부가가치는 1981년에서 1986년 사이에 연평균 10.4%의 성장률을 나타내었는데, 경공업 부가가치의 연평균 성장률은 6.8%에 지나지 않았던 반면, 중화학공업의 경우 13.3%의 성장률을 나타내어 경공업보다 6.5% 높은 부가가치 성장률을 나타내었다(한국산업은행, 1987: 18).

3) 노동시장 구조 변화

경제활동인구는 〈표 1-7〉에 제시되어 있듯이 1963년 834만 3천 명에서 1980년 1천 443만 1천 명, 1995년 2천 85만 3천 명으로 증가했다. 이러한 경제활동인구의 증가에도 불구하고, 급속한 경제성장으로 인해

표 1-7 경제활동인구, 경제활동참가율 및 실업률 추이(1963~1995)

(단위: 천 명, %)

연도	14/15세 이상 인구	경제활동인구			경제활동 참가율(%)	실업률(%)
		전체	취업자	실업자		
1963	15,085	8,343	7,662	681	55.3	8.2
1965	15,937	8,859	8,206	653	55.6	7.4
1970	18,253	10,199	9,745	454	55.9	4.5
1975	21,833	12,340	11,830	510	56.5	4.1
1980	24,463	14,431	13,683	748	59.0	5.2
1985	27,553	15,592	14,970	622	56.6	4.0
1990	30,887	18,539	18,085	454	60.0	2.4
1995	33,664	20,853	20,432	420	61.9	2.0

자료: 경제기획원a(통계청a). 경제활동인구연보, 각 연도.

주: 1979년까지는 14세 이상 인구 기준, 1980년도부터는 15세 이상 인구 기준임.

이들은 실업의 위험에 크게 노출되지는 않았던 것으로 보인다. 경제적, 정치적 혼란기였던 1980년에 실업률이 5.2%로 가장 높았던 것을 제외하면 대체로 개발 연대 동안 실업률은 2~4% 정도를 유지했다.

산업별로 취업자 구성비를 보면(〈표 1-8〉 참조) 농림어업 취업자는 1965년 전체 취업자의 58.6%에서 1995년 12.4%로 급격하게 줄어든 반면, 광공업 취업자는 같은 시기 10.4%에서 23.6%로 증가했다는 것을 알 수 있다. 또한 사회간접자본 및 서비스업 종사자도 같은 기간에 31.0%에서 64.0%로 크게 증가했다. 특기할 만한 사실은 1970년대 중반까지 광공업종사자의 증가율이 3차 산업 종사자의 증가율을 훨씬 상회하였으나, 1970년대 후반부터 전자의 증가율이 둔화되어 3차 산업 종사자가 더 높은 증가율을 나타내었다는 점이다. 이것은 1970년대 중반까지 노동집약적 경공업 중심의 산업정책이 추진되는 가운데 제조업 부문의 고용 흡수력이 높았던 반면, 1970년대 후반부터 산업화 정책이 중화학공업 육성 정책으로 선회하자 노동 흡수력이 상대적으로 낮은 자본 및 기술집약적 산

표 1-8 산업별 취업자 수 추이(1965~1995) (단위: 천 명, %)

연도	총취업자	농림수산업	광공업		사회간접자본 및 기타 서비업
				제조업	
1963	7,662 (100.0)	4,837 (63.1)	667 (8.7)	610 (8.0)	2,158 (28.2)
1965	8,206 (100.0)	4,810 (58.6)	849 (10.4)	772 (9.4)	2,547 (31.0)
1970	9,745 (100.0)	4,916 (50.4)	1,395 (14.4)	1,248 (12.8)	3,434 (35.2)
1975	11,830 (100.0)	5,425 (45.9)	2,265 (19.1)	2,205 (18.6)	4,140 (35.0)
1980	13,683 (100.0)	4,654 (34.0)	3,079 (22.6)	2,955 (21.6)	5,951 (43.4)
1985	14,970 (100.0)	3,733 (24.9)	3,659 (24.5)	3,504 (23.4)	7,578 (50.6)
1990	18,085 (100.0)	3,237 (18.3)	4,990 (27.3)	4,911 (26.9)	9,858 (54.4)
1995	20,432 (100.0)	2,534 (12.4)	4,824 (23.6)	4,797 (23.5)	13,074 (64.0)

자료: 경제기획원a(통계청a). 경제활동인구연보, 각 연도

주: 1979년까지는 14세 이상 인구 기준, 1980년도부터는 15세 이상 인구 기준임.

업이 성장하게 되었기 때문이다.

제조업 부문의 업종별 취업인구 구성비의 변화에서도 공업 내부 구조의 변화를 알 수 있는 데, 1960년에서 1987년 사이에 경공업 취업인구 구성비는 66.8%에서 44.3%로 감소한 반면 같은 기간 중에 중화학공업 취업인구 구성비는 33.2%에서 55.7%로 증가하였고, 이 증가는 주로 금속제품과 각종 기계·장비 제조업에서의 증가에 기인하는 것으로 나타났다(김영화·박인종, 1990: 61).

다음으로 직업별 취업자 구성비를 보면(〈표 1-9〉 참조), 전문·기술·행정·관리직과 사무관련직, 서비스직의 증가율이 두드러진 반면,

표 1-9 직업별 취업자 수 추이(1963~1993) (단위: 천 명, %)

연도	총 취업자	전문·기술 행정·관리직	사무 관련직 종사자	판매 종사자	서비스직 종사자	농림 수산업 종사자	생산·운수 장비·운전·단순노무
1963	7,662 (100.0)	247 (3.2)	266 (3.5)	770 (10.0)	410 (5.4)	4,819 (62.9)	1,150 (15.0)
1965	8,206 (100.0)	233 (2.8)	329 (4.0)	976 (11.9)	535 (6.5)	4,797 (58.5)	1,336 (16.3)
1970	9,745 (100.0)	462 (4.7)	576 (5.9)	1,199 (12.3)	626 (6.4)	4,898 (50.3)	1,974 (20.3)
1975	11,830 (100.0)	417 (3.5)	747 (6.3)	1,525 (12.9)	847 (7.2)	5,446 (46.0)	2,848 (24.1)
1980	13,683 (100.0)	732 (5.3)	1,268 (9.3)	1,984 (14.5)	1,078 (7.9)	4,648 (34.0)	3,974 (29.0)
1985	14,970 (100.0)	1,090 (7.3)	1,729 (11.5)	2,313 (15.5)	1,622 (10.8)	3,686 (24.6)	4,530 (30.3)
1990	18,036 (100.0)	1,568 (8.7)	2,336 (13.0)	2,616 (14.5)	2,008 (11.1)	3,270 (18.1)	6,238 (34.6)
1993	19,203 (100.0)	1,982 (10.3)	2,883 (15.0)	3,053 (15.9)	2,366 (12.2)	2,818 (14.7)	6,100 (31.8)

자료: 경제기획원a(통계청a). 경제활동인구연보, 각 연도

주: 1979년까지는 14세 이상 인구 기준, 1980년도부터는 15세 이상 인구 기준임.

농림수산업이나 단순 노무직의 비율은 급격하게 하락했음을 알 수 있는데, 이는 앞서 본 산업구조의 변화를 반영하는 것이라 할 수 있다. 전문·기술직 가운데 과학자는 1960년 500명에 불과하던 것이 1985년에는 1만 4천 6백 명으로 증가하여 가장 빠른 속도의 증가율을 보였으며, 전체 취업자 중 구성비도 같은 기간에 0.01%에서 0.12%로 증가하였다. 또한 기술자·기능공도 특히 1970년 이후 현저한 증가율을 보여 1960년대 1만 8천 1백 명에서 1985년에는 13만 5천 명으로 늘어났으며, 그 구성비도 총 취업자의 0.25%에서 1.07%로 증가하였다(김윤태, 1990: 11).

다음으로 〈표 1-10〉을 통하여 직종별 교육수준별 취업자 구성비의 변화 추이를 살펴보면, 전문·기술직의 경우 고등교육을 받은 취업자의 구성비가 1960년에 33.5%에서 1985년 72.5%로 크게 증가하였음을 알 수 있다. 이것은 1980년대 중반에는 전문직에 종사하기 위해서 대학 졸업이 필수 요건이 되어가고 있었다는 것을 나타낸다. 행정·관리직의 경우에도

표 1-10 직업별, 교육수준별 취업구조 변화(1960~1985) (단위: %)

직업	1960			1975			1980			1985		
	초등	중등	고등	초등	중등	고등	초등	중등	고등	초등	중등	고등
총계	84.2	13.4	2.4	62.0	32.2	5.8	34.3	41.9	9.1	26.6	52.6	13.6
전문·기술직	12.6	53.9	33.5	5.3	34.7	60.0	2.0	26.7	70.7	1.6	25.6	72.5
행정·관리직	51.6	37.0	11.4	12.0	45.5	42.5	4.5	34.5	60.6	3.0	39.3	57.6
사무직	22.2	58.0	19.8	7.3	66.8	25.9	4.1	68.3	27.4	2.1	64.7	33.1
판매직	77.7	19.9	2.4	46.9	47.0	6.1	29.9	54.1	8.9	20.6	65.3	11.0
서비스직	70.4	25.7	3.9	56.3	40.6	3.1	35.9	51.6	5.2	24.8	64.4	7.3
농림·수산직	92.8	6.7	0.5	84.1	15.4	0.5	47.7	19.0	0.7	51.2	27.5	1.5
생산직	80.4	18.5	1.1	50.9	46.9	2.2	34.6	58.5	3.1	21.1	72.6	4.6

자료: 경제기획원b, 인구 및 주택센서스, 1960, 1975, 1980, 1985.
김윤태(1991). 한국 산업화 과정에서의 인력공급실태 및 평가. 한국교육개발원, 12.
주: 1980 및 1985년의 경우 불취학 및 미상은 포함되지 아니함.

고등교육 이수자가 증가하여 그 구성비가 1960년 11.4%에서 1980년 60.0%로 대폭 증가하였고, 1985년에 약간 감소하여 57.6%가 되었다. 사무직도 1960년에는 절반 이상(58%)이 중등교육, 22.2%가 초등교육 이수자로 구성되었으나, 초등교육 이수자가 급감하여 1985년에는 중등교육 이수자가 3분의 2를 점유하였고, 고등교육 이수자가 나머지를 점유하게 되었다. 판매 · 서비스 · 생산직은 1960년에는 초등교육 이수자가 주를 이루었던 반면, 1970년대부터 중등교육 이수자의 비중이 증가하기 시작하여 1980년부터는 초등교육 이수자보다 중등교육 이수자의 비중이 더 높아졌다. 1985년에는 각각 중등교육 이수자가 전체의 3분의 2를 구성하였다. 농림 · 수산직 종사자는 초등교육 수료자가 대부분을 차지하고 있었는데, 1970년대 중반부터 중등교육 수료자도 증가하기 시작하여 1960년에 6.7%를 점유하던 것이 1985년에는 27.5%를 점유하게 되었다.

이와 같이, 한국의 노동시장 구조는 학력의 고도화 경향을 나타내고 있었다. 이것은 중등교육의 보편화와 고등교육의 대중화로 중등교육 이상 수준의 학력 소지자가 노동시장에 대량으로 유입되었으며, 다른 한편으로 산업구조의 고도화에 따라 최소한 중등교육 수준을 요하는 직종이 증가하였음을 반영한다.

김유배(1986)는 1960년대 이후 공업화 전개에 따른 한국 노동시장 구조의 변화 과정을 ① 1960년대 초의 무한 공급기, ② 단순 공업 노동력의 수요 창출기, ③ 숙련기능인력의 수요 창출기, ④ 지속성장에 따른 고용 조정기 등의 네 단계로 나누어 고찰하였다. 먼저 1960년대 초반은 경제개발계획이 추진되기 이전으로, 노동력 수요 증가는 완만한 반면 공업부문의 노동시장은 무한 공급 상태여서 공급 과잉 현상이 심각한 시기였다. 이러한 공급 과잉은 완전 실업자나 잠재 실업군, 또는 실망 노동자를 양산하였다. 다음으로 1960년대 중반은 공업 노동력의 수요가 팽창한 시기이다. 경제개발계획의 추진과 함께 섬유 · 전자공업 등에 소요되는 단순 노동력에 대한 수요가 급증하여 완전 실업률이 감소하고 농업부문의 잠재 실업, 실망 노동자가 공업 · 서비스 부문으로 흡수되었다. 그러나 1972년까지는 대체로 노동력의 공급이 수요를 초과한 상황이었으므로 노동력의 수급 조정이 용이했다.

1970년대는 공업 부문의 노동력 수요가 급증함과 동시에 수요 노동력의 구조 변화를 경험한 시기이다. 수출시장 구조의 다변화와 중동 특수의 활용, 내수의 확대 등으로 공업의 규모가 확대되고 다양화되었으며, 중화학공업화의 기반 조성으로 공업 부문의 노동력 수요는 급증하였다. 1973년부터 구인자 수가 구직자 수를 초과하였으며, 1974년 오일쇼크로 잠시 역현상이 초래되었으나, 1977년부터는 다시 노동력 부족 현상이 야기되어 심각한 사회문제로까지 발전되었다. 이 시기에는 노동력 수요의 양적 증가뿐 아니라 수요 노동력의 구조도 변화하여 전문 · 기술직, 기능직, 고급 관리직, 세일즈 요원의 수요가 증가하였다. 이 시기는 공급이 초과되어 잠재실업자가 존재하는 단순 노동력 부문과 인력의 부족 현상을 겪고 있는 고급 인력 부문이 공존하여 노동시장의 이중구조화를 촉진시켰다.

마지막으로 1980년대는 저속 성장 경제 하에서 합리화를 위한 산업 조정이 이루어진 시기로 역시 고용의 양적 변동과 고용의 구조적 변동을 동시에 경험한 시기이다. 산업조정의 방침에 따라 첨단산업과 자본 집약적 산업에의 투자가 증대되었는데, 이 산업은 고용 효과가 적어 고용 흡수력이 저하되었다. 1984년 이전에는 성장률 1%당 5만에서 7만 명의 고용 흡수가 가능했던 것이 그 이후에는 이 수가 4만 명 미만으로 감소하였다. 또한 이 시기에는 작업 내용의 질적 고도화 등 기술 노동력의 구조 변화를 아울러 경험하였다.

제2장

한국 교육의 경제성장 기여도

이 장에서는 실증적 분석 결과를 통하여 한국 교육의 양적 성장이 경제성장에 어느 정도 기여하였는지를 검토한다.

1. 한국 교육의 경제성장 기여도에 관한 선행 분석 결과

교육이 경제성장에 기여하는지, 기여한다면 얼마나 기여하는지를 밝히려는 계량적 연구들은 국제적으로 무수히 수행되어 왔다. 이와 같은 연구들은 교육이 노동력의 생산성을 증대시켜 경제성장에 기여하는 한편, 연구개발을 촉진시켜 경제의 혁신역량을 증대시킴으로써 경제성장에 기여한다는 가정 하에, 노동력(또는 국민)의 평균 교육수준, 문해율, 각급학교 취학률 등을 교육 또는 인적자본의 지표로 설정하여 경제성장률과의 관계를 분석하였다. 여러 나라들을 대상으로 한 대부분의 국제적 연구들은 학교교육과 경제성장 간에 유의미한 정적 관계가 있음을 밝히고 있으며, 1960~1996년 사이 88개국을 대상으로 67개의 설명변인을 포함시켜 경제성장과의 관계를 분석한 살라-아이-마틴 등(Sala-i-Martin et al., 2004)의 연구에서는 1인당 국민소득(GDP) 성장에 초등학교교육이 가장 강력한 영향을 미치는 요인임을 보고하였다. 또한 교육의 정적 영향은 특히 개발도상국에서 현저하게 나타나는 것으로 보고되고 있다.[4]

한국의 경제성장에 대한 교육의 기여도를 실증적으로 측정하려는 연구들은 우리나라에서 경제성장 요인들의 기여도를 분석하는 데 필요한 실

---

4) 학교교육의 양적 지표와 경제성장의 관계에 관한 선행연구들을 광범위하게 검토한 문헌으로 시아네스와 반 리넨(Sianesi & Van Reenen, 2003)의 논문이 있다.

질 요소 투입과 총 요소 생산성에 대한 체계적인 자료가 가용해진 1970년대 후반에 들어서부터 수행되기 시작하여, 최근까지 지속되어 왔다. 이 연구들은 측정 시기와 방법, 산출한 기여도의 크기가 서로 조금씩 다르기는 하지만 공통적으로 한국의 교육이 경제성장에 일정 수준의 기여를 하고 있는 것으로 보고하고 있다.

먼저 김영봉(1975)은 기본적으로 데니슨(Denison, 1962)이 "미국 경제성장 요인에 대한 연구(The sources of economic growth in the United States and the alterative before Us)"에서 사용한 방법에 의존하여 1960~1970년 사이 한국 총국민소득(GNP)의 증가에 대한 교육의 기여분을 측정하였다. 교육변수의 추계에는 일반적으로 두 가지 방법이 사용될 수 있다. 하나는 교육이수연한을 각급 교육에 소요되는 교육비 지출액으로 가중계산하여 추계하는 방법이며, 다른 하나는 교육이수연한의 차이에서 발생하는 소득의 차이로 가중계산하는 방법이다. 김영봉에 의하면 교육에 의한 노동생산성 향상 효과를 측정하는 데 초점을 맞출 때는 실현된 소득의 차이로 가중계산하는 후자의 방법이 더 타당한 방법일 수 있으나, 본인의 연구에서는 실물자본과 같이 인간자본의 형성액으로써 교육투입요소를 추계하였기 때문에 전자의 방법인 교육비 지출액에 의한 가중치계산법을 사용하였다.

분석 결과 1960년에서 1970년 사이에 GNP는 연평균 8.65% 증가하였으며, 고정자본과 노동력은 각각 6.37%와 3.75% 증가한 것으로 나타났다. 교육수준 향상에 의한 노동력의 질적 향상율은 5.88%로서 노동력의 양적 증가율보다 훨씬 높다. 각 생산요소의 경제성장 기여분을 보면, 먼저 고정자본 증가에 의한 기여분은 2.55%포인트, 노동력 증가에 의한 기여분은 2.25%포인트, 그리고 노동력의 질적 향상, 즉 교육에 의한 기여분은 3.53%포인트로 측정되었다. 이를 성장기여율의 구성비로 계산해보면, 고정자본 증대가 29.5%, 고용의 증대가 26.0%, 교육이 40.8%를 구성한 것으로 나타나며, 나머지 잔여증가요인의 구성은 3.7%에 불과한 것으로 나타났다. 특히 1960년대를 1960~1966년과 1967~1970년의 두 시기로 나누어 분석해 보면, 교육의 경세성장 기여율 구성이 전기에서 60%에 달하는 것으로 나타난다. 김영봉은 교육의 성장기여가 이렇게 높게 나타난 것은 이 기간 동안 교육투자액이 급격히 증가했다는 것을 고려한다 하더라도 과대하게 평가된 것이며, 자료의 신뢰성, 교육투자효율의 한계성 등을 감안할 때 비현실적이라고 해석하였다. 그 이유 중 하나는 우리나라 질적 교육지수를 추계할 때 소요교육비에 기초를 두었으므로, 고등교육의 비중이 과대하게 평가되었기 때문이라고 추론하였다.

그러나 제조업에 국한시켜 분석했을 때, 1966~1970년 기간에 고정자본과 노동의 제조업 성장기여율은 각각 8.02%포인트와 4.57%포인트로서 성장기여율의 35.89%와 20.45%를 구성하였던 반면, 교육의 제조업 성장기여율은 불과 1.22%포인트로서 기여율의 5.46%를 구성하였다. 연구자는 비제조업부문 고용에 대한 교육투자는 제조업부문에 비해 생산성 증대에 비효율적으로 흡수되므로, 교육의 경제성장 기여율은 제조업 부문에 국한시켜 계측한 결과가 보다 현실을 반영하는 것이라고 결론지었다.

김영봉 등(1980)은 역시 데니슨(1962)의 접근에 기초하여 1960~1974년 기간의 경제성장에 대한 교육의 기여도를 측정하였다. 그러나 김영봉(1975)의 연구와는 달리, 교육변수의 추계를 위하여 교육이수연한을 각급 교육에 소요되는 교육비 지출액으로 가중계산하여 추계하는 방법 대신 교육이수연한의 차이에서 발생하는 소득의 차이로 가중계산하는 방법을 적용하였다.

해당 기간 사이에 GNP는 연평균 9.07%포인트 증가하였으며, 고정자본과 고용은 각각 7.19%포인트와 3.55%포인트 증가한 것으로 나타났다. 교육에 의한 노동력의 질은 1.18%포인트 증가하여 김영봉(1975)의 연구에서와는 달리 노동력의 양적 증가에 미치지 못하였다. 각 요소의 경제성장 기여분을 살펴보면, 해당 기간 중 고정자본은 연평균 GNP 증가율의 31.8%에 해당하는 연 2.88%포인트의 GNP 증대에 기여하였으며, 노동력의 증대는 GNP 증가율의 23.5%에 해당하는 연 2.13%포인트의 GNP 증대에 기여한 것으로 추정되었다. 교육에 의한 노동의 질 향상은 연평균 GNP 증가율의 7.8%에 달하는 0.71%포인트의 GNP 증대에 기여한 것으로 나타났다. 김영봉(1975)의 연구에서와 마찬가지로, 교육의 기여는 1966년 이전 기간에서 그 이후 기간보다 더 큰 것으로 나타났다.

이러한 교육의 경제성장 기여율 추정 결과는 데니슨(1967)이 미국과 유럽 국가를 대상으로 추정한 기여율을 상회하나 선행연구(김영봉, 1975)에서 추정된 기여율에는 크게 미치지 못하였다. 이에 대해 연구자들은 추정 방법과 가정이 다르다는 사실 외에도 추정 기간이 교육의 경제성장 기여가 상대적으로 적었던 최근으로 연장되었기 때문인 것으로 해석하면서, 한국에서 1960년대와 1970년대 전반 시기에 교육이 GNP 성장에 기여했음은 부인할 수 없는 사실이나, 그 규모는 크지 않았고 특히 1966년 이후에는 상당히 적었다고 결론지었다.

1970년대 말에 수행된 김광석 · 박준경(1979)의 연구로부터 시작하여 2012년 수행된 김동석 등(2012)의 연구에 이르기까지 비교적 동일한 방식을 적용한 경제성장 기여 요인별 기여도 추정 작업이 여러 차례 수행되었다. 〈표 2-1〉은 이 가운데 주요 연구들의 추정 결과를 제시하고 있다. 이 연구들은 1963년에서 2010년 사이에 연구에 따라 일정 기간을 설정하여 그 기간 내에서 시기별로 경제성장 기여 요인별 기여도를 추정하였다. 전체적으로 경제성장률에 대하여 교육 기여도가 구성하는 비율은 연구에 따라, 그리고 시기에 따라 1.23%에서 8.31% 사이를 나타내었다. 교육 기여 비중의 경우 한두 사례를 제외하고는 대체로 1960년대 → 1970년대 → 1980년대 → 1990년대로 올수록 더 증가하는 경향을 찾아볼 수 있다.

표 2-1 한국의 경제성장 기여 요인별 기여도 추정 주요 선행연구 결과

연구자	분석 대상 기간	경제성장률 (실질 국민 소득 성장률, %)	총요소투입 기여도(%p, %)			총요소생산성 기여도 (%p, %)	
			교육	노동투입 (교육제외)	자본투입	기술진보	총요소생산성(기술진보 제외)
김광석 · 박준경 (1979), 56	1963~1969	10.40	0.28(2.69)[1)]	2.85(27.40)	1.69(16.25)	1.96(18.84)	2.91(27.98)
	1969~1976	10.13	0.42(4.15)	3.40(33.56)	2.70(26.65)	0.64(6.31)	4.62(45.60)
	1963~1976	10.25	0.36(3.51)	3.11(30.34)	2.21(21.56)	1.26(12.29)	2.42(23.60)
Kim & Park(1985), 61–62	1963~1972	8.22	0.31(4.40)	2.74(33.33)	1.14(13.86)	1.89(22.99)	2.14(26.03)
	1972~1982	7.05	0.44(5.78)	3.04(43.12)	2.10(29.78)	0.30(4.25)	1.17(16.59)
	1963~1982	7.61	0.39(4.74)	2.92(38.37)	1.58(20.76)	1.09(14.32)	1.63(21.41)
홍성덕 (1991), 24	1970~1979	8.62	0.35(4.06)	2.98(34.57)	1.75(20.30)	0.73(8.46)	2.81(32.59)
	1979~1988	7.87	0.37(4.70)	2.53(32.14)	1.85(23.50)	0.99(12.57)	2.13(27.06)
	1970~1988	8.25	0.37(4.48)	2.81(34.06)	1.67(20.24)	0.87(10.54)	2.53(30.66)
	1963~1988	8.36	0.35(4.19)	2.84(33.97)	1.48(17.70)	1.28(15.31)	2.41(28.82)
Kim & Hong (1997), 123	1963~1972	8.25	0.12(1.45)	3.39(41.09)	0.69(8.36)	1.19(14.42)	2.86(34.66)
	1972~1979	8.31	0.27(3.25)	3.13(38.49)	1.43(17.20)	1.17(14.07)	2.31(27.79)
	1979~1985	5.29	0.44(8.31)	1.98(37.42)	1.36(25.70)	1.51(28.54)	0(0)
	1985~1995	8.81	0.40(4.54)	2.37(26.90)	1.99(22.58)	1.77(20.09)	2.28(25.87)
	1963~1995	7.89	0.30(3.80)	2.66(33.71)	1.31(16.60)	1.47(18.63)	2.15(27.24)
김동석 외 (2002), 135	1963~1970	8.94	0.11(1.23)	3.56(39.82)	0.68(7.60)	1.64(18.34)	2.95(32.99)
	1970~1979	7.67	0.10(1.30	2.96(38.59)	1.17(15.25)	0.99(12.90)	2.45(31.94)
	1979~1990	7.29	0.44(6.04)	2.46(33.74)	1.90(26.06)	1.36(18.65)	1.13(15.50)
	1990~2000	5.61	0.41(7.31)	1.19(21.21)	1.40(24.95)	2.22(39.57)	0.39(6.95)
	1963~2000	7.24	0.28(3.87)	2.33(32.18)	1.22(16.85)	1.61(22.23)	1.80(24.86)
김동석 외 (2012), 147	1970~1980	7.8	0.1(1.28)	3.0(38.46)	1.9(24.35)	0.7(8.97)	2.1(26.92)
	1980~1990	9.3	0.5(5.38)	2.9(31.18)	1.7(18.27)	2.2(23.65)	2.0(21.50)
	1990~2000	5.8	0.4(6.90)	1.4(24.13)	1.1(18.96)	2.3(39.65)	0.5(8.62)
	2000~2010	4.6	0.3(6.52)	0.7(15.21)	0.8(17.39)	1.3(28.26)	1.6(34.78)
	1970~2010	6.9	0.3(4.35)	1.9(27.53)	1.4(20.28)	1.6(23.18)	1.7(24.63)

주: 1) ( ): 경제성장률에 대한 각 요소의 기여도 구성비(%)임. 예를 들어 1963~1969년 기간의 경우 실질국민소득 성장률 10.40% 중 교육수준별 구성 변화가 기여하는 구성비가 0.28/10.40×100 = 2.69%임.

우리나라 산업화 시기인 1960년대에서 1995년까지를 네 시기로 나누고, 역시 데니슨의 접근 방법을 적용하여 경제성장 기여 요인의 요인별 기여도를 추정한 김광석과 홍성덕(Kim & Hong, 1997)의 분석결과를 통하여 교육의 기여도를 좀 더 상세히 살펴보자. 이들의 연구에서는 노동의 질 향상을 나타내는 교육지수를 고졸자 임금을 100.0으로 하여 산출한 교육수준별 임금격차지수에 학력별 취업자의 구성비를 곱하여 산출하였다.

표 2-2 실질국민소득 성장에 대한 주요 요인별 성장 기여율 추정(1963~1995)

(단위: %, %p)

구분	1963-72	1972-79	1979-85	1985-95	1963-79	1979-95	1963-95
실질국민소득 성장률(%)	8.25	8.31	5.29	8.81	8.28	7.47	7.89
총요소투입(%p)	4.20	4.83	3.78	4.76	4.36	4.38	4.27
노동	3.51	3.40	2.42	2.77	3.39	2.60	2.96
노동투입, 교육제외[1]	3.39	3.13	1.98	2.37	3.21	2.18	2.66
교육수준별 구성 변화[2]	0.12 (1.45)	0.27 (3.24)	0.44 (8.31)	0.40 (4.54)	0.18 (2.17)	0.42 (5.62)	0.30 (3.80)
자본	0.69	1.43	1.36	1.99	0.97	1.78	1.31
토지	0.00	0.00	0.00	0.00	0.00	0.00	0.00
요소단위당 산출량 증가(%p)	4.05	3.48	1.51	4.05	3.92	3.09	3.62
자원배분 개선	0.17	0.88	0.45	0.41	0.48	0.43	0.45
규모경제	1.15	1.47	0.91	1.85	1.31	1.50	1.44
오염 감소	0.00	0.00	-0.02	-0.05	0.00	-0.04	-0.02
불규칙적 요인	1.54	-0.04	-1.34	0.07	0.92	-0.50	0.28
기술진보 및 기타요인	1.19	1.17	1.51	1.77	1.21	1.70	1.47

자료: Kim, K. S. & Hong, S. D.(1997). *Accounting for rapid economic growth in Korea, 1963-1995*. Seoul: KDI Press, 123의 〈Table 8-5〉에서 재구성.

주: 1) 교육을 제외한 노동투입에는 취업자 수 증가, 평균 취업시간 증가, 성 · 연령별 구성변화, 평균 노동시간 변화에 따른 능률 변화, 비배분 등이 포함되어 있음.

2) '교육수준별 구성변화'의 ( ) 안의 수치는 실질국민소득 성장률에서 교육수준별 구성 변화에 의한 기여도가 구성하는 비율임.

주요 요인들의 실질국민소득 연평균 성장기여율을 추정한 결과(〈표 2-2〉 참조), 32년간(1963~95) 교육수준별 구성 변화의 성장기여율은 0.30% 포인트로서 국민소득 성장률의 3.80%를 구성하는 것으로 나타났다. 노동의 투입(4.27%포인트)이나 자본(1.31%포인트)의 기여율에 비해 상당히 낮으며, 요소단위당 산출량 증가 요인인 규모경제 효과(1.44%포인트)와 기술진보 및 기타 요인(1.47%포인트)에 비해서도 상당히 낮다.

분석 기간을 네 시기로 나누어 추정한 결과 1985년까지 실질국민소득 성장률은 하락하였음에도 불구하고 교육의 기여율은 0.12%포인트에서 0.27%포인트, 0.44%포인트로 증가하였다. 따라서 교육이 기여율에서 차지하는 비중도 1.45%에서 3.21%, 8.31%로 크게 증가하였다. 마지막 10년(1985~95) 동안 국민소득 성장률(8.81%)은 최고로 상승하였음에도 불구하고, 교육의 기여율(0.40%포인트)은 다소 낮아져 교육이 기여율을 구성하는 비율도 4.54%로 하락하였다. 종합하면 국민소득 성장에 대한 교육 기여의 규모는 다른 요인에 비해 상대적으로 크지는 않으나 그 존재는 부인할 수 없으며, 산업화 초기에 비해 후기에 더 증대되었다고 할 수 있다.

신고전학파 경제학자들의 생산함수를 기초로 설정한 경제성장모형에 의하면, 생산물과 생산요소 사이의 관계에서 생산물의 증가는 투입된 생산요소의 양적 증가에 의한 부분과 생산요소의 통합 능력인 경제적 기술 진보에 의한 부분으로 나눌 수 있다. 경제적 기술 진보는 생산 과정에서 자본이나 노동과 같은 생산요소를 사용하여 생산물을 생산할 때 생산요소를 생산물로 변형시키는 '지적, 물적 전환 능력'을 의미한다. 즉, 생산물에서 생산에 투입된 생산요소의 부분을 제외한 잔여를 포괄적으로 지칭한다. 경제적 기술 진보는 좁은 의미의 공학적 기술 진보, 새로운 생산 방법의 채택, 신시장의 개척, 신자원의 획득, 산업의 개조 및 새로운 관리 방법의 도입 등 광범위한 변화를 포함하며 사회 제도의 개혁이나 경제 의식의 개선 등과 같이 자본과 노동 이외의 모든 환경적 변화의 요인들을 지칭한다.

데니슨(Denison, 1962, 1967)은 생산요소 이외의 다른 요인에 의한 국민소득 성장 부분을 투입 요소 단위당 산출량 증가라고 정의하고 이 증가는 자원 배분의 개선, 규모의 경제 효과, 불규칙 요인 및 지식 향상 요인 등 네 가지에 의한다고 보았다. 특히 지식 향상을 좁은 의미의 기술 진보 요인으로 보았으며, 지식 향상 요인은 특정 기간에 개발된 것이 아니고 '실제로 채택된' 생산, 분배 및 기업 조직상의 기술 향상만으로 제한시켰다. 지식에는 기술 지식뿐 아니라 생산과 관련되는 경영 및 조직에 관한 지식도 포함시키고 있으며 기술 개발, 기술 도입, 새로운 기술의 적용 등은 사회 전체의 연구 개발과 기업 내 기술 혁신의 성과로 간주하고 있다.

데니슨이 기술의 진보를 '채택된 기술'만의 성과로 보고 인력 양성과 연구 개발을 통하여 기술을 개발하고 기술 도입 및 적용 능력을 신장시킴으로써 그 성과에 간접적으로 작용한 교육의 영향을 간과하고 있는 반면, 슐츠(Schultz, 1963)는 투입요소의 양적 증가만으로 설명되지 않는 부분, 즉 잔차인 기술 진보가 거의 교육의 역할에 의한 것으로 보았다.

김광석과 홍성덕(Kim & Hong, 1997)의 추정에서 소위 잔여요인에 해당되는 기술진보 및 기타요인은 1963년에서 1995년 사이 32년간 국민총소득 성장기여율의 18.6%를 구성하였으며, 그 규모와 구성비는 점차 증가해 왔다. 데니슨의 모형에 따라 추정한 성장요인 분석이 그러하듯이 김광석과 홍성덕의 연구에서도 경제성장에 대한 교육의 기여는 직접 생산에 참여하는 노동력의 생산성 향상에 의한 직접적 효과에 국한시켰고 기술진보 및 기타요인은 교육과 무관한 별도의 성장요인으로 간주하였지만, 교육이 사회 전체의 지식 축적과 확산을 촉진시키고 연구개발을 통해 기술진보에 기여한다는 점을 고려하면, 기술진보 및 기타요인의 경제성장 기여율 중 상당 부분은 교육의 간접적 기여라고 판단할 수 있다.

한편 세계은행(World Bank, 1993)은 1960~1985년 사이 우리나라를 포함하여 빠르게 성장하는 아시아 국가들의 경제성장에 대한 성장요소별 기여율을 추정하였다(〈표 2-3〉 참조). 추정 결과, 해당 기간 우리나라의 추정된 연평균 경제성장률은 3.69%로서 성장요소들이 실제 연평균 경제성장률 5.89%의 63%를 설명하고 있었다. 추정된 성장률 3.69% 중 해당 기간 물적자본 투자 증가에 의한 기여는 1.40%포인트, 해당 기간 인구 증가(단순 노동 증가)로 인한 기여는 0.2%포인트, 1960년의 초등학교 등록률과 중등학교 등록률로 측정된 인적자본에 의한 기여는 3.19%포인트로 추정되었다. 이것을 성장 기여율에 대한 구성비로 전환시켜 보면, 물적자본은 성장기여율의 37.9%, 노동 증가는 5.4%, 인적자본은 86%를 차지하고 있었다. 여기서 인적자본의 기여 구성비가 매우 높게 나타난 것은 초기 기술수준(1960년 미국과 한국의 상대적인 1인당 소득차)과 잔여를 의미하는 상수항 등 부적 기여를 나타내는 요인들이 있어 이에 흡수되었기 때문이다. 각급 교육과 초기 기술수준 및 R&D를 포함하는 상수항 등 지식을 설명하는 요소들의 기여도를 합하면 경제성장 기여율의 57%를 구성한다. 세계은행의 추정은 인적자본, 즉 교육을 교육수준별로 나누어 접근

표 2-3 한국의 교육수준별 경제성장 기여도 추정 (단위: %, %p)

	세계은행(1993) 1960~1985	장창원 등(2006) 1975~2004
경제성장률(%)	5.89 (실제) 3.69 (추정)	4.64 (실제) 4.48 (추정)
초등교육	2.48 (67.2)	0.66 (10.3)
중등교육	0.71 (19.2)	5.30 (83.6)
고등교육		-2.54(-40.1)
노동투입(교육제외)	0.20 (5.4)	-0.14 (-2.3)
자본투입	1.40 (37.9)	3.95 (62.3)
초기소득수준[1)]	-0.40(-10.8)	-0.30 (-4.7)
잔여(상수)	-0.70(-18.9)	-0.59 (-9.3)

주: 1) 1960년의 미국과 한국의 상대적 1인당 소득차

하였는데, 초등교육의 기여도가 67.2%를 차지하여 중등교육의 기여도(19.2%)를 훨씬 앞지르는 것으로 나타났다.

장창원 · 김상호(2006)는 세계은행(World Bank, 1993)과 유사한 방식으로 1975~2004년 사이 한국을 비롯한 동아시아 교육의 경제성장 기여도를 추정하였다(〈표 2-3〉 참조). 해당 기간 우리나라의 추정된 연평균 경제성장률은 4.48%로 나타나 실제 연평균 경제성장률 4.64%와 큰 차이를 보이지 않았다. 추정된 성장률 4.48% 중 해당 기간 물적자본 투자 증가에 의한 기여는 3.95%포인트, 해당 기간 단순 노동 증가(인구 증가)로 인한 기여는 -0.14%포인트, 1970~1974년의 초등학교 등록률과 중등학교 등록률, 대학교육 등록률로 측정된 인적자본에 의한 기여는 3.42%포인트로 추정되었다. 이것을 성장기여율에 대한 구성비로 전환시켜 보면, 물적자본은 성장기여율의 62.3%, 노동 증가는 -2.26%, 인적자본은 53.8%를 차지하고 있었다.

교육의 성장기여도 가운데 초등교육 기여율은 0.66%포인트, 중등교육 기여율은 5.30%포인트, 대학교육 기여율은 -2.54%포인트로 나타나, 각각 총 성장기여율의 10.3%, 83.6%, -40.1%를 구성하는 것으로 나타났다. 15년에서 20년 앞선 시기를 대상으로 했던 세계은행의 추정과는 달리, 중등교육의 기여율이 매우 높아 초등교육 기여율의 여덟 배 이상 되며, 고등교육 기여율은 오히려 부적 효과를 미치는 것으로 나타났다. 산업화 초기에는 초등교육의 기여가 높다가 산업화가 진행되면서 중등교육의 기여가 높아진다는 것을 시사한다. 고등교육의 기여도가 음의 부호를 보이는 것에 대해 연구자들은 한편으로 대학졸업자의 직접적인 기여는 시간차를 갖고 나타난다는 교육투자이론을 뒷받침하고 있으며, 다른 한편으로 고등교육기관에서 우수한 교사를 배출하여 초등교육과 중등교육의 질을 높이는 방법으로 경제성장에 간접적인 기여를 하는 것으로 해석하였다.

이상의 연구들은 우리나라 경제성장에 교육이 기여했다는 것을 실증적으로 보여주고 있으며, 교육의 기여도는 산업화 초기에 비해 후기에 더 증대되었음을 알려주고 있다. 또한 교육수준별 기여도 추정 결과에 의하면, 산업화 초기에는 초등교육의 기여가 가장 컸던 반면, 산업화가 진행되면서 중등교육의 기여가 더 커졌다는 가설을 제기할 수 있다.

반면 고등교육의 경제성장 기여에 대해서는 지지할 만한 증거를 찾아보기 어렵다. 이러한 추정 결과는 장수명 등(2004)의 연구와도 일관성을 지닌다. 장수명 등(2004)은 국내총생산과 수출액을 종속변수로 선택하여 1965(66)~2004(03)년 사이 고등교육(64세 이하 총 노동인구에 대한 각 연도별 전문대 이상 고학력 졸업자수가 차지하는 비율)이 두 종속변수에 미치는 영향을 분석하였다. 연구자들은 변수 간 인과관계를 장기와 단기로 나누어 분석한 결과, 고등교육은 수출에만 장기적 정적 관계를 형성하는 것으로 나타났을 뿐 국내총생산과 교육 간에는 장, 단기를 불문하고 유의미한 인과관계가 존재하지 않는 것으로 나타났다. 이와 같은 예외적인 결과에 대해 연구자들은 한국과 같이 원천기술개발이 취약한 고등교육과정은 인적자본 형성에 크게 기여하지 못한다는 교육의 실효성의 문제를 제기하였다. 다른 한편으로 고등교육의 효과는 산업구조가 고도화된 이후에 나타나므로, 선행연구들이 분석 대상으로 삼았던 시기에는 아직 그 효과를 포착하지 못했을 가능성도 있다.

그러나 상술하였듯이 선행연구들은 시기별, 학교급별 기여도 추정을 위하여 일관성 있는 자료와 추정방법을 적용하지 못하였기 때문에 선행연구의 추정결과를 가지고 한국 교육의 경제성장 기여도를 면밀하게 검토하기에는 한계가 있다. 한국교육개발원에서는 『한국의 교육과 국가 발전(1945~1995)』(김영화 · 박용헌 · 한숭희, 1997) 연구의 일환으로 당시 한국노동연구원에 재직하고 있던 최강식 박사에게 용역을 의뢰하여 1970~1995년 사이에 한국 교육의 경제성장 기여도를 분석하였다. 다음 절에서는 최강식(1996)의 분석 결과를 제시한다.

2. 성장회계방정식에 의한 한국 교육의 경제 성장 기여도 분석[5)]

1) 이론적 모형

교육이 경제성장에 미친 영향을 분석하기 위해서 가장 많이 사용되는 방법은 경제성장회계방식(Economic Growth Accounting Method)이다. 이것은 산출물의 증가율인 경제성장률을 개별 투입물의 증가율과 투입물 전체의 가중평균의 증가율(총요소의 개념)로 표시한 식이다. 본 연구에서는 이 방식을 본 연구의 실증 분석에 맞게 수정하여 사용하였다.

우선 실물자본(K)과 노동(L_h)을 생산요소로 하는 총체적 생산함수를 가정한다. 여기서 노동은 동일한 것이 아니라 학력별로 나누어 상이한 투입요소로 가정하였다. 그러면 총체적 생산함수는 아래와 같이 나타낼 수 있다.

$$Y = f(K, L_h) \qquad h = 0, 1, 2, \cdots\cdots \tag{1}$$

여기서 Y는 경제 전체의 총산출량, K는 자본투입량을 나타내고 L_h는 교육수준 h(학교급별)에 해당하는 노동의 투입량을 나타낸다.

윗식을 성장회계방식으로 바꾸어 쓰면,

$$g_Y = (rK/Y)g_k + \sum(wL_h/Y)\,g_h + R$$

5) 이 절은 한국교육개발원에서 필자가 연구책임자로 참여하였던 『한국의 교육과 국가 발전(1945~1995)』(김영화 · 박용헌 · 한승희, 1997) 연구의 일환으로, 당시 한국노동연구원의 최강식 박사에게 용역을 의뢰하여 수행한 분석 결과의 일부를 발췌, 재구성한 것이다.

$$= (I/Y)r + \sum(wLh/Y)\, g_h + R$$
$$= (I/Y)f_k + \sum g_h S_h + R \qquad (2)$$

여기서 g_Y는 산출량의 연평균 증가율, g_h는 교육수준 h에 해당하는 노동투입의 연평균 증가율을 나타낸다. I/Y는 투자–산출량의 비율을 나타내고, f_k는 자본의 한계생산성(= r)을 나타낸다. S_h는 국민소득에서 h그룹의 노동대가가 차지하는 비중이다. 마지막으로 R은 잔여분(residual)을 나타낸다.

식 (2)를 경제학적으로 해석하여 보면, 우선 우변 첫째항인 $(I/Y)f_k$는 자본의 증가가 경제성장에 기여한 부분을 나타낸다. 두 번째 항인 $\sum_h g_h S_h$는 노동의 증가가 경제성장에 기여한 부분을 나타내는데, 이 부분에서는 노동의 양적증가와 질적증가 모두를 나타내고 있다. 마지막으로 R은 노동이나 자본 단독으로 설명되지 않는 성장기여분으로서, 흔히들 이 부분을 Solow의 잔여분(Solow's residual) 혹은 총요소생산성(Total Factor Productivity)이라고 부른다.

식 (2)에서 특히 우리가 관심 있는 부분은 두 번째 항인 노동의 양적 · 질적 기여분이다. 이 부분을 분해함으로써 우리가 구하고자 하는 교육의 경제성장 기여도를 측정할 수 있다. 여기서 이 부분을 어떻게 계산하는가에 따라 크게 데니슨(Denison)의 방식과 슐츠(Schultz)의 방식이 구분이 된다. 우선 식 (2)의 두 번째 항을 그대로 추정하면 데니슨의 방식을 따르게 되는 것이다. 반면에 슐츠의 경우는 교육수준에 따른 교육의 투자수익률(= rh)을 구한 후 이것을 다시 교육수준에 따른 교육투자액(= I_h)에 곱하여 구하는 방법을 쓴다. 즉, 식 (2)의 두 번째 항을 다음과 같이 변형해서 구하는 것이다.

$$\sum (wL_h/Y)\, g_h = \sum (I_h \cdot r_h)/Y$$

본 연구에서는 교육수준별 교육투자액($=I_h$)에 대한 정확한 자료가 이용 가능하지 않으므로, Denison의 방법에 따라 실증 분석을 하였다.

먼저 편의상 교육수준을 초등학교(h=0), 중·고등학교(h=1), 대학교(h=2)로 나누어서 각 교육수준별로 경제성장에의 기여도를 측정하는 방법을 설명하겠다. $\sum_h g_h s_h$는 $g_0s_0+g_1s_1+g_2s_2$로 다시 쓸 수 있고, 이를 보다 자세히 표현하면 다음과 같다.

$$g_0 \frac{L_0f_0}{Y} + g_1 \frac{L_1f_1}{Y} + g_2 \frac{L_2f_2}{Y}$$

여기서 fi는 각 교육수준별 노동의 한계생산성을 나타내고, 이것은 해당 교육수준의 노동자 임금인 Wi와 같다고 가정한다. 그러면 노동의 경제성장 기여도는 다음과 같이 변형된다.

즉,

$$g_0 \frac{L_0W_0}{Y} + g_1 \frac{L_1W_1}{Y} + g_2 \frac{L_2W_2}{Y} \tag{3}$$

식 (3)은 노동의 양과 질의 기여도를 구분하지 않고 전체의 기여도를 나타내는 것이므로 이를 다시 구분할 필요가 있다. 우선 중등학교 졸업자의 임금인 W_1을 두 부분으로 나누어 보자.

$$\begin{aligned} W_1 &= W_0 + (W_1 - W_0) \\ &= W_0 + \triangle W_1 \end{aligned}$$

즉, 중등학교 졸업자의 임금 W_1은 이들이 초등학교만 다녔을 경우 받을 수 있는 임금 W_0의 부분과 중등학교를 다님으로써 추가적으로 받게 되는 $\triangle W_1$의 부분으로 나눌 수 있다.[6] 마찬가지로 대학교 졸업자들의 임금인 W_3도 나눌 수가 있는데, 우선 초등학교 졸업자와 비교하면

$$\begin{aligned} W_2 &= W_0 + (W_2 - W_0) \\ &= W_0 + \triangle W_2 \text{ 가 된다.} \end{aligned}$$

보다 자세히 분류하면

$$W_2 = W_0 + (W_2 - W_1) + (W_1 - W_0) \text{로 나타낼 수 있다.}$$

이상의 임금 격차 분해 부분을 식 (3)에 대입하면 다음과 같다.

$$\begin{aligned} & g_0(L_0W_0)/Y + g_1[L_1W_0 + L_1(W_1-W_0)]/Y \\ & + g_2[L_2W_0 + L_2(W_2-W_1) + L_2(W_1-W_0)]/Y \end{aligned}$$

이것을 다시 정리하면 아래의 식 (4)가 된다.

$$\begin{aligned} & [g_0(L_0W_0/Y) + g_1(L_1W_0/Y) + g_2(L_2W_0/Y)] + g_1L_1(W_1 - W_0)/Y \\ & + g_2L_2(W_2-W_1)/Y + g_2L_2(W_1-W_0)/Y] \end{aligned} \tag{4}$$

결국 우리가 추정할 식은 식 (4)가 되고, 이 식의 추정을 통해 노동의 양적 증가가 경제성장에 기여한 부분과 노동의 질적 증가가 경제성장에

6) 물론 중등학교 졸업자와 초등학교 졸업자 사이에는 원래부터 능력의 차이가 있어 능력이 더 많은 경우 중등학교를 진학한 것이므로 만일 중등학교 졸업자들이 초등학교만 졸업하였다고 하더라도 W_0보다 많은 임금을 받았을 것이고, 따라서 $\triangle W_1$이 모두 교육의 효과만을 나타내는 것이 아니라 원래부터 타고난 능력이 앞서 있었기 때문이라는 주장이 있다. 이와 같은 선발 편기(selectivity bias)의 문제는 본 서에서 고려하지 않았다.

기여한 부분을 각각 추정할 수 있다. 아울러 식 (4)의 추정을 통해 교육수준별 교육의 경제성장 기여도도 추정할 수 있게 된다. 이 부분을 좀 더 명확하게 나타내고 있는 것이 〈표 2-4〉이다.

표 2-4 노동의 양적 · 질적 증가의 경제성장 기여도 측정 방법

학교급별 구분	총 기여도	양적 성장의 기여도	질적 성장의 기여도	교육수준별 기여도	한계 기여도
0	g_0S_0	$g_0(L_0W_0/Y)$	–	–	–
1	g_1S_1	$g_1(L_1W_0/Y)$	$g_1[L_1(W_1-W_0)/Y]$	$g_1[L_1(W_1-W_0)/Y]$	–
2	g_2S_2	$g_2(L_2W_0/Y)$	$g_2[L_2(W_2-W_0)/Y]$	$g_2[L_2(W_1-W_0)/Y]$	$g_2[L_2(W_2-W_1)/Y]$

2) 자료

(1) 자료의 출처와 분석의 한계

일반적으로 연구의 분석 목적이 무엇인가에 따라 사용하는 자료도 달라지게 된다. 따라서 개별 분석에 있어서는 여기서 사용된 자료보다 다른 자료를 이용하는 것이 경우에 따라 나을 수도 있으나, 분석의 일관성과 상호 비교를 위해서는 개별 분석마다 모두 다른 자료를 사용할 수가 없다. 그러므로 여기에서는 본 연구의 분석 목적에 가장 적합하다고 판단되는 자료를 사용하고, 개별 분석 시에는 그러한 자료들이 가질 수 있는 한계점이나 편기(bias)에 대해 설명함으로써 분석 결과를 해석할 때 주의를 하는 것이 보다 합리적일 것이다.

본 연구에서 사용된 자료들은 주로 학력별 임금과 고용 자료들이다. 먼저 학력별 임금은 주로 노동부에서 매년 조사를 실시하고 있는 『임금구조기본통계조사보고서』를 이용하였다. 학력별 임금 자료를 구할 때 임금 총액은 정액급여와 초과급여 그리고 연간특별급여액을 모두 포함하는 것이다. 산업별 임금도 마찬가지로 같은 보고서의 자료를 이용하였다. 또한 고용 자료는 매 5년마다 경제기획원에서 실시한 『인구 및 주택센서스』와 매년도 조사된 『경제활동인구연보』를 이용하였다.

일반적으로 임금 자료를 이용할 경우 두 가지의 문제가 발생한다. 첫째는 『임금구조기본통계조사보고서』의 임금통계를 이용함으로써 발생하는 문제점이다. 이 보고서는 10인 이상의 사업체를 대상으로 임금을 조사한 것이다. 그러나 우리나라의 경우 사업체 규모별로 임금격차가 상당히 나고 있다. 그 원인에 대해서는 여러 가지의 해석이 가능하나, 여기서는 그 원인의 규명보다는 사업체 규모별 임금 격차로 인해 우리가 추정하는 교육의 경제성장 기여도가 어떠한 편기(bias)를 가지는가가 중요한 문제이다. 일반적으로 민간 기업의 경우 규모가 커질수록 임금 수준이 높게 나타나기 때문에 10인 미만의 사업체에 종사하는 근로자들의 임금은 10인 이상의 기업에 종사하는 근로자들의 임금보다 낮게 나타날 것이다. 더구나 이러한 사업체 규모 간 임금 격차는 모든 학력에 걸쳐 나타나는 현상이므로, 우리가 10인 이상의 사업체에서 구한 임금 통계를 사용하면 교육의 경제성장의 효과를 측정하는 데 상향 편기(upward bias)를 가지게 된다.

임금 자료의 두 번째 문제는 첫 번째보다 좀 더 심각한 것으로 이것은 어떤 임금 자료를 사용하는가와는 상관없이 나타날 수 있는 문제이다. 즉, 취업자는 크게 임금근로자와 비임금근로자로 나뉜다. 비임금근로자에는 고용주, 자영업자 및 1주일에 18시간 이상 가족이 경영하는 사업에 보수를 받지 않고 일하는 무급가족종사자로 나뉜다. 이들은 임금을 받지 않기 때문에 이들에 대한 임금 통계는 애초에 존재하지 않는다. 그렇다면 이들의 생산성을 어떻게 측정하는가가 문제가 된다. 일반적으로 경제학에서는 이들의 생산성을 동일한 학력과 경력을 가진 임금근로자의 생산성과 동일하다고 보고, 같은 경력을 지닌 임금근로자의 임금을 추정(imputed wage)하여 사용한다. 그러나 한국의 각종 연구에서는 비임금근로자의 생산성이 임금근로자의 생산성보다 낮다고 가정하고 있다. 따라서 비임금근로자의 추정된 임금을 같은 경력의 임금근로자 임금보다 낮게 사용하고 있다(표학길 외, 1993). 이와 같은 주장의 근거에 대해서는 구체적인 실증결과가 있는 것은 아니다. 단지 비임금근로자들 중 무급가족종사자의 비중이 높고, 또 이들의 대부분이 여성 인력이기 때문에 이들의 생산성이 낮으리라는 추측일 뿐이다. 이와 같은 이유 때문에 한국의 총요소생산성의 추계를 위한 외국 문헌들에서는 이들의 생산성을 동일경력의 임금근로자의 생산성과 동일하게 취급하고 있다(Young, 1994). 본 연구에서는 비임금근로자의 생산성은 같은 경력의 임금근로자의 생산성과 동일하다고 가정하고 추정하였다. 따라서 만약 비임금근로자들의 생산성이 더 낮다면 본 연구의 추정 결과는 편기를 지니게 되지만, 그 크기에 대해서는 아무도 알 수 없다. 다만 그 방향에 있어서는 본 연구 결과가 상향 편기(upward bias)를 가지게 될 수 있다.

이와 같은 임금 자료의 두 가지 문제점으로 본 연구가 지닐 수 있는 편기의 크기를 대략 짐작하기 위해서 다음 절에서는 『임금구조기본통계조사보고서』에서 구한 임금자료를 이용하여 노동의 경제성장 기여도를 추정한 것을 『국민계정』에서 피용자보수를 이용하여 기여도를 추정한 것과 비교하여 설명하였다.

본 연구에서의 추정 결과가 가질 수 있는 또 다른 편기는 총요소생산성에 대한 고려이다. 앞의 식 (2)에서 논의한 성장회계방식에서 총요소생산성의 추계를 하기 위해서는 자본과 노동의 양, 그리고 이들의 정확한 상대 가격을 알 수 있어야 한다. 그러나 한국의 자료는 자본의 양과 가격을 추정하는 부분이 정확하다고 보기 힘들다. 만약 본 연구의 목적이 총요소생산성의 추계를 위한 것이라면, 비록 정확하다고 보기 어렵더라도 가능한 자본스톡 추계와 기타 자료를 이용하겠지만, 본 연구의 목적은 그것보다 교육이 경제성장에 미치는 효과를 구하는 것이므로 굳이 식 (2)를 부정확한 자료로 추정할 필요는 별로 없다. 식 (2)에서 우리가 필요로 하는 노동의 경제성장 기여도는 〈표 2-4〉에서와 같이 따로 추정할 수가 있기 때문이다. 이처럼 추정을 한 경우 문제가 되는 부분은 총요소생산성(-R)이다. 총요소생산성의 증가가 매우 클 경우 이것이 어떤 요인에 의해 커졌는가를 확인할 필요가 있다. 그러나 한국의 경우 가장 정교하게 이루어졌다고 보이는 총요소생산성 추계의 결과들을 보면 그 값이 크지 않음을 알 수 있다(Young, 1994; Krugman, 1995). 이러한 결과에 대해서는 상당히 많은 논쟁들이 있지만 그 논쟁을 여기서 재론할 필요는 없을 것이다. 단지 총요소생산성을 고려하지 않은 본 연구의 결과가 실제보다 하향편기(downward bias)를 지니고 있다는 점과 그 편기의 크기는 그렇게 크지 않을 것이라는 점만을 밝혀 두고자 한다.

(2) 학력별 임금과 취업자 수 추이

1966년부터 1995년까지의 학력별 취업자 수의 추이가 〈표 2-5〉에 나타나 있다. 우선 1966년부터 1975년의 통계는 학력수준의 구분이 초등학교 졸업, 중 · 고등학교 졸업, 대학교 졸업으로 분류되어 있고, 그 이후의 통계는 중졸 이하, 고졸, 대졸로 분류되어 있다는 점에 유의하여야 한다. 이 같은 분류는 임금과 나머지 본 연구의 분석에서도 모두 적용이 되고 있다. 〈표 2-5〉에 의하면, 1980년대 초반까지는 모든 학력에 있어서 취업자 수가 증가하고 있다. 교육수준별로 자세히 살펴보면 1966년에서 1970년 사이에 대졸 취업자 수는 연평균 17.17% 증가하여 큰 폭의 상승세를 보이고 있다. 중졸 및 고졸의 증가율도 9.34%, 그리고 초졸 이하의 취업자 수도 연평균 8.26% 증가하여 모든 교육수준에 걸쳐 취업자 수는 증가하였다.

이는 인구의 증가와 더불어 학력 수준의 상승에 따른 현상이다. 1970년부터 1975년에 이르기까지도 역시 모든 교육수준에 걸쳐 취업자 수는 증가하고 있지만 중 · 고졸 취업자 수가 가장 크게 증가하고 있고, 반면 초졸 이하의 취업자 수는 매우 완만하게 증가하고 있다. 중 · 고졸의 경우 동기간 중 취업자 수 연평균 증가율이 8.21%로 높은 반면 대졸 이상인 경우는 5.89%, 그리고 초졸 이하인 경우는 4.24%로 증가율이 둔화되었다.

표 2-5 학력별 취업자 수 추이 (단위: 천 명, %)

년도	중졸 이하		고졸		대졸	
	취업자 수	증가율	취업자 수	증가율	취업자 수	증가율
1966	3,225[a)]	--	1,878[b)]	--	330	--
1970	4,430[a)]	8.26[c)]	2,684[b)]	9.34[c)]	622	17.17[c)]
1975	5,453[a)]	4.24[c)]	3,983[b)]	8.21[c)]	828	5.89[c)]
1980	9,784	--	2,986	--	914	2.00[c)]
1981	9,866	0.83	3,199	6.66	959	4.69
1982	9,680	-1.92	3,590	10.89	1,110	13.60
1983	9,415	-2.81	3,904	8.04	1,185	6.33
1984	8,798	-7.01	4,274	8.66	1,357	12.68
1985	8,815	0.19	4,620	7.49	1,535	11.60
1986	8,787	-0.32	5,056	8.62	1,662	7.64
1987	8,974	2.08	5,546	8.84	1,834	9.38
1988	8,843	-1.48	5,963	6.99	2,063	11.10
1989	8,860	0.19	6,407	6.93	2,293	10.03
1990	8,796	-0.73	6,814	5.97	2,475	7.35
1991	8,683	-1.30	7,243	5.92	2,686	7.86
1992	8,368	-3.76	7,551	4.08	3,043	11.73
1993	7,833	-6.83	8,086	6.62	3,334	8.73
1994	7,821	-0.15	8,486	4.71	3,530	5.55
1995	7,692	-1.68	8,861	4.23	3,824	7.69

자료: 경제기획원. 인구 및 주택센서스, 1966, 1970, 1975.
통계청a. 경제활동인구연보, 1980~1995.
주: a) 초졸 이하 취업자 수, b) 중졸 및 고졸 취업자수, c) 연평균 증가율임.

1980년대에 접어들면서 이러한 추세는 상당히 변화한다. 1970년대 말부터 확대되기 시작한 대학 졸업자 수가 1980년의 대학정원 증원과 졸업정원제의 실시로 폭등하게 된다. 이와 함께 1980년대부터 1990년대 초반에 이르기까지 대학 졸업 취업자 수의 증가율은 약 10%대에 이르고 있다.

고졸 취업자 수의 증가율은 1982년에 10.89%를 정점으로 해가 갈수록 둔화되고 있으며, 중졸 이하 취업자 수는 1980년대 초반 이후 지속적인 감소 현상을 보인다. 이는 앞서 본대로 국민들의 학력 수준이 전반적으로 상승한 것과 더불어 구조의 변화에도 영향을 받고 있다. 다시 말하면 저학력자의 대부분은 청년층이라기보다는 주로 중고령층에 속한 인구 집단이다. 젊은 층의 경우 고학력화의 진전으로 높은 학력 수준을 유지하면서 노동시장에 진입하는 반면, 고령층의 경우 상당 부분이 저학력이고 이들이 나이가 들어 노동시장에서 퇴출하면서 중졸 이하의 취업자 수는 감소하고 있다.

종합하여 보면 한국의 학력별 취업자 분포의 추이는 1980년대 이전까지는 모든 교육수준에 걸쳐서 취업자 수가 증가하였으며, 특히 1970년대에는 중·고졸 취업자 수의 증가가 가장 크게 나타났다. 대학 졸업자의 경우 증가율 자체는 상당히 큰 규모이나 정부의 대학 입학정원 증원 억제로 인하여 그 절대 규모에 있어서는 전체 취업자 수에서 차지하는 비중은 적었다. 그러나 1980년대 들어서면서부터는 대학 입학정원이 크게 증원되면서 대졸 취업자 수의 증가율은 큰 폭으로 상승하였고, 전체 취업자 수에서 차지하는 비중 역시 크게 늘어났다. 반면 중졸 이하의 취업자 수는 인구 구조의 변화와 고학력화 현상이 상호 작용하면서 증가율 자체가 감소하는 정도가 아니라 절대 규모에 있어 감소하였다.

다음으로 학력별 임금변화 추이를 〈표 2-6〉을 통하여 살펴보겠다. 우선 여기서 말하고 있는 임금이란 근로자들이 연간 지급받는 모든 임금을 포함하고 있다. 즉 근로자들이 매월 지급받는 정액급여와 초과근무를 통해 받는 초과급여, 그리고 연간 특별급여가 포함되어 있다. 임금에 관한 정의는 경우에 따라 다르게 사용되기도 하는데, 이는 분석의 대상이 무엇인지에 따라 다르다. 본 연구에서는 교육이 경제성장에 미치는 효과를 성장회계방식을 사용하여 추정하는 것이므로, 임금의 정의에 있어서는 포괄적인 연간소득의 개념이 사용되어야 할 것이다. 이와 더불어 근로자들이 받는 임금 이외의 비임금혜택(fringe benefits), 즉 각종 사회보험에 대한 지원, 주택구입시의 융자 내지는 주택의 제공 등의 비용도 포함되어야 하나 여기에 대한 구체적 자료는 가용하지 않다.

표 2-6 학력별 임금변화 추이 (단위: 천 원)

연 도	중졸 이하	고 졸	대 졸
1970	120[a](2.30)	132[b](2.09)	276
1975	350[a](3.91)	532[b](2.57)	1,369
1980	1,492(3.07)	2,715(1.69)	4,594
1981	1,815(3.00)	2,620(2.08)	5,457
1982	2,087(2.95)	2,990(2.06)	6,149
1983	2,322(3.00)	3,209(2.06)	6,610
1984	2,564(2.72)	3,442(2.02)	6,970
1985	2,715(2.69)	3,633(2.01)	7,292
1986	3,007(2.56)	3,881(1.98)	7,695
1987	3,352(2.46)	4,175(1.98)	8,257
1988	4,081(2.18)	4,970(1.79)	8,909
1989	4,858(2.04)	5,844(1.70)	9,911
1990	5,726(1.97)	6,832(1.65)	11,268
1991	6,810(1.90)	8,055(1.61)	12,926
1992	8,235(1.75)	9,429(1.53)	14,411
1993	9,317(1.66)	10,578(1.47)	15,496
1994	10,188(1.67)	11,718 (1.45)	16,981

자료: 노동부. 임금구조기본통계조사보고서, 1970~1994.

주: 〈표 2-5〉와 동일. ( ) 안은 대졸임금과의 비율임. 임금총액은 정액급여+초과급여+연간특별 급여임. 단, 1970년 임금자료는 연간특별급여가 포함되지 않았음.

〈표 2-6〉에 나타난 학력별 임금의 변화를 살펴보면, 1970년대에는 학력 간 임금격차가 증가하다가 1980년대 들어서는 급격히 감소하고 있음을 알 수 있다. 이러한 현상은 1980년대 후반으로 갈수록 더욱 심해지고 있다. 1970년의 경우 대학 졸업자들이 평균적으로 초등학교 졸업자들의 임금의 약 2.3배, 중 · 고등학교 졸업자들의 임금의 약 2.09배를 받은 것으로 나타나 있다. 1975년에는 대졸자들이 초등학교 졸업자들의 약 3.91배, 중 · 고등학교 졸업자들의 약 2.6배를 임금으로 받아서 학력 간 임금 격차는 증가하였다.

그러나 이러한 추세는 1981년을 기점으로 반전되기 시작하였다. 1980년에 대졸자들의 평균 임금은 고졸자 평균 임금의 약 1.69배, 1981년에 2.08배로 여전히 증가하는 추세였으나 1982년에 2.06배, 1988년에 1.79배, 그리고 1995년에는 1.45배로 급격히 하락하였다. 중졸 이하 취업자들의 평균 임금과 비교하여도 이러한 하락 추세는 비슷하게 나타나고 있다. 1980년에 대졸자들은 중졸 이하의 취업자들보다 평균 3.1배 정도를 더 많이 받았으나, 1981년에는 2.95배, 1988년에는 2.18배, 1995년에는 불과 1.67배를 더 받는 정도로 학력 간 임금격차는 급격히 감소하였다.

이처럼 학력 간 임금 격차가 급속히 감소한 원인은 여러 가지 있겠지만, 가장 중요한 원인은 앞서 학력별 취업자 수의 변동에서 살펴본 대로 고학력 취업자 수의 급격한 증가에 있다. 고학력자들의 상대적 공급이 노동시장에서 급격하게 증가함에 따라 이들의 상대적 임금이 노동시장에서 저학력자들의 임금에 비해 하락하였다. 세계화와 기술 진보 등의 영향으로 고학력자에 대한 노동 수요 역시 그동안 상당히 증가한 것도 사실이지만, 노동 수요 증가로 인한 효과가 공급 증가의 효과를 상쇄할 만큼 커지지는 못하였다.

따라서 고학력화의 진전으로 고학력 취업자들의 숫자가 급속히 증가하였다고 하더라도 이들의 상대적인 임금, 즉 한계생산성은 감소하였으므로 실제 교육의 경제성장 기여도를 추정할 때 임금 감소 부분이 반영되면 과거와 같이 큰 효과가 나타나기는 힘들다.

3) 시기별 교육의 경제성장 기여도

지금까지 설명한 학력별 취업자 수의 변동 자료와 학력별 임금의 변동 자료를 이용하여 〈표 2-4〉에 설명된 방법으로 노동의 양적 증가가 경제성장에 기여한 부분과 노동의 질적 증가가 경제성장에 기여한 정도, 즉 교육 확대가 경제성장에 기여한 정도를 추정하였다. 우선 모든 교육수준과 산업에 걸쳐 시기별로 노동의 경제성장 기여도를 추정한 것이 〈표 2-7〉에 제시되어 있다.

이 표를 해석하기 전에 앞에서 설명된 자료의 제약으로 인한 편기 등에 대해 다시 한 번 검토해 보는 것이 필요하다. 앞서 지적한 대로 본 연구에서 사용한 자료는 10인 이상 사업체만을 대상으로 하는 『임금구조기본통계조사보고서』에서 구한 임금자료들이다. 이 자료를 사용한 추정결과와 『국민계정』에 나타난 피용자보수를 이용하여 노동의 경제성장 기여도를 추정한 결과를 비교해 보면, 본 연구에서 추정한 결과가 『국민계정』에서 피용자보수를 사용한 것보다 약 2배 정도 높게 나타나고 있다. 이는 국민소득 계정상에 비임금근로자에 대한 보상 부분이 피용자보수에 나타나지 않기 때문이다. 따라서 이를 고려한다면, 이 연구에서 추정한 결과가 국민소득 계정을 이용한 총체적 결과와 크게 차이가 나지 않는다는 것을 알 수 있다. 또한 임금이 10인 이상의 사업체 대상이기 때문에 상향 편기가 나타날 수 있다고 보았는데, 이 비교를 통해 보면 이 연구의 추정이 상향편기를 지니고 있는 것으로 보이나 그 크기는 크지 않다는 것도 알 수 있다. 이 같은 편기의 정도와 방향을 염두에 두고 〈표 2-7〉을 해석하는 것이 좋을 것 같다.

표 2-7 노동의 경제성장 기여도: 전체 (단위: %p, %)

연도	양적 기여도 (%p)	질적 기여도 (=A) (%p)	총 기여도 (=B) (%p)	GDP증가율 (=C) (%)	(A/C)×100 (=D) (%)	(B/C)×100 (=E) (%)
1970	3.13	0.71	3.84	30.64	2.32	12.54
1975	2.68	0.68	3.36	30.01	2.27	11.19
1981	1.29	0.70	2.00	19.95	3.53	10.02
1982	1.36	1.77	3.12	12.91	13.68	24.20
1983	0.45	0.93	1.38	14.76	6.33	9.37
1984	-0.26	1.47	1.21	12.78	11.51	9.46
1985	1.79	1.38	3.17	10.31	13.39	30.76
1986	1.68	1.02	2.70	14.28	7.14	18.91
1987	2.54	1.11	3.65	14.62	7.61	24.97
1988	1.58	1.11	2.69	15.78	7.03	17.03
1989	2.25	1.07	3.32	10.75	9.98	30.92
1990	1.67	0.81	2.49	16.92	4.80	14.70
1991	1.66	0.85	2.51	16.78	5.04	14.96
1992	1.20	1.07	2.27	10.26	10.43	22.12
1993	1.01	0.93	1.94	10.01	9.24	19.38
1994	1.94	0.60	2.55	12.69	4.75	20.08
1980~94 평균	1.70	0.79	2.49	16.03	4.91	15.52

이제 〈표 2-7〉로 되돌아 와서 이 표의 구성을 살펴보겠다. 우선 두 번째 칼럼은 노동의 양적 증가로 인한 기여도를 나타내고 있고, 세 번째 칼럼은 노동의 질적 증가로 인한 기여도, 즉 교육의 효과를 나타내는 부분이다. 따라서 이 두 부분을 합친 것이 노동에 의한 경제성장에의 총 기여도이다. 마지막 두 칼럼은 GDP 증가율을 100%로 했을 때 상대적으로 총 기여도가 얼마나 되는가를 나타내 주고 있다.

먼저 1966년부터 1975년까지의 기간을 보면, 1980년대 기간과는 약간 차이가 난다는 것을 알 수 있다. 이 기간 중에 경제성장에 대한 노동의 양적 기여도는 3.13%포인트, 질적 기여도는 0.71%포인트이며, 따라서 총기여도는 3.84%포인트로 나타났다. 이것을 국민소득증가율을 100%로 기준하였을 때의 기여도로 전환하면 12.54%의 경제성장이 노동의 양적 증가와 질적 증가에 의해 이루어졌다는 것을 의미한다. 그 중에 교육에 의한 증가인 질적 기여도 구성비는 2.32%로 나타나서 노동의 양적 기여에 의한 부분이 질적 기여에 의한 부분보다 거의 4배 이상 됨을 알 수 있다. 1970년에서 1975년의 기간도 노동의 총 기여도는 국민소득증가율을 100%로 봤을 때 11.19%를 기록하여 앞 기간과 비슷한 추세를 보였으며, 노동의 질적 기여도 구성비는 2.27%여서 교육으로 인한 성장 효과는 크지 않음을 알 수 있다.

1980년대에 들어와서 이런 추세는 약간 바뀌었다. 연도별로 수치를 살펴보기 전에 우선 노동의 총 기여도를 실제 측정한 값, 즉 〈표 2-7〉의 네 번째 칼럼(B)과 경제성장을 100%로 두고 그 기여도를 측정한 값, 즉 마지막 칼럼(E)과를 비교하여 보면 전자의 경우가 후자보다 훨씬 안정적인 값을 갖고 있다. 그 이유는 고용은 비교적 일정 추세를 가지고 안정적인 반면 경제성장은 장기적 추세요인도 있지만 경기순환적인 추세의 영향을 많이 받기 때문이다. 따라서 이와 같은 경기순환적 요인을 제거하고 효과를 보기 위해서는 일정 기간 동안의 연평균 증가율로 교육의 기여도를 살펴보는 것이 낫다.

따라서 1980년부터 1994년 사이에 걸쳐 노동이 성장에 기여한 바를 보기 위해 동기간의 연평균 취업자 증가율과 연평균 경제성장률을 이용하여 노동의 평균 기여도를 계산하였다. 우선 1980년부터 1994년의 기간 동안 노동의 양적 증가가 경제성장에 기여한 평균적인 값은 1.70%포인트, 질적 성장이 기여한 부분은 0.79%포인트이며, 총 기여도는 2.49%포인트로 나타났다. 앞서와 같이 이것을 국민소득증가율과 상대적으로 비교하여 보면, 노동의 양적, 질적 증가가 경제성장에 15.52%를 기여한 것으로 나타나서 앞의 1960년대, 1970년대보다 기여 부분이 큰 것을 알 수 있다. 이 중 질적 수준의 기여 구성비는 4.91%로서 종전의 2.2% 내지 2.3%보다 훨씬 큰 것으로 나타난다. 즉, 1980년부터 1994년까지의 기간에 있어 노동의 양적 기여도는 1966년부터 1975년 기간의 양적 기여도와 비슷한 수준이었으나, 노동의 질적 기여도는 앞 기간보다 월등히 높아서 이 기간의 고학력화와 교육에 대한 투자가 경제성장에 큰 영향을 미쳤음을 알 수 있다.

연도별 기여도를 [그림 2-1]을 통하여 살펴보면, 우선 노동의 질적 기여도의 추세가 양적 증가로 인한 기여도보다는 안정적인 값을 보이고 있다. 즉, 양적 기여도는 -0.26%포인트에서 최고 3.13%포인트만큼 큰 폭의 차이를 보이는 반면, 질적 기여도의 최소치는 0.60%포인트이고, 최대치는 1.77%포인트로서 보다 안정적이어서 교육 수준의 향상이 경제성장에 안정적이고 지속적인 효과를 미치고 있음을 알 수 있다.

또한 노동의 양적 증가 기여도는 1984년까지 지속적으로 감소하다가 1985년 이후 다시 증가하기 시작하고 있고, 질적 증가의 경우는 1980년대 초반까지는 큰 변화가 없다가 1982년에 크게 증가를 보이고 있으며 1980년대 후반기에 일정 수준을 유지하다가 1990년 들어 그 수준이 떨어지고 있다. 이 같은 결과는 인력 공급 측면에서 볼 때 1980년대에 지속적인 학력 수준 향상이 이루어졌고, 또 산업계에서 고학력에 대한 수요가 지속적으로 증가하여 왔다는 것을 의미한다.

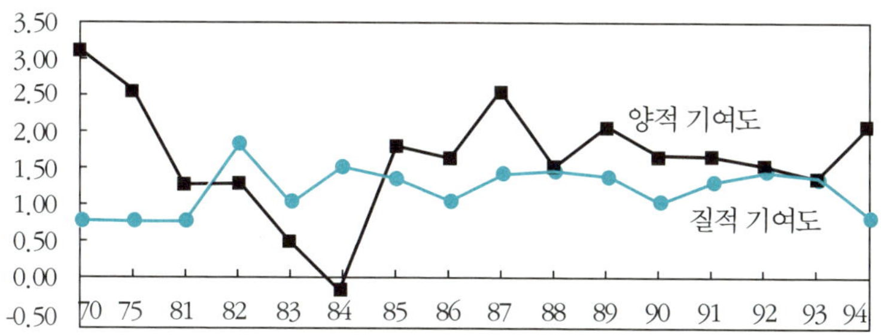

[그림 2-1] 노동의 경제성장 기여도

4) 교육수준별 교육의 경제성장 기여도

이제 노동의 성장기여도를 좀 더 세분하여 교육수준에 따른 양적 · 질적 기여도를 살펴보겠다. 먼저 〈표 2-8〉에 중학교 이하(1980년 이전은 초등학교 졸업 이하)의 교육이 경제성장에 미친 영향이 제시되어 있다. 중학교 졸업 이하의 학력 수준이 본 분석에서는 가장 낮은 교육수준이기 때문에 〈표 2-8〉을 통해서는 노동의 양적 증가로 인한 기여도만 파악할 수 있다.

중학교 이하 졸업자의 취업은 앞서 살펴본 대로 1970년대까지는 증가하였지만, 1980년대에 들어와서 감소 추세에 있기 때문에 이들 집단의 경제성장 기여도 또한 1970년대까지는 정(正)의 효과를 나타내지만 1980년대 대부분의 기간은 부(負)의 효과를 보이고 있다. 우선 1970년대는 앞서 밝힌 대로 초등학교 졸업자들의 취업 자료만이 이용가능하며 이들의 기여도가 1970년과 1975년에 각각 나타나 있다. 이 기간 중의 연평균(초졸) 취업자 증가율과 연평균 경제성장률을 비교하여 노동의 양적 기여도를 살펴보면, 1966년에서 1970년 사이에 기여도는 1.58%포인트로 나타나고, 1970년에서 1975년 사이에 기여도는 0.80%포인트로 나타났다. 따라서 이 당시 기간만 하여도 단순한 노동력의 투입 증가로 인한 경제성장 부분도 상당히 있었다는 것을 알 수 있다.

그러나 1980년대에 접어들면서 이처럼 단순노동력의 양적 증가로 인한 경제성장 부분은 점차 감소하였다. 1981년의 경우 노동의 양적 기여도가 0.31%포인트로 나타나서 경제성장률을 100%로 했을 때 단순히 중졸 이하의 취업자 수 증가로 인해 경제가 성장한 부분은 1.57%로 나타났다. 그러나 1982년 이후부터는 일정 기간만을 제외하고는 대개 부(負)의 수치를 나타내고 있다. 1980년에서 1994년까지의 기간에 연평균을 이용하여 추정한 결과는 -1.48%로 나타나고 있어, 이 기간의 경제는 단순 인력의 공급 감소로 인하여 오히려 성장에는 부(負)의 기여를 한 것으로 추정되었다.

1980년부터 1994년 사이에 걸쳐 중졸 이하의 취업자들이 성장에 기여한 바를 분석하기 위해 동기간의 연평균 취업자 증가율과 연평균 경제성장률을 이용하여 노동의 기여도를 계산하였다. 〈표 2-8〉의 맨 아랫줄에 나타나 있는 중졸 이하 노동의 경제성장 기여도는 -0.24%포인트로서, 경제성장률을 100%로 보면 -1.48%의 기여를 한 것으로 나타났다.

다음으로는 고등학교 교육이 경제성장에 기여한 부분을 살펴보겠다(〈표 2-9〉 참조). 마찬가지로 1966~1975년 기간에는 관련 자료가 중·고

표 2-8 노동의 경제성장 기여도: 중졸 이하 (단위: %p, %)

연도	양적 기여도 (%p)	총 기여도 (=A) (%p)	GDP 증가율 (=B) (%)	(A/B)×100 (%)
1970a)	1.58	1.58	30.64	5.17
1975a)	0.80	0.80	30.01	2.67
1980	0.00	0.00	17.71	0.00
1981	0.31	0.31	19.95	1.57
1982	-0.71	-0.71	12.91	-5.49
1983	-0.96	-0.96	14.76	-6.49
1984	-2.15	-2.15	12.78	-16.81
1985	0.06	0.06	10.31	0.55
1986	-0.09	-0.09	14.28	-0.62
1987	0.56	0.56	14.62	3.82
1988	-0.40	-0.40	15.78	-2.55
1989	0.06	0.06	10.75	0.52
1990	-0.20	-0.20	16.92	-1.21
1991	-0.36	-0.36	16.78	-2.13
1992	-1.08	-1.08	10.26	-10.52
1993	-1.87	-1.87	10.01	-18.63
1994	-0.04	-0.04	12.69	-0.31
1980~94 평균	-0.24	-0.24	16.03	-1.48

주: 〈표 2-5〉와 동일.

표 2-9 노동의 경제성장 기여도: 고졸 (단위: %p, %)

연도	양적 기여도 (%p)	질적 기여도 (=A) (%p)	총 기여도 (=B) (%p)	GDP 증가율 (=C) (%)	(A/C)×100 (%)	(B/C)×100 (%)
1970[a]	1.09	0.11	1.19	30.64	0.35	3.90
1975[a]	1.37	0.34	1.71	30.01	1.13	5.69
1980	0.00	0.00	0.00	17.71	0.00	0.00
1981	0.81	0.36	1.17	19.95	1.80	5.87
1982	1.49	0.65	2.14	12.91	5.00	16.55
1983	1.14	0.43	1.57	14.76	2.94	1063
1984	1.29	1.44	1.73	12.78	3.45	13.54
1985	1.14	0.39	1.53	10.31	3.76	14.86
1986	1.37	0.40	1.77	14.28	2.79	12.37
1987	1.46	0.36	1.82	14.62	2.46	12.48
1988	1.28	0.28	1.56	15.78	1.76	9.87
1989	1.45	0.29	1.74	10.75	2.73	16.19
1990	1.30	0.25	1.55	16.92	1.48	9.15
1991	1.35	0.25	1.60	16.78	1.48	9.55
1992	1.06	0.15	1.21	10.26	1.49	11.78
1993	1.87	0.25	2.12	10.01	2.52	21.15
1994	1.33	0.20	1.53	12.69	1.58	12.07
1980~94 평균	1.25	0.24	1.49	16.03	1.48	9.31

주: 〈표 2-5〉와 동일.

졸 취업자 수로 같이 분류되어 있기 때문에 이 기간은 중학교 및 고등학교 교육의 경제성장 기여도를 한꺼번에 추정할 수밖에 없다. 우선 1966년에서 1970년 사이에 이들 집단의 취업자 증가율과 임금자료를 이용하여 성장 기여도를 보면, 양적 기여도는 1.09%포인트이나 질적 기여도는 거의 없는 것(0.11%포인트)으로 나타났다. 경제성장률을 100%로 보았을 때 중·고졸 취업자 집단의 경제성장에 대한 총 기여도 구성비가 3.90%임을 나타내 준다. 1970년과 1975년 사이에는 양적 기여도가 1.37%포인트, 질적 기여도는 0.34%포인트로 나타나서 경제성장률을 100%로 보았을 때 총 기여도 구성비는 5.69%로 나타났다.

이 같은 결과는 앞서의 초졸 이하의 경우와는 대조를 이룬다. 초졸 이하 취업자의 경우는 동기간 중에 시간이 지날수록 기여도가 줄어들었으나, 중·고졸의 경우는 그 기여도가 증가하고 있으며, 특히 교육수준의 상승으로 인한 질적 기여도가 커지고 있다.

1981년부터는 이용 가능한 자료가 중졸 이하 및 고졸 이하로 분류되어 있어 앞서의 중학교 이하 교육의 효과와 고등학교 교육의 효과를 분리해 볼 수 있다. 우선 고등학교 졸업자들의 양적 기여도는 1981년에 0.81%포인트에서 1993년에 1.87%포인트에 이르기까지 꾸준히 증가하고 있으며, 교육의 효과인 질적 기여도 또한 1981년 이후 0.15~0.65%포인트의 값을 보이고 있다. 1980년부터 1994년까지 기간의 고졸 취업자 연평균 증가율과 연평균 경제성장률을 이용하여 동기간의 평균 기여도를 보면 총 기여도가 1.49%포인트로서 전체 경제성장률의 9.31%가 고졸취업자의 질적·양적 기여로 이루어진 것을 알 수 있다. 이 중 양적 기여도의 평균값은 1.25%포인트이며, 질적 성장의 기여도는 0.24%포인트(경제성장을 100%로 볼 경우 1.48%)로 나타나서 질적 기여도보다는 양적인 기여도가 더 컸음을 알 수 있다.

한편 질적 성장 기여도에 있어서는 고등학교 교육의 경우 1982년에 0.65%포인트에서 1994년에 0.20%포인트로 감소하여 약간의 변동은 있으나 대체로 감소 추세를 보이고 있음을 알 수 있다. 이것은 1980년대 고등학교 교육이 팽창한 것은 사실이나 대학교육의 급격한 증가로 인해 상당수의 학생들이 대학까지 진학했기 때문에 나타난 현상으로 볼 수 있다.

마지막으로 대학교육이 경제성장에 기여한 부분에 대해 살펴보겠다(〈표 2-10〉 참조). 대학의 경우는 앞서 중졸 및 고졸의 경우와는 다르게 급속한 양적 팽창으로 경제성장에 있어 양적·질적 기여가 모두 크게 나

표 2-10 노동의 경제성장 기여도: 대졸 (단위: %p, %)

연도	양적 기여도 (%p)	질적 기여도 (=A) (%p)	총 기여도 (=B) (%p)	GDP 증가율 (=C) (%)	(A/C)×100 (%)	(B/C)×100 (%)
1970	0.46	0.60	1.06	30.64	1.96	3.47
1975	0.51	0.34	0.85	30.01	1.15	2.84
1980	0.00	0.00	0.00	17.71	0.00	0.00
1981	0.17	0.34	0.52	19.95	1.72	2.58
1982	0.58	1.12	1.70	12.91	8.68	13.14
1983	0.27	0.50	0.77	14.76	3.39	5.23
1984	0.60	1.03	1.63	12.78	8.05	12.74
1985	0.59	0.99	1.58	10.31	9.63	15.35
1986	0.40	0.62	1.02	14.28	4.35	7.15
1987	0.51	0.75	1.27	14.62	5.15	8.66
1988	0.70	0.83	1.53	15.78	5.26	9.71
1989	0.75	0.78	1.53	10.75	7.25	14.22
1990	0.58	0.56	1.14	16.92	3.32	6.75
1991	0.67	0.60	1.26	16.78	3.57	7.53
1992	1.22	0.92	2.14	10.26	8.94	20.86
1993	1.01	0.67	1.69	10.01	6.72	16.85
1994	0.65	0.40	1.06	12.69	3.18	8.32
1980~94 평균	0.68	0.55	1.23	16.03	3.42	7.68

주: 〈표 2-2〉와 동일.

타나고 있다. 특히 다른 교육수준보다 총 기여도에서 질적 기여도가 차지하는 비중이 매우 큰 것이 특징이다. 이는 1980년대 이후 경제성장에 미친 교육 효과의 상당 부분이 대학 교육에 의한 것임을 말해 준다.

우선 1980년 이전의 경우와 1980년 이후를 비교하여 보면, 1980년 이후의 대졸 노동력의 경제성장 기여가 더욱 크다는 것을 알 수 있다. 1966년에서 1970년 사이의 대졸 노동력의 총 기여도는 1.06%포인트(GDP 증가율을 100%로 할 경우 3.47%)였으며, 1970년에서 1975년 사이에는 오히려 기여도가 감소하여 0.85%포인트(GDP 증가율을 100%로 할 경우 2.84%)에 불과하였다. 그러나 1980년에서 1994년까지 대졸 노동력의 평균 기여도는 총 1.23%포인트로서, 경제성장률을 100%로 보았을 때 그 중 7.68%가 대졸 취업자들의 노동이 기여한 바여서 그 이전 기간보다 월등히 증가하였음을 알 수 있다.

이 같은 현상은 대학 교육의 한계기여도를 나타내주는 질적 기여도에서도 마찬가지로 나타나 1966년에서 1970년 사이의 대졸 노동력의 질적 기여도는 0.60%포인트(GDP 증가율을 100%로 할 경우 1.96%)였으며, 1970년에서 1975년 사이에는 역시 기여도가 감소하여 0.34%포인트(GDP 증가율을 100%로 할 경우 1.15%)에 불과하였다. 그러나 1980년에서 1994년까지 대학교육의 평균 질적 기여도는 0.55%포인트로서 경제성장을 100%로 보았을 때 3.42%의 기여로 증가하였다. 한편 양적 기여도에 있어서는 오히려 해가 지날수록 기여도가 증가하고 있는 추세이다. 1966년에서 1970년 사이에 양석 기여도는 0.46%포인트였고, 1970년에서 1975년 사이의 기여도는 0.51%포인트, 그리고 1980년에서 1994년 사이는 0.68%포인트로 증가하여 대졸자들의 양적 증가 또한 큰 영향을 미쳤음을 알 수 있다.

지금까지 교육수준별 교육의 경제성장 기여도를 살펴보았다. 이 같은 결과를 종합한 것이 〈표 2-11〉, 〈표 2-12〉와 [그림 2-2]에 제시되어 있다. 먼저 교육수준별 노동의 총 기여도를 제시한 〈표 2-11〉에 의하면, 1966년에서 1970년 사이 노동의 총 기여도 3.84%포인트 가운데 초등교육 이수 노동력의 기여도는 1.58%포인트로 나타나(GDP 성장률을 100%로 보았을 때 각각 12.54%와 5.17%) 노동의 경제성장 기여도의 41.1%(1.58/3.84×100)가 초등교육 노동력에 기인하는 것으로 나타났다. 1970년에서 1975년 사이에는 노동의 기여도 3.36%포인트 가운데 초등교육 노동력의 기여도가 0.80%포인트로서 노동 기여도의 23.8%가 초등교

표 2-11 경제성장에 대한 교육수준별 노동의 총 기여도(1966~1994) (단위: %)

연도	GDP증가율(=A)	노동력의 총 기여도(양적 · 질적 기여도)							
		총교육(=B)	중졸이하(=C)	고졸(=D)	대졸(=E)	(B/A)×100	(C/A)×100	(D/A)×100	(E/A)×100
1970	30.64	3.84	1.58[1]	1.19[2]	1.06	12.54	5.17	3.9	3.47
1975	30.01	3.36	0.80[1]	1.71[2]	0.85	11.19	2.67	5.6	2.84
⋮	⋮	⋮	⋮	⋮	⋮	⋮	⋮	⋮	⋮
1981	19.95	2.00	0.31	1.17	0.52	10.02	1.57	5.8	2.58
1982	12.91	3.12	-0.71	2.14	1.70	24.20	-5.49	16.55	13.14
1983	14.76	1.38	-0.96	1.57	0.77	9.3	-6.49	10.63	5.23
1984	12.78	1.21	-2.15	1.73	1.63	9.4	-16.81	13.54	12.74
1985	10.31	3.17	0.06	1.53	1.58	30.76	0.55	4.86	15.35
1986	14.28	2.70	-0.09	1.77	1.02	18.91	-0.62	12.37	7.15
1987	14.62	3.65	0.56	1.82	1.27	24.97	3.82	12.48	8.66
1988	15.78	2.69	-0.40	1.56	1.53	17.03	-2.55	9.8	9.71
1989	10.75	3.32	0.06	1.74	1.53	30.92	0.52	16.19	14.22
1990	16.92	2.49	-0.20	1.55	1.14	14.70	-1.21	9.1	6.75
1991	16.78	2.51	-0.36	1.60	1.26	14.96	-2.13	9.5	7.53
1992	10.26	2.27	-1.08	1.21	2.14	22.12	-10.52	11.78	20.86
1993	10.01	1.94	-1.87	2.12	1.69	19.38	-18.63	21.15	16.85
1994	12.69	2.55	-0.04	1.53	1.06	20.08	-0.31	12.07	8.32
1980~94 평균	16.03	2.49	-0.24	1.49	1.23	15.52	-1.48	9.31	7.68

주: 1) 초졸 이하
2) 중졸 및 고졸

육 노동력에 의한 것으로 나타났으며, 이후 초등교육 노동력의 기여도는 지속적으로 감소한다.

한편 1970년대에 들어서 중등교육 이수 노동력의 기여도는 증가한다. 1966년에서 1970년 사이 중등교육 노동력의 기여도는 1.19%포인트(GDP 성장률을 100으로 하였을 때 3.90%)로서 총 노동 기여도의 31%를 차지했으나 1970년에서 1975년 사이에는 1.71%포인트(GDP 성장률을 100으로 하였을 때 5.69%)로 증가하여 총 노동 기여도의 50.9%를 차지하게 된다.

대학 졸업 노동력의 경제성장 기여도는 1980년대 들어 크게 증가하였다. 1966년에서 1970년 사이의 대졸 인력 기여도는 1.06%포인트(GDP 성장률을 100%로 할 경우 3.47%)로서 전체 노동의 기여도 3.84%포인트의 27.6%를 차지하였으며, 1970년에서 1975년 사이에 대졸 인력 기여도는 0.85%포인트(GDP 성장률을 100%로 할 경우 2.84%)로서 전체 노동 기여도 3.36%포인트의 25.3%를 차지하였으나, 1980년에서 1994년 사이에 대졸 인력의 평균 기여도는 1.23%포인트(GDP 성장률을 100%로 할 경우 7.68%)로서 전체 노동 평균 기여도 2.49%포인트의 49.4%를 차지하였다.

이와 같은 대학졸업 노동력의 경제성장 기여 양상은 대학교육의 한계기여도를 나타내주는 질적 기여도의 경우에도 유사하게 나타난다(〈표 2-12〉 참조). 1966년에서 1970년 사이의 대졸 노동력의 질적 기여도는 0.60%포인트(GDP 성장률을 100%로 할 경우 1.96%)였으며, 1970년에서 1975년 사이에는 감소하여 0.34%포인트(GDP 성장률을 100%로 할 경우 1.15%)에 불과하였다. 그러나 1980년에서 1994년까지는 0.55%포인트로서 GDP 성장률을 100%로 할 경우 3.42%의 기여를 하였다. 이와 같은 기여도 분석 결과는 1980년대 이후의 교육의 경제성장 기여 효과는 대부분이 대학교육에 의한 것임을 나타내 준다.

[그림 2-2]에는 고등학교 졸업자와 대학 졸업자들의 노동 공급이 경제성장에 미친 질적 기여도가 제시되어 있다. 우선 대학교육과 고등학교 교육을 비교하여 볼 때, 1981년의 경우는 대학교육의 한계기여도와 고등

표 2-12 경제성장에 대한 교육수준별 노동의 질적 기여도(1966~1994) (단위: %)

연도	GDP증가율(=A)	노동의 질적 기여도(교육 기여도)					
		전체(=B)	고졸(=C)	대졸(=D)	(B/A)×100	(C/A)×100	(D/A)×100
1970	30.64	0.71	0.11[2]	0.60	2.32	0.35	1.96
1975	30.01	0.68	0.34[2]	0.34	2.27	1.13	1.15
⋮	⋮	⋮	⋮	⋮	⋮	⋮	⋮
1981	19.95	0.70	0.36	0.34	3.53	1.80	1.72
1982	12.91	1.77	0.65	1.12	13.68	5.00	8.68
1983	14.76	0.93	0.43	0.50	6.33	2.94	3.39
1984	12.78	1.47	1.44	1.03	11.51	3.45	8.05
1985	10.31	1.38	0.39	0.99	13.39	3.76	9.63
1986	14.28	1.02	0.40	0.62	7.14	2.79	4.35
1987	14.62	1.11	0.36	0.75	7.61	2.46	5.15
1988	15.78	1.11	0.28	0.83	7.03	1.76	5.26
1989	10.75	1.07	0.29	0.78	9.98	2.73	7.25
1990	16.92	0.81	0.25	0.56	4.80	1.48	3.32
1991	16.78	0.85	0.25	0.60	5.04	1.48	3.57
1992	10.26	1.07	0.15	0.92	10.43	1.49	8.94
1993	10.01	0.93	0.25	0.67	9.24	2.52	6.72
1994	12.69	0.60	0.20	0.40	4.75	1.58	3.18
1980~94 평균	16.03	0.79	0.24	0.55	4.91	1.48	3.42

주: 1) 초졸 이하
2) 중졸 및 고졸

학교교육의 한계기여도가 거의 비슷한 것으로 나타났으나 그 이후는 대학교육의 한계기여도가 상당히 더 큰 것으로 나타났다. 또한 고등학교교육의 경제성장에 대한 한계기여도는 1982년 이후 계속 하락 추세에 있는 반

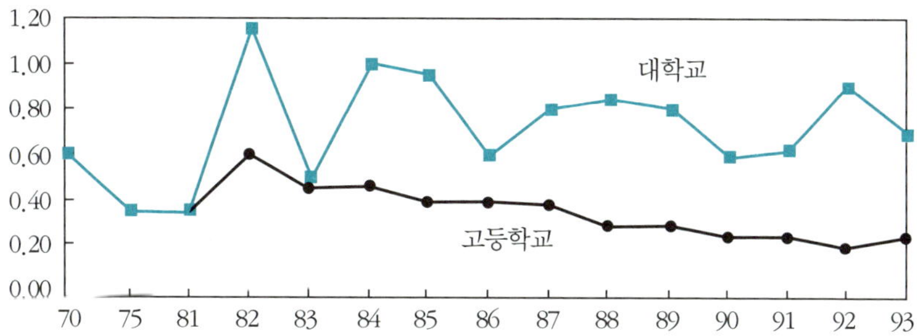

[그림 2-2] 교육수준별 교육의 경제성장 기여도

면 대학교육의 한계기여도는 1993년까지 0.6%포인트 이상의 높은 기여도를 보이고 있다가 1994년에 0.4%포인트 수준으로 하락하였다. 지금까지 살펴 본 교육수준에 따른 교육의 경제성장에 대한 한계기여도 양상은 1980년대 이후의 교육의 경제성장 효과는 대부분이 대학교육의 증가에 의한 것임을 시사해 준다.

5) 산업별 교육의 경제성장 기여도

여기서는 교육 확대가 산업별로 경제성장에 어떻게 기여하였는가를 살펴보기로 한다. 가용한 자료의 제약으로 인하여 1984~1994년 기간을 분석 대상으로 하였다. 학력별 취업자 수와 학력별 임금의 변화 자료가 가능한 범위에서 산업을 분류하면 광업, 제조업, 전기 · 가스 · 수도사업, 건설업, 도소매 및 음식숙박업, 운수 · 창고 · 통신업, 금융 · 보험 · 부동산 및 사업서비스업, 사회 및 개인서비스업 등으로 나눌 수 있다. 다음 〈표 2-13〉은 산업별 노동의 투입 증가로 인한 경제성장 기여도(1984~1994)를 제시하고 있다.

1984년부터 1994년 사이에 광업부문의 연평균 경제성장률은 2.64%로서 다른 산업에 비해서는 매우 낮다. 이 같은 낮은 성장에도 불구하고

표 2-13 산업별 교육의 경제성장 기여도(1984~1994) (단위: %p, %)

산업	양적 기여도 (%p)	질적 기여도 (=A) (%p)	총 기여도 (=B) (%p)	GDP 증가율 (=C) (%)	(A/C)×100 (%)	(B/C)×100 (%)
광업	-3.35	-0.13	-3.48	2.64	-4.93	-131.56
제조업	1.52	0.60	2.12	14.09	4.23	15.03
전기 · 가스 · 수도사업	0.71	0.10	0.81	13.05	0.76	6.21
건설업	2.83	0.35	3.18	22.01	1.60	14.45
도소매 및 음식 · 숙박업	5.94	1.04	6.98	13.74	7.54	50.77
운수 · 창고 · 통신업	1.67	0.16	1.83	14.73	1.10	12.42
금융 · 보험 · 부동산 및 사업서비스업	2.43	0.97	3.41	21.45	4.54	15.90
사회 및 개인서비스업	9.05	5.33	14.38	18.01	29.57	79.83

고용 역시 감소하여 노동이 기여한 평균 기여도는 -3.48%포인트로서 부(負)의 기여를 하고 있다. 이를 좀 더 자세히 보면 양적 기여도는 -3.35%포인트, 질적 기여도는 -0.13%포인트로 나타났다. 광업 부문의 연도별 분석 결과에 의하면 1988년 이후 양적으로나 질적으로 노동의 성장 기여도가 거의 마이너스로 나타나고 있는데, 특히 양적 기여도가 1980년대 후반에 상당히 감소하고 있는 것으로 나타났다. 이를 노동 수요 측면에서 보면 이 부문의 성장 감소로 인해 고용이 줄어들면서 양적 기여도가 부(負)로 나타난 것으로 보인다. 질적 기여도에 있어서도 1980년대 중반에 일시 증가하는 현상을 보였으나 그 후 거의 부(負)의 기여를 한 것으로 나타나, 이 부문의 기술 진보나 제품 수요 변화가 고학력자들의 수요를 증가시키는 방향으로 변화한 것이 아님을 알 수 있다.

다음으로 제조업의 경우 광업보다 노동의 양적 기여도나 질적 기여도가 크게 나타난다. 1984~1994년까지 평균적으로 볼 때 양적 기여도는 1.52%포인트, 질적 기여도는 0.60%포인트로 나타나며 제조업 부문 GDP 증가율을 100%로 보았을 때 각각 10.8% 및 4.23%의 기여를 한 것으로 나타났다. 그러나 연도별 분석 결과에 의하면, 1992년과 1993년의 불황기에는 고용이 오히려 줄어들어서 제조업 성장에는 양적으로 부(負)의 기여를 한 것으로 나타났다. 반면 질적 기여도는 고용 감소에도 불구하고 계속 정(正)의 영향을 미친 것으로 나타나 교육 수준 향상이 이 부문의 성장에 기여했음을 알 수 있다.

전기 · 가스 · 수도업 부문의 경우 1984년에서 1994년 기간 중 이 부문의 성장에 미친 노동의 총 기여도는 0.81%포인트로 나타났으며, 이 부문의 같은 기간 경제성장률을 100%로 볼 때 6.21%의 기여를 한 것으로 나타나 기여도가 별로 크지 않음을 알 수 있다. 한편 양적 기여도는 0.71%포인트, 질적 기여도는 0.10%포인트로서 이 부문 GDP증가율을 100%로 보았을 때 각각 5.44% 및 0.76%의 기여를 한 것으로 나타났다. 특히 이 산업에서는 1990년대 들어와서 저학력자들의 고용량 감소로 인하여 양적 기여도가 부(負)의 값을 보이고 있으며, 다른 산업과 달리 고학력자들의 상대적 임금도 크지 않아서 질적 기여도 또한 높게 나타나고 있지 않다.

건설업은 같은 기간 중에 성장에 있어 대체적으로 양적으로나 질적으로 노동의 기여도가 높은 것으로 추정되었다. 1984년에서 1994년 기간 중 건설업의 성장에 미친 노동의 총 기여도는 3.18%포인트로 나타났으며, 이 부문의 같은 기간 경제성장률을 100%로 볼 경우 노동이 기여한 바는 14.45%이다. 이는 제조업의 경우와 비슷한 수준이다. 이 중에 노동의 양적 기여도는 2.83%포인트, 질적 기여도는 0.35%포인트로 나타나 총 기여도의 대부분이 취업자 수의 증가에 기인함을 알 수 있다. 그러나 취업자 수의 높은 증가와 학력 수준의 상승에도 불구하고 이 기간 동안 건설업 성장이 매우 빠르게 진행되어 노동이 기여한 부분은 제조업 등과 비슷한 수준이다.

도 · 소매 및 음식 · 숙박업의 경우 제조업이나 건설업보다 노동의 양적 · 질적 기여가 훨씬 컸다. 특히 교육수준 향상으로 인한 효과보다는 고용이 증가하여 양적으로 기여한 부분이 더 큰 것으로 추정되었다. 1984년에서 1994년 기간 중 성장에 미친 노동의 총 기여도는 6.98%포인트로 매우 높게 나타났다. 따라서 이 부문의 같은 기간 경제성장률을 100%로 볼 경우, 노동이 기여한 바가 무려 50.77%로 나타나 경제성장의 반 이상을 노동이 기여한 것으로 보인다. 구체적으로 보면 양적 기여도는 5.94%포인트, 질적 기여도는 1.04%포인트로서 이 부문 GDP증가율을 100%로 보았을 때 각각 43.23% 및 7.54%로 나타났다. 이 부문의 양적 기여도는 매우 컸던 반면, 질적 기여도 1.04%포인트는 다른 부문에 비하면 매우 높은 수치임에는 틀림없으나 실제 고학력 취업자 수의 증가 폭에 비하면 생산성이 높지 않아서 큰 기여를 하지 못한 것으로 보인다.

운수 · 창고 · 통신업의 경우도 경제성장에 미친 노동의 양적 · 질적 변화가 여타 산업과 비슷한 정도로 나타났다. 이 부문의 경제성장에 노동이 기여한 바를 보면 총 기여도는 1.83%포인트로 나타났으며, 이 부문의 같은 기간 경제성장률 14.73%를 100%로 볼 때 노동이 기여한 바는 12.42%이다. 이는 제조업의 경우보다 약간 낮은 수준이다. 이중에 노동의 양적 기여도는 1.67%포인트, 질적 기여도는 0.16%포인트로 나타나 총 기여도의 대부분이 취업자 수의 증가에 기인함을 알 수 있다. 이 부문의 경우 학력 수준이 꽤 상승되었으나 생산성이 별로 증가되지 않은 것이 질적 기여도를 낮게 만든 것으로 보인다.

금융 · 보험 · 부동산 및 사업서비스업의 경우 성장에 대한 총 노동기여도는 3.41%포인트이고 이것을 성장률을 고려하여 볼 때 이 부문 성장 기여분의 15.9%에 해당한다. 양적 기여도는 2.43%포인트, 질적 기여도는 0.97%포인트로 이 부문 GDP증가율을 100%로 보았을 때 각각 10.46% 및 4.54%의 기여를 하였다. 이 산업에 있어 또 다른 특징은 거의 전 기간에 걸쳐 노동의 양적 및 질적 기여도의 수준이 매우 안정적이라는 점이다.

마지막으로 사회 및 개인서비스업은 모든 산업 중에서 노동의 성장

기여도가 가장 큰 산업이다. 이 산업은 경제가 성장함에 따라 지속적으로 고용이 상승하는 산업 부문으로서 경기 변동에 따라 고용이 민감하게 변화하는 도·소매 및 음식·숙박업의 경우와는 조금 다르다. 특히 이 산업은 경기가 나쁠수록 고용이 늘어나는 경향이 있는데 이는 주로 다른 주요 산업에서 경기 불황으로 해고된 근로자들이 이 부문에 불완전 취업하는 경우가 많기 때문이다. 그러나 사회 및 개인 서비스업 부문의 고용은 향후 기술의 진보와 산업 구조의 고도화가 진행됨에 따라 주로 전문직에 속하는 사람의 수가 늘어날 것이고, 따라서 이 부문의 취업자는 고학력 위주로 지속적으로 증가할 전망이다. 이 부문의 경제성장에 대한 노동의 총 기여도는 14.38%포인트로 다른 산업에 비해 매우 높다. 이 중 양적 기여도는 9.05%포인트로서 이 역시 모든 산업 중에 가장 높은 수치이며, 질적 기여도도 5.33%포인트로 역시 다른 산업에 비해서는 월등히 높은 수치이다. GDP 증가율을 100%로 보았을 때는 양적, 질적 기여도는 각각 50.26% 및 29.57%를 차지하였다. 따라서 이 부문의 경제성장은 대부분 노동의 기여에 의한 것임을 알 수 있다.

산업별로 노동의 투입 증가로 인한 경제성장 기여도를 종합해보면, 1984년에서 1994년 기간 중에 교육의 효과가 가장 크게 나타난 산업은 사회 및 개인 서비스업(5.33%포인트)이고, 교육의 효과가 가장 적게 나타난 산업은 광업(-0.13%포인트)이다. 그리고 노동의 양적·질적 기여도를 모두 고려하였을 때도 사회 및 개인서비스업에서 노동기여도가 가장 크게 나타났고, 광업에서 가장 기여를 하지 않은 것으로 나타났다. 그러나 노동의 총 기여도 중에서 교육이 기여한 부분의 비중은 산업마다 다르게 나타나고 있다. 사회 및 개인서비스업, 제조업, 금융·보험·부동산 및 사업서비스업 등에서는 질적 기여도(즉 교육의 기여도)가 차지하는 비중이 큰 반면, 전기·가스·수도업, 건설업, 도소매 및 음식·숙박업, 운수·창고·통신업 등에서는 질적 기여도의 비중이 크지 않은 것으로 나타났다.

이처럼 산업별로 성장의 기여도가 다르게 나타나는 이유는 경제 환경의 변화에 따라 노동에 대한 수요가 변화하게 되고, 이에 따라 근로자들의 산업별 고용량이나 노동생산성도 변화하게 되므로 교육이 경제성장에 미치는 효과 역시 달라지기 때문이다. 노동 수요의 변화는 생산물 시장의 변화, 기술의 진보 등에 의해 영향을 받는데, 일반적으로 생산물의 증가 속도가 빠르거나 기술의 진보가 급속히 일어나는 경우 교육의 투자수익률은 커지게 된다. 이러한 이유 때문에 교육이 경제성장에 미친 효과는 사회 및 개인 서비스업 등에서 크게 나타나고, 광업 등에서는 작게 나타나는 것이다.

3. 교육 선행투자의 경제적 가치 추정을 통한 한국 교육의 경제성장 기여도 분석

학교교육이 경제성장에 미치는 효과를 분석하기 위한 하나의 방법으로 교육 선행투자의 경제적 가치를 추정하는 방법이 사용되고 있다. 다음에서는 한국 교육의 선행투자 수준과 경제성장의 관계를 분석한 이영(2010)의 연구에 기초하여 교육 선행투자가 경제성장에 미친 효과를 검토한다.

1) 분석 방법

교육에 대한 투자는 일반적으로 소득과 정적 상관관계를 가지므로 주어진 시점에서 해당 국가의 교육투자 수준이 그 국가와 유사한 소득 수준을 가지는 국가들의 평균적 교육투자 정도와 비교하여 높은지 낮은지를 기준으로 교육 선행투자 정도를 측정하고, 교육 선행투자 수준과 경제성장의 관계를 분석하여, 교육 선행투자가 경제성장에 미친 효과를 평가하는 방법이다. 어떤 국가의 실제 교육수준이 예측되는 교육수준보다 높으면 그 차이만큼을 소득수준 외의 다른 요인에 기인하는 것으로 가정할 수 있으며, 소득수준이 경제사회적 여건을 충분히 반영하고 있는 변수라고 가정할 수 있다면 실제 교육수준과 예측 교육수준 간의 차이를 교육 선행투자에 기인하는 것으로 추정할 수 있다는 논리이다. 이러한 논리에 의해 실제 취학률과 1인당 GDP에 의해 추정되는 교육수준의 차이를 교육열을 대리하는 변수로 사용할 수 있게 된다(이영, 2010).

이영(2010)이 제안한 교육 선행투자의 측정 절차는 다음과 같다. 취학률 등의 교육투자 지표를 1인당 국민소득에 회귀분석하여 회귀식을 추정하고, 추정된 회귀식의 계수를 이용하여 우리나라의 1인당 국민소득에 비추어 예측되는 취학률의 값을 구한다. 다음으로 실제 취학률과 예상되는 취학률의 차이, 즉 잔차(residual)를 계산하여 이를 교육 선행투자 지표로 해석한다.

이영(2010)은 교육 선행투자 정도의 추정과 교육의 성장촉진 효과 추정의 두 작업의 결과를 연결하는 김태종 · 이영(2006)의 방법을 원용하여 우리나라의 교육 선행투자가 경제성장에 미친 효과를 분석하였다. 1단계에서는 해당 시점에서 소득수준에 비추어 국제적으로 비교해볼 때 정상적이라고 생각되는 취학률 수준과 실제 우리나라의 취학률의 차이를 이용하여 교육 선행투자 수준을 측정하고, 2단계에서는 성장회귀분석모형의 결과로 얻은 취학률 변인의 계수 추정치를 구한 후 이 둘을 곱하여 얻은 수치를 교육 선행투자가 경제성장에 미친 효과로 해석하였다.

경제성장에 영향을 미치는 독립변수로 초기 GDP, 경제성장의 수렴현상을 잡아내기 위한 초기 GDP의 로그값 $\ln GDP_0$, 인구성장률 ΔPop, 취학률 $SchEnr$, 경제개방도 $Open$, 거시경제안정지표 $MacStab$, 법인세율 $CpTx$ 등을 포함시켜 회귀분석을 실시하였다. 이와 같은 경제성장 요인들은 경제성장에 대한 실증분석에서 보편적으로 사용되는 변수들로서, 기본적으로 리와 고든(Lee & Gordon, 2005)의 분석에 포함된 변인들과 유사하며, 계수와 추정치 값도 리와 고든 연구에서 보고된 추정치 값들과 거의 유사하다. 자료는 세계은행에서 발간한 세계발전지표(World Development Indicators: WDI)를 사용하였다(이영, 2010).

$$\ln GDP_t = \alpha_0 + \alpha_1 \ln GDP_0 + \alpha_2 \Delta Pop + \alpha_3 SchEnr + \alpha_4 Open \\ + \alpha_5 MacStab + \alpha_6 CpTx + \epsilon$$

2) 교육투자의 경제성장 효과[7)]

〈표 2-14〉에 의하면, 우리나라에서는 각급학교 취학률이 시기에 따라 경제수준에 비해 매우 높다는 것을 알 수 있다. 초등교육 취학률은 1960년부터 1980년까지 예측치보다 실제치가 10%포인트 정도 높으며, 중등교육 취학률은 1980년부터 1999년까지 예측치보다 실제치가 10~20%포인트 높은 것으로 나타났다. 고등교육의 경우 취학률의 예측치와 실제치 간 격차가 1990년대 들어 벌어지는데, 1990년대 초에는 그 격차가 10%포인트 미만이었다가 1990년대 말에는 30%포인트 정도로 증가하였으며, 2000년 이후에는 40%포인트 이상으로 높아져 2007년에는 45%포인트에 달하였다.

우리나라 여건을 고려한 예측 취학률에 비해 실제 취학률이 높다는 것은 선행투자, 즉 교육열로 해석할 수 있다. 취학률 예측치와 실제치 간 격차가 벌어진 시기를 고려해보면, 초등교육에 대한 선행투자는 1950년

7) 교육투자의 경제성장 효과 분석 결과에 대해 보다 상세한 자료를 얻기 위해서는 이영(2010). "한국의 경제성장을 위한 교육의 역할과 향후 과제"를 참조하기 바람.

표 2-14 연도별 취학률의 실제치와 추정치 간의 잔차(한국) (단위: %p, %)

연도	1인당 GDP	초등교육 취학률			중등교육 취학률			고등교육 취학률		
		실제 (%)	예측 (%)	차이 (%p)	실제 (%)	예측 (%)	차이 (%p)	실제 (%)	예측 (%)	차이 (%p)
1960[1)]	1,110	96.0	83.6	12.4		23.1	-23.1		-14.3	
1971	2,113	103.4	92.9	10.5	41.6	44.4	-2.7		1.4	
1975	2,595	105.8	95.7	10.1	53.2	51.3	1.9		6.8	
1980	3,358	109.3	98.8	10.5	72.4	59.9	12.5		13.6	
1985	4,572	99.8	101.7	-1.8	89.1	69.0	20.1		20.8	
1990	6,895	103.4	103.9	-0.5	91.2	79.0	12.2		29.0	
1991	7,474	105.4	104.2	1.2	89.9	80.9	8.9	38.2	30.6	7.6
1995	9,548	98.1	105.5	-7.3	97.8	97.6	10.2		36.4	
1998	9,702	97.9	106.8	8.9	102.7	90.7	12.1	66.0	39.1	27.0
1999	10,547	99.5	107.0	-7.5	100.6	92.5	8.0	72.5	40.7	31.8
2000	11,347	100.8	107.2	-6.4	97.2	94.3	2.9	78.3	42.3	36.1
2001	11,711	101.8	107.5	-5.7	94.0	95.6	-1.5	83.2	43.4	39.8
2002	12,478	102.4	107.7	5.4	92.6	97.2	-4.6	86.9	44.8	42.1
2003	12,764	103.0	108.1	-5.0	92.9	98.4	-5.5	88.8	45.9	42.9
2004	13,304	102.2	108.3	-6.2	94.4	99.8	-5.4	90.5	47.1	43.3
2005	13,802	101.5	108.6	-7.1	96.5	101.1	-4.6	91.8	48.3	43.5
2006	14,469	102.0	108.8	-6.9	97.6	102.5	-5.0	93.7	49.6	44.0
2007	15,158	103.7	109.1	-5.3	97.5	104.0	-6.5	96.1	50.9	45.2

주: 1) 1960년의 초등학교 취학률은 우리나라의 역사적 데이터를 이용하였음.
자료: 이영(2010). 한국의 경제성장을 위한 교육의 역할과 향후 과제. 경제연구 31(2), 9.

대에, 중등교육에 대한 선행투자는 1970년대에, 고등교육에 대한 선행투자는 1990년대에 이루어졌음을 알 수 있다.

이것은 우리나라 여건에 비해 교육에 높게 투자했던 것이 이후 우리나라 경제발전에 기여했다는 긍정적 평가를 가능하게 한다. 세계은행의 세계발전지표(WDI)를 사용하여 75개국을 대상으로 1980년부터 2007년 사이의 경제성장 요인을 성장회귀분석 모형을 적용하여 실증분석한 결과(이영, 2010), 우리나라 고등교육의 경우 높은 교육열로 인한 45% 정도의 높은 고등교육 취학률은 연간 경제성장률에 있어서 장기적으로 0.76%포인트 높이는 것으로 추정되었다. 연구자는 고등교육의 높은 취학률 중 일부는 선행투자가 아니라 과잉투자로 해석할 수 있으므로, 이러한 성장 촉진 효과는 상한으로 해석하는 것이 맞을 것이라고 논의하였다. 초등교육의 경우 1960년부터 1980년까지 약 10%포인트 정도의 선행투자로 약 0.2%포인트의 연간 성장률 촉진 효과가 있었고, 중등교육은 1970년대 중반부터 2000년대까지 약 10~20%포인트 정도의 선행투자로 약 0.45%포인트의 연간 성장률 촉진 효과가 있었던 것으로 추정하였다.

4. 한국 교육의 경제성장 기여도 추정을 위한 향후 과제

한국 교육의 경제성장 기여도를 추정한 선행연구들에 의하면, 경제성장률에 대하여 교육기여율이 구성하는 비율은 연구에 따라, 그리고 시기에 따라 1.23%에서 8.31% 사이를 나타내었다. 교육기여 비중은 한두 사례를 제외하고는 대체로 1960년대 → 1970년대 → 1980년대 → 1990년대로 올수록 더 증가하는 경향을 찾아볼 수 있다. 경제성장에 대한 교육의 기여도를 교육수준별로 추정한 결과, 1960년대 후반(1966~1970)에는 초등교육에 의한 기여도가 전체 교육 평균 기여도 가운데 41.3%를 차지하였으며, 이후 지속적으로 감소하는 반면, 중등교육에 의한 기여도 비중은 1970년대 들어서 크게 증가하여 1970년대 전반(1970~1975)에 50.9%를 차지하였다. 한편 대학 졸업 노동력의 경제성장 기여도는 1980년대 들어 크게 증가하여 1980년에서 1994년 사이에 전체 교육 기여도의 49.4%

를 차지하였다. 이와 같은 대학 교육의 경제성장 기여 양상은 대학교육의 한계기여도를 나타내주는 질적 기여도의 경우에도 유사하게 나타나 같은 기간 고졸 노동력의 질적 기여도의 두 배 이상을 기록하였다. 이와 같은 기여도 분석 결과는 1980년대 이후의 교육의 경제성장 기여 효과는 대부분이 대학교육에 의한 것임을 알려 준다.

선행연구들에서 추정한 교육의 경제성장 기여도는 교육을 제외한 노동투입요인, 자본투입요인, 총요소생산성요인의 기여도에 비해 상대적으로 크지 않다. 그러나 교육이 사회 전체의 지식 축적과 확산을 촉진시키고 연구개발을 통해 기술진보에 기여한다는 점을 고려하여 총요소생산성요인 중 기술진보를 거의 교육의 역할로 보는 슐츠(Schultz, 1963)의 접근에 따르면 교육의 기여도는 매우 커진다. 예를 들어, 김광석과 홍성덕(Kim & Hong, 1997)의 추정에서 기술진보 및 기타요인은 1963년에서 1995년 사이 32년간 국민총소득 성장기여율의 18.6%를 구성하였으며, 교육의 기여도와 기술진보 기여도의 구성비를 합하면 22.4%에 달한다. 따라서 교육의 기여도를 파악하기 위해서는 보다 포괄적인 시각이 필요하다.

한편 선행연구들과 같은 교육의 경제성장 기여도 추정 방식은 이수한 교육연한 등 교육의 양적 수준만을 고려하고 교육의 질[8)]을 도외시하기 때문에 교육의 기여도를 과소평가할 개연성이 있다. 2000년 이후 교육과 경제성장의 관계에서 교육의 질에 주목하는 연구들(Hanushek & Kimko, 2000; Barro & Lee, 2001; Bosworth & Collins, 2003; Coulombe et al., 2004; Jamison et al. 2007; Hanushek & Wößmann, 2007)이 수행되어 왔는데, 이와 같은 연구들은 교육의 질이 경제성장에 의미 있는 영향을 미치고 있음을 보고하고 있다. 이러한 연구들은 학교교육 1년의 교육력이

---

8) 여기서 교육의 질이란 교육이 학생들의 능력을 어느 정도 향상시켜줄 수 있는지 등의 교육력을 의미하는 것으로서 교육의 한계 기여도를 의미하는 교육의 질적 기여도와는 다르다.

모든 국가에서 동일하지 않다는 점, 경제성장에 기여하는 교육이 학교에서만 이루어지는 것이 아니라 가정과 또래집단 등 학교 밖에서도 이루어진다는 점 등의 이슈를 제기하며, 교육의 질을 나타내는 변수들을 분석에 포함시켜 경제성장과의 관계를 분석하고 있다. 이 연구들은 1960년대 중엽 이후 수학 및 과학과 같은 주요 교과에 대한 성취도를 측정하는 국제비교연구가 수행되어 왔기 때문에, 이러한 인지적 성취도를 교육의 질을 나타내는 지표로 설정하여 경제성장에 미치는 교육의 질의 영향을 분석하는 접근을 취하고 있다. 연구자들에 의하면 학생들의 인지적 성취도는 학교 내외에서 학습한 모든 지식을 포함하므로, 학교교육뿐 아니라 학교 밖 교육도 포함하는 국가 전체의 교육력을 나타낼 수 있다.

학습한 인지적 능력, 즉 인지적 성취도로 측정된 교육의 질을 고려했을 때 경제발전 과정에서 교육이 수행하는 역할에 대한 평가는 극적으로 달라진다. 하누섹과 킴코(Hanushek & Kimko, 2000)는 교육의 질의 지표로 국제학생성취도(PISA) 검사 결과를 사용하여 1960~1990년 사이 경제성장에 교육이 미치는 영향을 분석하였는데, 교육의 질이 경제성장에 유의미한 정적 영향을 미치며, 이 영향은 교육의 양적 수준과 경제성장 간의 관련성을 축소시킨다는 것을 발견하였다. 국가 수준에서 검사점수의 1표준편차(PISA 2000 수학에서 47점에 해당)는 1%포인트 높은 경제성장률(연평균 1인당 실질GDP증가율)을 산출하는 것으로 나타났다. 초기국민소득과 교육의 양적 수준 변인만 포함시킨 기본 모델에 교육의 질 변수를 추가했을 때 31개국의 1인당 GDP의 설명변량은 33%에서 73%로 증가했다. 분석 시기를 1960~2000년으로, 분석 대상 국가를 50개국으로 확대시킨 또 다른 연구(Hanushek & Wößmann, 2007)에서도 PISA 점수 1표준편차가 40년간 경제성장률을 2%포인트 증가시키는 것으로 나타났다. 초기국민소득과 교육의 양적 수준 변인만 포함시킨 기본 모델에 교육의 질 변수를 추가했을 때 50개국의 1인당 GDP의 설명변량은 25%에서 73%로 증가했으며, 교육이수연한과 경제성장률 간의 관계는 거의 사라져 유의미하지 않게 되었다. 한편 자미슨 등(Jamison et al., 2007)은 교육의 질이 기술진보를 촉진함으로써 경제성장에 기여한다는 가설을 실증적으로 검증하였다.

하누섹과 뵈스만(Hanushek & Wößmann, 2007)의 연구에 의하면, 교육의 질의 효과는 비 OECD 국가 또는 저소득 국가에서 다소 더 높은 것으로 나타났다. 또한 저소득 국가에서는 교육이수연한에 대한 수익이 교육의 질이 높을수록 더 높아지는 것으로 나타났으며, 이것은 저소득 국가에서는 학교체제의 질이 높을 때 아동들이 학교에 더 오래 다닐 수 있도록 관심을 기울인다는 것을 의미한다. 즉, 저소득 국가에서 교육의 질의 역할이 더 크다는 것을 시사한다.

이러한 국제비교연구들이 경제성장에는 단순한 학교교육의 양보다는 인지적 성취로 측정된 교육의 질이 더 크게 기여하고 있음을 밝히고 있는 반면, 우리나라에서는 교육의 질의 기여도를 분석하는 연구를 찾아보기 어렵다. 우리나라는 각종 국제학업성취도 평가에서 우수한 성취도를 나타내 왔으므로 교육의 질을 고려한다면, 우리나라 교육은 경제성장에 훨씬 더 큰 기여를 한 것으로 추정될 것이라 예측할 수 있겠다. 우리나라에서도 향후 교육의 질이 경제성장에 미친 효과를 분석하는 연구를 수행할 필요가 있겠다.

제3장

초등교육 및 문해교육과 경제성장

이 장에서는 우리나라 초등교육의 빠른 보편화 및 문맹 퇴치 과정과 그 배경을 살펴보고, 초등교육 및 문해교육이 경제성장에 기여하는 기제에 대한 이론적 논의들을 검토한 후, 초등교육의 빠른 보편화와 급속한 문맹 퇴치가 우리나라 경제성장에 어떻게 기여하였는지 그 기여 기제에 대하여 논의한다.

1. 초등교육의 빠른 보편화와 순차적 교육팽창

1) 초등교육의 빠른 보편화와 순차적 교육팽창

우리나라 교육의 두드러진 특징 가운데 하나는 초등교육이 매우 일찍부터 팽창했다는 것이다. 해방 당시 우리나라 초등교육 취학률은 45.2%에 불과하였으나(김기석 외, 1996), 1954년도부터 추진되었던 「의무교육완성 6개년 계획」의 완성 연도인 1959년에는 취학률이 96.4%에 이르렀으며(문교40년사편찬위원회, 1988), 1966년에는 98.1%, 1970년에는 100.7%(한국교육개발원, 1990)로 완전 취학 상태에 도달하였다.

이와 같은 초등교육의 빠른 팽창은 세계 여러 나라의 초등교육 취학률과 비교해 보면 더욱 선명하게 드러난다. 〈표 3-1〉에 제시되어 있듯이, 1965년 한국의 초등교육 취학률은 92%[9]로서 세계 전체의 초등교육 취학률인 66.5%를 크게 상회하며 아시아나 남미 등 개발도상국은 물론 북미와 유럽 등 개발국의 초등교육 취학률보다도 높은 것을 알 수 있다.

우리나라 교육팽창 양상의 또 하나의 특징은 아래 학교급부터 그 윗

9) 우리나라에서 산출한 취학률과 다소 차이가 나지만, 유네스코에서 전 세계에 걸쳐 공통적인 기준으로 산출한 것이므로 다른 나라와의 비교를 위해 유네스코 자료에 기초하여 논의한다.

표 3-1 학교급별 국가군별 취학률 추이(1960~1990) (단위: %)

		1960	1965	1970	1975	1980	1985	1990
한국	초등	96.0	100.0	104.0	109.0	110.0	97.0	108.0
	중등	27.0	34.0	41.0	59.0	76.0	90.0	87.0
	고등	4.7	6.2	7.5.0	9.8.0	15.8.0	34.2	39.2
세계전체	초등	62.1	66.5	68.1	(70.1)[1]94.5	96.0	99.0	99.2
	중등	40.0	46.4	48.5	(50.3)42.9	45.3	46.8	50.2
	고등	8.0	12.1	14.3	(16.1)10.2	11.0	11.5	12.7
아시아 (아랍국 제외)	초등	53.9	60.3	61.3	(63.6)98.9	96.9	103.5	105.4
	중등	25.8	31.9	33.2	(35.0)35.4	38.5	39.6	45.4
	고등	3.9	5.7	7.4	(8.1) 3.9	4.8	5.5	6.2
아랍국	초등	39.1	48.4	51.0	(59.1)72.6	79.3	82.4	82.2
	중등	18.0	24.5	28.8	(34.6)28.1	37.8	46.7	50.9
	고등	3.9	6.2	8.4	(12.3) 6.8	9.4	11.2	11.8
아프리카 (아랍국 제외)	초등	30.1	36.0	41.1	(48.9)63.6	81.5	75.9	71.2
	중등	17.4	21.2	25.4	(30.7)10.8	17.8	21.6	20.5
	고등	1.4	2.0	2.9	(3.9) 1.1	1.6	2.2	2.5
북미	초등	79.0	79.4	99.3	(99.3)99.2	99.2	99.9	103.4
	중등	73.2	94.9	95.5	(95.5)91.5	89.0	98.1	94.3
	고등	29.7	40.1	45.4	(48.1)53.2	54.2	60.2	77.3
남미	초등	58.5	64.6	72.5	(77.9)96.0	103.5	105.3	106.9
	중등	36.2	43.0	49.5	(56.5)36.4	44.7	50.0	52.3
	고등	6.3	9.1	13.1	(17.7)11.7	13.5	15.6	17.1
유럽[2]	초등	90.0	92.3	95.4	(95.5)101.8	102.8	103.5	103.2
	중등	62.4	67.8	74.2	(80.1) 83.1	85.7	89.7	92.4
	고등	12.5	17.6	20.6	(25.5) 20.3	22.0	24.2	28.6

오세아니아	초등	89.2	88.9	88.9	(87.7)110.2	110.2	107.2	108.9
	중등	61.2	67.4	71.0	(72.9) 67.5	66.4	70.9	72.9
	고등	8.3	9.9	12.0	(17.4) 20.2	21.8	24.0	29.8
구소련	초등	82.0	82.0	82.0	(82.0)			
	중등	73.7	85.3	81.8	(79.9)			
	고등	14.1	33.7	26.3	(24.0)			
개발국	초등	90.8	91.5	92.8	(93.4)100.9	101.2	101.7	102.4
	중등	73.0	79.0	81.8	(84.5) 84.0	85.6	90.6	92.5
	고등	15.1	24.5	26.4	(29.6) 25.4	29.4	32.9	39.9
개발도상국	초등	46.8	54.6	57.8	(61.8)92.8	94.8	98.5	98.5
	중등	21.6	27.9	31.7	(35.3)31.3	35.7	37.6	41.9
	고등	3.6	5.2	7.2	(9.0) 4.0	5.1	6.1	6.9

자료: UNESCO. Statistical Yearbook, 1976(1960~1975 자료), 1994(1980~1990 자료).

주: 1) (　)안의 수치는 1977년 자료임. 취학률의 산출방식이 중도에 바뀌어 자료의 발행연도에 따라 다르게 보고된 1975년의 취학률은 두 수치를 모두 제시하였음.

단계 학교급으로 차례차례 올라가면서 순차적 팽창이 이루어졌다는 것이다. 대부분의 나라에서 초등 → 중등 → 고등교육순으로 팽창하지만 어느 정도는 동시에 팽창한다. 그러나 우리나라의 경우 초등교육이 거의 완전 취학 상태에 도달한 후 초등교육 이수자들이 쏟아져 나오기 시작하면서 중등교육이 팽창했고, 중등교육의 팽창으로 중등교육 이수자들이 쏟아져 나오기 시작하면서 고등교육이 팽창했다.

〈표 3-1〉에 의하면, 1965년에 한국의 초등교육 취학률은 92%에 달하였으나 중등과 고등교육의 취학률은 각각 31%와 6.2%에 불과하였다. 세계 전체의 평균 취학률과 비교해 볼 때 초등교육 취학률은 월등히 높지만 중등과 고등교육 취학률은 월등히 낮은 것을 알 수 있다. 이 시기에 한국의 초등교육 취학률은 개발국 수준에 달하며, 개발도상국 평균 취학률

(54.6%)의 두 배에 가깝지만 중등과 고등교육 취학률은 개발도상국 평균 취학률보다 다소 높을 뿐이다. 중등교육 취학률은 1975년에 이르러서, 고등교육 취학률은 1980년대 들어서 세계 평균 취학률을 상회하게 된다. 즉, 초 · 중 · 고등교육을 어느 정도 병행하여 확대시켰던 다른 나라와는 달리 우리나라에서는 중등 · 고등교육의 팽창이 억제된 가운데 초등교육이 팽창하였고, 초등교육이 보편화 단계에 접어든 후에야 자기 팽창의 과정에 의해 중등교육과 이어 고등교육이 팽창하였다.

멕시코와 같은 나라의 경우 집권층은 근대국가 건설 초기부터 대학체제를 정치적 안정, 경제발전, 사회 변혁을 위한 핵심적인 동력으로 간주하여 공식적으로 발전 계획에 통합시키고, 대학체제의 형성과 발전에 정책 우선순위를 두었다. 멕시코 사회를 뿌리부터 흔들었던 1910년의 혁명 이후 내전과 정치적 갈등을 겪다가 1929년부터 집권층에 도전했던 세력들을 어느 정도 정리하고 경제성장을 비롯한 국가발전 작업에 착수하였는데, 대학을 이와 같은 국가적 과업의 달성에 적극적으로 활용하고자 하였다. 1960년대와 1970년대에는 당시 각광을 받던 인간자본론의 영향을 받아 모든 단계의 교육을 양적으로 팽창시킴으로써 경제성장을 촉진하려 하는 가운데, 특히 대학 수준의 팽창에 정책적 노력을 기울였다(Lorey, 1993).

인도의 1970년대 중엽의 자료를 보면 초등교육의 수익률이 고등교육의 수익률보다 높은 데도 고등교육 수요가 더 빨리 증가하였으며, 초등 · 중등교육이 보편화되기 전에 고등교육이 팽창하였다. 이 시기에 고등교육의 빠른 팽창은 고등교육 인구의 실업을 초래하였다. 이 시기에 최초의 직장을 구하는 데 3년 이상 걸리는 대학 졸업자가 전체 졸업자의 6.9%에 달하였고, 우수한 질의 과학자와 공학자의 8~10%가 실업 상태에 있었다. 고등교육 취학률이 상승하자 10~24세 도시부문 취업자가 감소하였으며, 남자의 경우 10~19세 농업 부문 취업자도 감소하였다. 즉, 고등교육 취학으로 고등교육 이전 단계의 교육만 받은 산업 인력이 감소한 것이다(Goel, 1975).

고엘(Goel, 1975)은 이러한 인도의 경험을 바탕으로 교육 성장과 경제 성장이 같은 속도로 이루어져야 하며, 교육 성장이 경제 성장보다 빨라 고학력자에게 이에 맞는 일자리와 높은 수준의 임금을 보장하지 못하면 고학력 실업과 두뇌 유출 등의 문제가 야기된다고 논의하였다. 또한 고비용의 고등교육이 무리하게 팽창하면 교육의 질이 저하되어 중도탈락자의 양산 등 교육체제 내적 효율성이 낮아진다는 점을 지적하였다.

2) 초등교육의 빠른 보편화 배경

(1) 초등교육 의무교육화 정책

해방 이후 초등교육의 의무교육 실시는 미군정과 대한민국 정부의 최우선 과제였다. 해방 직후 우리나라 초등학교 학령기 아동은 480여만 명이었으나, 취학 아동 수는 160여만 명에 불과하여 320여만 명이 미취학 상태에 있었다. 당시 초등교육에 관한 사항을 담당했던 미군정청 산하 조선교육심의회 제4분과 위원회는 1946년 1월 초등교육의 의무교육 실시를 결정하고, 그 구체적인 요강안을 만장일치로 채택하였다.

이 요강안의 주요 내용은 다음과 같다. 첫째, 1946년 9월의 신학기부터 1951년 사이의 6년 동안에 66억 원의 예산을 책정하여 만 6세부터 12세까지의 모든 학령 아동을 취학시킨다. 둘째, 그 시설 확보를 위하여 우선 종래의 일본인 학교 건물을 활용함과 아울러 1946년 안으로 30,000개의 학급을 신설하며, 과령아동은 과도적 조치로 2부제 수업을 통하여 교육을 실시한다. 셋째, 초등교육 예산으로 교육채권, 일본인의 재산, 세금, 국고 보조 등에서 매년 10여억 원을 확보하는 한편 국가 총 예산의 약 4할을 교육비로 할당한다. 넷째, 교원을 확보하기 위하여 사범학교 졸업생 전원을 활용하는 한편 중등학교 졸업 이상의 학력을 가진 사람에게는 단기 강좌를 받도록 하여 준교사 자격을 부여한다(문교40년사편찬위원회, 1988).

나아가 이러한 의무교육 실시 정책이 전국 각지에서 신속히 추진되도록 하기 위하여, 조선교육심의회는 각 부, 군, 도, 읍, 면에 '의무교육제도 실시추진위원회'를 설치하고 그 준비에 임할 것을 학무당국에 제안했다. 이러한 제안에 따라 학무국장을 포함하여 각계 지도자로 구성된 '의무교육제도 실시추진위원회'가 설치되어 학교 건물 및 기타 시설을 증설 · 확충하고, 교육과 관련된 각종 자재 및 재원을 확보하는 활동을 벌였다.

미군정기의 이와 같은 의무교육 계획안은 재원과 교원 확보 등에 어려움이 많아 의도했던 목표를 달성하지 못하였으나(한국교육십년사간행회, 1960), 그럼에도 불구하고 취학 아동의 절대 수는 미군정 3년간 48%가 증가하였다(〈표 3-2〉 참조).

(단위: 명, 교)

표 3-2 취학 아동 및 초등학교의 증가 상황(1945~1948)

연도별	취학 아동 수	성장률(%)	학교 수	성장률(%)
1945	1,637,723	100	2,937	100
1946	2,159,330	132	3,172	108
1947	2,493,462	152	3,429	116
1948	2,426,115	148	3,443	117

자료: 문교40년사편위원회(1988). 문교40년사, 95.

1948년 대한민국 정부 수립 이후에는 초등교육의 의무교육화를 위한 제반 법적 기반이 마련되었다. 1948년에는 헌법 제16조에서는 "모든 국민은 균등하게 교육받을 권리가 있다. 적어도 초등교육은 의무적이며 무상으로 한다"고 규정하였다. 이어 1949년 12월 31일에 공포된 교육법에는 "모든 국민은 6년의 초등교육을 받을 권리가 있다. 국가와 지방공공단체는 전항의 초등교육을 위하여 필요한 학교를 설치 · 경영하여야 하며, 학령아동의 친권자 또는 후견인은 그 보호하는 아동에게 초등교육을 받게 할 의무가 있다(8조)"는 규정을 삽입하였다. 또한 "모든 국민은 그 보호하는 자녀가 만 6세가 되는 익월 이후의 최초 학년 초로부터 만 12세가 되는 날이 속하는 학년말까지 취학시킬 의무가 있다(96조)"고 규정하였으며, 이어서 제97조에서는 학령아동을 사용하는 자에게는 그것이 "학령 아동이 의무 교육을 받는 데 방해가 되어서는 아니됨"을 명시하였다.

아울러 의무교육제도 실시에 필요한 재원을 확보하기 위한 조치도 병행되었다. 교육법 제68조와 제69조에 교육구, 시 또는 특별시는 무상의무교육의 실시에 필요한 경비를 조달하기 위하여 교육세를 부과할 수 있으며, 교육세는 의무교육을 위한 법정 재원으로 호별부가금과 특별부과금을 종합하여 지방세인 목적세로 부과하도록 하였다.

한편 문교부는 교육법 제167조 2항에 제시되어 있는 1950년 6월 1일을 착수일로 하는 의무교육 6개년 계획을 수립하여 초등학교 6년간의 무상의무교육을 실시하고자 하였으나, 불과 24일 후에 발발한 6.25전쟁으로 인하여 무산되었고, 휴전 후 「의무교육완성 6개년 계획(1954~1959)」이 본격적으로 추진되기 시작하였다. 의무교육의 취학 계획은 목표 연도인 1959년까지는 학령아동(6~11세)의 취학률을 96.1%로 끌어올리는 것이었는데, 시행 결과 취학률은 당초 목표를 초과 달성하여 96.4%에 달하였다[10](〈표 3-3〉 참조).

10) 상이한 취학률 산정 방법에 근거하여 1959년 취학률이 96.4%에 달하였다는 추정은 허구라는 주장도 있다(홍웅선, 1991).

표 3-3 의무교육완성 6개년 계획과 실적(1954~1959) (단위: %, 실)

연도별	학령아동 취학률		교실 건축	
	목 표	실 적	목 표	실 적
1954	88.4	82.5	5,924	457
1955	91.7	89.5	5,929	7,062
1956	93.4	89.9	6,569	-
1957	95.8	91.1	6,269	2,923
1958	96.0	92.5	6,051	3,758
1959	96.1	96.4	5,644	2,840

자료: 문교40년사편찬위원회(1988). 문교40년사, 151-153.

(2) 초등교육에 우선순위를 두었던 교육 투자 배분

초등교육의 빠른 보편화가 가능하였던 것은 정부가 한정된 재정을 초등교육의 확대에 집중적으로 투자하였다는 점이 중요한 배경으로 자리 잡고 있다. 개발도상국 가운데서도 남미나 남아시아, 아프리카의 여러 나라들은 초등교육이 보편화되지 않은 상태에서 중등교육과 고등교육에 상당 수준의 교육예산을 배분하였던 반면, 우리나라에서는 초등교육이 완전히 보편화될 때까지 우선적으로 초등교육에 투자하였다. 초등교육에 우선순위를 두었던 투자 배분에 관해서는 6장 '교육투자와 경제성장'에서 상세히 검토할 것이다.

(3) 초등교육 단위 비용의 최소화

정부가 교육재정을 초등교육에 집중적으로 투자하기는 하였지만, 초등교육의 급격한 팽창에 요구되는 재정 수요를 충당하기에는 매우 부족하였다. 정부는 한정된 교육재정으로 초등교육을 의무화하기 위하여 최저 비용으로 교육 수요를 최대한 충족시킬 수 있는 임시 조처들을 시행하였다. 2부제 및 3부제, 4부제 수업 실시, 야간 학교 제도의 도입, 공민학교의 설치, 학급당 학생 수의 최대화, 사립학교의 설립 권장 등은 짧은 기간 동안 초등교육을 의무교육화하기 위해 취해진 조치들로서 초등교육의 단위 비용을 최저 수준으로 유지하면서 최대한의 학생을 수용할 수 있도록 하였다.

앞의 〈표 3-2〉에서와 같이 1945년에서 1948년 사이에 매해 초등학교 학생 수는 1945년 당시를 기준으로 32%, 52%, 48% 증가한 데 비해 학교 수는 8%, 16%, 17% 증가에 그쳐 교육시설의 부족 문제가 현저하게 악화되기 시작하였다. 학무당국은 학급당 학생 수의 증가와 2부제 및 3부제 수업의 운영으로 교실 난을 해결하려고 하였다.

교실 부족 현상은 정부 수립 이후에도 지속되었다. 1949년 말 초등학교에서는 16,365개 교실이 부족한 실정이었으며 이러한 교실 부족을 해결하려면 매년 2,728개 교실을 신축해도 6년이 소요되는 형편이었으나, 당시 정부로서는 빈약한 국고 예산으로 말미암아 구체적인 교사 확충의 계획조차 세우지 못하였다(문교40년사편찬위원회, 1988). 더욱이 1950년대는 한국전쟁으로 인하여 교육 여건의 향상을 비롯한 교육 발전이 잠시 정체될 수밖에 없는 상황이었다.

1960년대에 들어서도 지속적으로 증가하는 초등교육 절대 인구로 인하여 교육 여건은 더욱 악화되어 갔다. 1960년대 초반 초등학교의 자연 증가 아동 수가 해마다 30만 명을 넘게 되자, 엄청난 재정 수요를 국가 재정으로 감당할 수 없게 되었고 초등학교의 교실 난은 극심해지기 시작했다. 대도시 학교에서는 1부, 2부제는 물론 3부, 4부제까지 실시하지 않을 수 없는 실정에 있었다. 1963년만 하더라도 초등학교 학생 수는 4,221,541명으로 전년도에 비해 332,395명의 자연 증가를 보였으나 학급 수는 겨우 1,788개가 늘어났다. 학급당 학생 수를 60명으로 잡았을 때 적어도 5,539 학급이 증가했어야 함을 감안하면 실제로는 필요한 학급 수의 32%밖에

늘릴 수 없는 형편이었다(문교40년사편찬위원회, 1988).

의무교육 여건 개선이 현안으로 등장함에 따라 정부는 경제개발 5개년 계획의 일환으로 3차에 걸친 의무교육시설 확충 5개년 계획을 수립, 추진하였다(〈표 3-4〉 참조). 제1차 경제개발 5개년 계획(1962년~1966년)의 일환으로 추진된 제1차 의무교육 시설 확충 5개년 계획 기간 5년 동안 90억 원을 투입하여 18,142개 교실을 신축하였고, 4,715개 교실을 개수하였다. 계획 1차년도인 1962년에 약 16억 원, 이후 1965년까지 매년 10억 원 미만의 의무교육 시설비가 투자되었으나 1996년도에는 약 53억 원으로 증액되었다.

제2차 의무교육 시설 확충 5개년 계획(1967년~1971년) 동안에는 부족 시설의 완전 해소, 노후 교실의 개축, 의무교육 재정의 확보 등을 위하여 계획 기간 동안 매년 102개의 학교를 증설하고, 목표 연도인 1971년에

표 3-4 의무교육시설 확충 5개년 계획 실적

항 목	제1차	제2차	제3차
학교 신설(교)		811	
교실 건축(실)	18,142	35,314	6,959
교실 개축(실)	4,715	12,921	13,561
특별 교실(실)			104
부족시설 신축			8,413
부족시설 개축			5,662
변소(동)	958	5,623	
급수(개)	1,171	1,482	
사택(동)		1,015	
교지매입(천평)	965	1,413	1,034
금액(백만 원)	9,000	64,978	53,673

자료: 김종철(1989). 한국 교육정책 연구. 서울: 교육과학사, 116-117에서 재구성.

는 510개의 학급을 추가로 확보하여 학교당 학급 수를 17학급으로 감소시키고자 하였다. 이 기간 동안 총 649억 원을 투입, 811개 학교를 신설하였으며 35,314개 교실을 신축하였고, 12,921개 교실을 개축하여 1차 때보다 더 큰 실적을 나타내었다. 3차 경제개발 계획에 의한 의무교육시설 확충(1972년~1976년) 계획 기간 동안에는 537억 원을 투입하여 6,959개 교실을 신축하였으며, 13,561개 교실을 개축하였다. 이러한 의무교육 시설 확충에 따라 초등학교 교실난은 현저하게 완화되었다(김종철, 1989).

3차에 걸친 의무교육시설 확충 노력과 더불어, 1971년을 고비로 초등학교 학생 수가 점차 감소 추세를 보임에 따라 초등학교에서의 교육여건은 현저히 개선되었다(〈표 3-5〉 참조). 1970년대에는 학급당 학생 수가 10명 정도(62.09명 → 52.23명) 축소되었고, 교원당 학생 수도 9명 정도(56.87명 → 48.09명) 줄어들었다.

표 3-5 초등학교 학생, 교원 및 학급 규모 변동 추이(1970~1979) (단위: 명)

연 도	학생 수	교원 수	교원당학생 수	학급당학생 수
1970	5,749,301	101,095	56.87	62.09
1973	5,692,285	107,259	53.07	59.18
1976	5,503,737	109,530	50.25	54.96
1979	5,640,712	117,290	48.09	52.23

자료: 문교부. 문교통계연보, 각 연도.

3차에 걸친 의무교육시설 확충 5개년 계획의 추진과 1971년을 고비로 초등학교 학생 수가 점차 감소 추세를 보임에 따라 초등학교에서의 교육 여건은 개선되기 시작하였으나(김종철, 1989), 최소 단위 비용으로 최대한의 학령 인구를 수용하려 했던 의무교육 정책은 한국 교육의 최대 문제 중의 하나로 간주되어 온 과밀학급, 과대학교의 뿌리가 되었다.

(4) 사부문의 초등학교 설립 유도

초등학교의 교실 난을 해소하기 위한 하나의 방편으로 정부에서는 사립 초등학교를 설립하게 하였다. 정부는 사립 초등학교가 의무교육을 대행하고 있다는 인식 아래 1955년에는 사립 초등학교 운영 경비의 일부를 보조하기 시작하였고, 1958년에는 사립 초등학교 교원의 봉급에 해당하는 금액을 국고에서 교부하였다.

5.16 혁명 이후 군사 정부는 초등학교 교실 난 해소를 위해 사립 초등학교 설립을 적극적으로 권장하는 정책을 펼친 결과, 1962년에 22개교에 불과하였던 사립초등학교가 1963년에 46개교, 1964년에 59개교, 1966년에는 94개교로 늘어났으며, 수용 학생 수도 37,947명에 이르렀다.

사립 초등학교 설립 권장은 초등학교 교실난을 해소하고 의무교육을 확대하기 위한 궁여지책이었으나, 이것이 당초 의도와는 달리 이른바 특권층의 귀족학교로 등장하게 되어 물의를 일으키게 되었다. 교육당국은 일부 사립 초등학교의 기업화와 귀족화 경향을 억제하기 위해 잡부금 징수 금지와 스쿨버스 운행 정지 등을 지시했으나 별다른 효과가 없었다. 이에 따라 사립 초등학교에도 학구제와 추첨제를 실시하기에 이르렀다. 결국 1966학년도부터 사립 초등학교 설립을 인가하지 않기로 결정을 내렸다.

(5) 초등 교원 양성 프로그램의 다원화에 의한 임시방편적 교원 수요 대응

초등교육 인구의 급속한 팽창은 한편으로 이에 상응하는 교육시설의 확충을 요구하였으며, 다른 한편으로 교원의 확보를 필요로 하였다. 정부는 정규 교원 양성 과정만으로 교원을 공급하는 것은 불가능하다는 판단 아래 장·단기의 다양한 임시 교원 양성 과정을 설치하여 급증하는 교원 수요에 임시방편적으로 대응하고자 하였다. 즉, 잘 훈련받지 못한 교사한테라도 배우는 것이 전혀 배우지 못하는 것보다는 낫다는 원칙이 적용되었다고 하겠다.

해방 이후 미군정기에 초등교원은 사범학교의 본과를 비롯하여 사범학교에 부설된 교원양성과, 속성과, 강습과, 심상과, 임시초등교원양성소, 각 도에 설치된 교원양성소, 중등학교에 부설된 사범과 등 다양한 형태의 기관을 통하여 양성되었다. 정부 수립 이후에는 학제상 초등교원의 양성은 사범학교에서 전담하도록 되었으나, 문교부는 미군정기에 사범학교에 부설하여 운영하던 다양한 단기 초등교원 양성 과정의 개편을 통하여 부족한 초등교원을 계속 양성하도록 하였다.

1954년 휴전 직후에는 초등학교에 필요한 교원 수가 1만 2천 명인데, 비하여 정규 초등 교원 양성 기관에서 배출되는 교원은 4천 8백명 정도로 필요 인력의 3분의 1에 불과하였다(〈표 3-6〉 참조). 따라서 문교부는 1953년 4월에 교육공무원법을 제정하고, 1954년 11월에 교육공무원 자격검정령 시행규칙을 제정하여 고등학교에도 교직과정을 설치해, 그 이수자에게 초등학교 준교사 자격증을 수여할 수 있도록 하였다. 이에 따라 문교부는 일부 여자고등학교와 실업계 고등학교에 교직 과정을 설치하여 그 이수자에게 초등학교 준교사 자격증을 수여하였다(한국교육십년사간행회, 1960).

이러한 후기 중등교육 수준에서의 초등 교원 양성과 비정규 양성 과정의 난립으로 교사 자질의 문제가 꾸준히 제기되었다. 1950년대 중반부터 후기 중등학교 수준의 사범학교를 초급대학 과정으로 개편, 격상시켜

표 3-6 초등교원 수급 현황(1954년 12월 현재) (단위: 명)

수요 수				공급 수	공급부족 수
자연증가	자연결원	무자격 교원	계	사범교육기관 졸업자 수	
3,820	3,660	4,931	12,420	4,766	7,654

자료: 한국교육10년사편찬위원회(1960). 한국교육10년사, 570.

야 한다는 논의가 일기 시작하였으며, 이러한 논의가 점차 정책적 쟁점으로 부상하는 가운데 1950년대 말 이화여자대학교 사범대학은 교육학과에 초등교육 전공과정을 개설하여 비록 적은 수나마 대학 과정에서 초등교원 양성 교육을 실시하기 시작하였다(문교40년사편찬위원회, 1988; 한국교육십년사간행회, 1960).

급증하는 초등 교원의 수요에 대하여 정규 · 비정규, 장기 · 단기를 막론하고 모든 가능한 수단을 동원하여 교원을 공급하려 했던 정부의 대책은 교원의 자질에 대한 문제를 야기시켰지만, 최대한의 초등 교육 인구를 수용한다는 측면에서는 효율적인 대응책이었던 것으로 보인다.

김영봉 등(1980)은 한국에서 단기간에 교사를 양성하고 활용할 수 있었던 것은 교사에 대한 전통적인 존경 의식, 전문직 취업기회에 비해 공급과잉인 고학력자, 단기간의 교원양성과정, 그리고 교실 내에서 엄격한 교육을 실시할 수 있었기 때문이라는 점을 지적하고 있다. 또한 교사는 탐구방법을 통한 교수법보다는 강의와 암기술을 활용하여 고도의 전문성을 필요로 하지 않았으며, 상급학교 시험 준비로 인하여 과밀 학급 내에서도 질서를 유지할 수 있었다. 따라서 교사는 60명 이상의 학생을 담당할 수 있었고, 이에 따라 단위 교육비가 낮아져 교육의 양적 팽창이 가능하였다고 하였다.

(6) 동질적 인구 구성과 사회계층의 미분화

우리 사회는 오랫동안 인종, 종족, 언어 등에 있어서 동질적인 인구로 구성되어 있었다. 최근에 외국인들의 유입이 증가하여 다문화사회로 진입했지만, 산업화 시기에는 모든 국민이 우리는 '단일민족'이라는 신념을 굳게 가지고 있을 정도로 인구구성이 동질적이었다.

따라서 조선의 전통적 계급 사회의 붕괴 이후, 사회를 계층화할 요인들이 존재하지 않았고 사회집단 간의 계급적 성격의 갈등 없이 산업화를 추진할 수 있었다. 동질적인 인구 구성과 사회계층이 미분화되었다는 것은 사회집단 간의 이해관계의 충돌을 극소화시켰으며, 따라서 국가 발전이라는 국민 공통의 과제에 전 국민이 총력을 기울여 매진할 수 있도록 함으로써 효율적으로 산업화를 추진할 수 있도록 하였다. 국가도 다양한 계층의 갈등하는 요구와 압력에 시달리지 않고 독자적으로 강력하게 산업화 정책을 추진해 나갈 수 있었다.

동질적 인구 구성과 사회계층의 미분화는 우리나라 교육 발전 양태에도 영향을 미쳤으며, 상술한 초등교육의 빠른 보편화와 학교 단계별 순차적 교육팽창을 가능하게 했던 중요한 요인이 된다. 남미나 아프리카, 남부아시아 등 사회계급이나 인종, 종족, 언어, 지역 간 분화가 뚜렷하고 사회집단 간 갈등이 심화되어 있는 사회에서는 사회집단에 따라 교육 수요도 분화되어 있다. 이미 초등교육기회를 획득한 지배 엘리트 계층은 중등교육기회의 확대를 요구하고, 다시 고등교육기회의 확대를 요구한다. 반면 초등교육기회조차 획득하시 못한 노동계층이나 일반 대중에게는 초등교육기회의 확대가 필요하다.

계층 분화가 심화된 사회일수록 지배 엘리트 계층의 정치, 경제적 힘은 강해지며, 따라서 이들의 요구는 정부의 정책 결정에서 중요하게 고려된다. 반면 소외계층은 자신들의 요구를 관철시킬 만한 능력과 통로도 없으며, 더 나아가서 교육의 중요성에 대해 의식이 부족하여 교육에 대해 무관심하거나 심지어는 교육을 기피하기도 한다. 많은 신생독립국가들의 경우, 국민의 대다수가 문맹인 상태에서 당위적으로는 초등교육의 확대에 우선순위를 두어야 하지만, 중·고등교육 기회 확대를 희망하는 지배 엘리트층의 교육 수요는 정부가 한정된 교육 재원을 초등교육에 우선적으로 투자할 수 없도록 하였다.

예컨대 계급적 성격이 뚜렷한 파키스탄의 경우 1947년 건국 이래 초등교육의 보편화는 정부의 기본적인 목표로 설정되었으며, 지역에 따라

10년, 또는 20년 내에 보편화시킬 것으로 계획되었다. 그러나 이와 같은 목표는 계속 지연되어 1970년의 5~10세 취학률은 47.4%에 불과하였고, 정부는 목표 달성 연도를 1980년까지 연기시켰다. 그러나 불과 2년 만에 정부는 남자의 경우 1979년, 여자의 경우 1984년으로 목표 연도를 재설정하였으며, 다시 4년 만에 각각 1983년과 1987년으로 재설정하였고, 이후 다시 각각 1986~1987년과 1992년으로 변경하였다(Bray, 1983).

이와 같은 초등교육 보편화의 어려움은 높은 인구증가율, 높은 중도 탈락률, 낮은 교육 투자와 교육 재정의 부족 등과 함께, 초등교육에 우선 순위가 주어지지 않는 교육투자배분에 기인한다. 1971~1972년 당시 총 교육발전 예산 가운데서도 불과 11.6%만이 초등교육 부문에 투자되었으며(Bray, 1983), 6장의 〈표 6-5〉에서 볼 수 있듯이 1970년 파키스탄의 초등교육 투자 비중은 39.7%에 불과하여 이미 보편화되었던 우리나라에서도 64.3%에 달하였던 것과 비교해 보면 매우 낮다는 것을 알 수 있다.

초등교육에 투자 우선순위가 두어지지 않는 이유는 부유층, 고학력층 등 소수 특권 계층은 고등교육기회 확대를 요구하는 반면 정작 초등교육을 받아야 할 소외 계층은 학교에 대해 냉담하거나, 학교를 기피하기 때문이다. 초등교육 확대에 대한 사회적 압력은 낮고, 초등교육보다 고등교육을 확대해야 한다는 지배엘리트층의 압력이 높은 상황에서 초등교육의 보편화는 계속적으로 지연될 수밖에 없다.

인종과 종교, 언어, 문화에 있어 매우 이질적인 인구로 구성되어 있는 남미의 여러 나라에서도 계층 간 단절과 갈등이 매우 심하며 이와 같은 갈등은 초등교육의 보편화에 앞서 중등교육과 고등교육의 확대를 추진하도록 하였다. 페루의 경우, 다수의 토착 인디언과 메스티조 혼혈, 크리올(Criollos) 백인 등 매우 이질적인 인종으로 구성되어 있어 인종 간의 갈등이 심하고 인종주의적인 태도가 지배적인 사회이다. 지식인들은 다수 인디언에게 최소 교육을 제공하기보다 엘리트에게 중등·고등교육을 제공하고 인재를 유럽과 미국에 보내는 데 주력해야 한다는 견해를 가지고 있었으며, 지주와 관료들은 인디언들을 깨이지 않은 순종자로서 육체노동을 제공하는 노동력으로 유지시켜야 한다는 입장을 고수하였다 (Portocarrero, 1992).

토착민 고유의 문화를 저급한 것, 탈피해야 할 것, 사라져야 할 것으로 비판하는 학교는 토착민들에게는 불유쾌한 경험을 제공한다. 자신의 문화를 부정하고 타인의 문화를 찬양해야 하는 학교에 대해 토착민은 냉담하고 거부적이며, 학교교육 기회 확대를 요구하지 않는다(Portocarrero, 1992).

베네수엘라도 기득권 중심의 교육 팽창 양상을 나타내었다. 다양한 사회집단의 교섭력에 따라 교육 자원이 배분되어, 초등교육이 보편화되기 이전에 중등 · 고등교육에 대한 투자를 증대시켰고, 초기에는 동질성을 유지했던 공교육체제가 노동계층 및 중하층의 교육과 기득권층의 교육 간의 난층화 현상을 나타내게 되었다. 문화의 계층화 현상 속에서 주류문화에서 이탈한 소외계층 학생들은 학교에서 실패의 경험을 안게 되어 중도탈락률이 매우 높았다(Guadilla & Casanova, 1992).

1965년 페루와 베네수엘라는 각각 초등교육에 교육비의 41.8%, 43.2%만을 배분하였고 중등교육에 18.1%와 18.2%, 고등교육에 13.5%와 19.7%를 배분하였다. 베네수엘라는 이후 초등교육 투자 비중을 점차 감소시켜 1975년에는 이 비중이 22.1%에 불과하였고, 반면 고등교육 투자 비중은 37.0%로 증가하였다(6장의 〈표 6-5〉 참조).

이 두 나라와는 대조적으로 코스타리카는 인구 구성이 동질적이어서 사회집단 간의 단절과 갈등이 적었으며, 다른 중남미 국가에 비해 계급구조가 덜 경직되어 있었다. 토지나 노동 구조의 면에서도 다른 중남미 국가에 비해 상대적으로 평등하였으며, 사회적, 정치적으로 안정되어 있었다. 코스타리카 정부는 19세기부터 1950년대에 이르기까지 초등교육의 보편화에 주력하였으며, 이어 20년간 초등교육이 크게 팽창하였다(Volio, 1992). 이 나라의 교육 투자 배분 양상을 보면 1965년에 전체 교육비의 60.4%를 초등교육에 투자하였으며, 고등교육에는 11.5% 투자에 그쳐[11] 상술한 두 남미 국가에 비해 초등교육에 더 큰 비중을 두었음을 알 수 있다.

반면 우리나라의 경우 계층구조가 붕괴되고 사회가 동질적인 성격을 띠었기 때문에 사회집단간의 분화와 대립이 약했다. 따라서 기초교육부터 순차적으로 기회를 확대시키려는 정부의 의지가 별 저항 없이 실현될 수 있었다.

특히 동질적인 인구 구성과 사회계층의 미분화는 사회의 개방성을 촉진시켰으며, 사회적 상승 이동 기제로서 학교교육에 대한 열망을 고조시켰다. 해방 이후 한말부터 지배층으로 군림해 왔던 일부 극소수의 상류층을 제외하고는 산업화와 도시화의 과정에서 활발한 사회 이동을 경험하게 된다. 과거에 우리 사회의 대부분을 점유하고 있던 농민층은 산업화 과정에서 도시 노동자와 화이트칼라층으로 재편되었고, 사회집단의 위계화를 가능하게 할 만한 요인들에 있어서 매우 동질적인 특성을 지닌 우리 사회에서 개인이 어떠한 교육을 얼마만큼 받았는가 하는 것은 근대 부문에서 어떠한 직업 지위를 획득하는가 하는 데에 결정적으로 중요하게 작용하였다.

출신 배경에 관계없이 자신이 성취한 교육 수준에 따라 자신의 사회경제적 지위가 결정되는 사회에서 교육에 대한 열망은 고조되었으며, 이와 같은 국민들의 높은 교육열은 높은 교육 수요를 창출하였다. 정부는 전국민의 교육 기회 확대 압력에 대응하여 교육을 확대시켜 나갈 수밖에 없었다.

---

11) UNESCO. *Stabistical Yeabook*, 1997년도판에서 계산.

2. 급속한 문맹 퇴치

1) 문맹률의 빠른 감소

해방 이후 민간 부문의 자생적인 민중 운동으로부터 정부의 문맹 퇴치 5개년 계획(1954~1958)에 이르기까지 거국적인 문맹 퇴치 운동이 전개되었다. 일반 성인 비문해자 대상 계몽교육, 일제 치하에서 교육받은 성인을 위한 재교육, 13~15세 사이의 공장 근로청소년 대상 공장 학교, 비문해 재소자 대상 교도소 및 소년원 교육, 군대에서의 비문해 장정에 대한 정신계몽 사업, 국문강습소를 통한 비문해 성인 대상 국문보급운동, 보통선거 대비 한글 개학 촉진 운동, 공민학교 설립 등 다양한 통로를 통하여 국민들의 문해 수준을 높이고 공민으로서의 자질을 함양하기 위한 교육을 실시하였다.

이와 같은 거국적인 문맹 퇴치 운동의 결과, 해방 당시 78%에 달하였던 12세 이상 한국인의 문맹률은 1948년에는 41.3%로, 1958년에는 4.1%로 크게 줄어들었다(〈표 3-7〉 참조). 조사방법과 조사 실시 과정 등에 비추어 볼 때 제시된 문맹률 수치는 신뢰도에 있어 논란의 여지가 있으나(최운실 · 백은순, 1990)[12] 신뢰도 문제를 감안한다 하더라도 거국적인 공 · 사 부문에서 전개된 문맹 퇴치 운동이 경이적인 실적을 낳았음을 알 수 있다.

12) 당시 국문강습소에 1회라도 참여한 사람 모두를 문자해득자로 추산한 것이므로 이러한 문맹률 추정은 과장되었으며, 당시 이를 믿는 관민은 전혀 없었다(김종서, 1962: 75). 1959년 중앙교육연구소(김종서, 1961: 17)가 전 국민의 5%에 해당하는 인구를 표집하여 문맹률을 조사한 결과, 12세 이상 인구의 문맹률은 22.1%로 나타나 기존 정부 발표보다 5배 이상 높았다. 같은 해 내무부통계국(1961: 16~17)에서 발표한 자료에 의하면 문맹률은 13.7%에 달하였으며, 김영봉 등(1980: 58)의 연구에서 인구센서스 자료로부터 추출한 문맹률은 1960년, 1966년, 1970년 각각 27.9%, 14.7%, 11.6%로 보고되었다.

표 3-7 해방 이후 1950년대의 문맹률 추이(1945~1958) (단위: 명, %)

	12세 이상 총인구	문맹자 수	문맹률	비고	
1945	10,253,138	7,980,902	77.8	해방 당시	
1948	13,087,405	5,411,080	41.3	정부수립 당시	
1953	12,269,739	3,145,259	25.6		
1954	12,269,739	1,709,020	13.9	제1차	문맹 퇴치 교육 실시
1955	12,269,739	1,524,041	12.5	제2차	
1956	13,911,678	1,419,205	10.2	제3차	
1957	13,713,873	1,145,293	8.3	제4차	
1958	13,713,873	562,982	4.1	제5차	

자료: 문교부(1958). 문교개관, 463.

우리나라에서 일찍부터 문맹이 퇴치되었다는 것은 외국의 경우와 비교해 보면 더욱 두드러지게 나타난다. 유네스코 자료에 의하면 1970년 우리나라 문맹률은 12.4%인 것으로 보고되고 있어 국내 자료보다 문맹률이 높은 것으로 나타나지만, 그럼에도 불구하고 다른 개발도상국에 비해 훨씬 낮다(〈표 3-8〉 참조). 남미나 동남아시아의 여러 나라는 말할 것도 없고 홍콩이나 싱가포르와 같은 신흥공업국보다도 훨씬 낮은 것으로 나타난다.

빠른 성장을 보이는 개발도상국들은 일반적으로 문해율이 높다. 1960~1977년 사이의 63개 개발도상국의 1인당 국민총생산(GNP) 성장률과 1960년의 문해율 간 상관성을 분석한 결과에 의하면(〈표 3-9〉 참조), 분석 대상 국가들 전체의 평균 GNP 성장률은 2.4%였던 반면 GNP 성장률 상위 12개국의 평균 GNP 성장률은 5.7%로서 두 배 이상에 달하였으며, GNP 성장률 상위 12개국의 1960년 평균 문해율은 65%로서 전체 평균 문해율 38%에 비해 월등히 높았다. 성장률 상위 국가들은 경제개발 출발 당시 다른 개발도상국에 비해 소득 수준이 높았지만, 이 나라들의 문해율은 그 소득 수준에서 기대되는 문해율보다도 12% 더 높았다. 즉, 경

표 3-8 국가별 문맹률 추이(1965~1985) (단위: %)

국가/연도	1965	1970	1975	1980	1985
한국		12.4			
멕시코		25.8		17.0	9.7
아르헨티나		7.4		6.1	
브라질		33.8	23.2	25.5	22.2
칠레		11.9		8.9	
베네수엘라		23.5			
페루		27.5[1]		18.1	
콜롬비아			19.2[2]	14.8	
우루과이			6.1		5.0
홍콩		22.7[3]			
인도		66.6[4]		59.2	
인도네시아		43.4[5]		32.7	
일본	2.2[6]				
말레이시아	47.2[7]	42.0		30.4	
파키스탄	84.6[8]	79.3	76.0	73.8	
필리핀		17.4		16.7	
싱가포르		31.1		17.1	
태국		21.4	18.5	12.0	

자료: UNESCO. *Statistical Yearbook*, 1976(1960-1975 자료), 1994(1980-1985 자료).
주: 1) 1972, 2) 1973, 3) 1971, 4) 1971, 5) 1971, 6) 1960, 7) 1962, 8) 1961, 9) 1976, 10) 1971

제개발 출발 당시 문해율이 높았던 나라가 더 빠른 경제성장을 이룩하였다는 것을 의미한다.

영국, 스웨덴, 미국 등 선진 산업국가들도 산업혁명 이전에 이미 높은 문해율(40~50%)을 나타내었다. 1955년 현재 성인 문해율 40% 미만인 나라 중 국민소득 300달러(1990년 기준 1,400달러) 이상 되는 나라가

표 3-9 경제성장과 성인문해의 관계 (단위: %, %p)

	1인당 GNP 성장률 1960~1977[1] (%)	1960 성인문해율 (%)	1960 기대 성인문해율로부터의 편차[2] (%p)
싱가포르	7.7	-	-
한국	7.6	71.0	43.6
타이완	6.6	54.0	14.2
홍콩	6.3	70.0	6.4
그리스	6.1	81.0	7.5
포르투갈	5.7	62.0	1.7
스페인	5.3	87.0	1.2
유고슬라비아	5.2	77.0	16.7
브라질	4.9	61.0	8.6
이스라엘	4.6	-.0	-
태국	4.5	68.0	43.5
튜니지아	4.3	16.0	-23.8
상위 12개국 평균	5.7	64.7	12.0
전체 개도국 평균[3]	2.4	37.6	-.0

자료: World Bank(1979). *World development indicators*. Hicks(1980), 19에서 재구성.

주: 1) 1인당 실질 국민총생산(GNP) 성장률

2) 1960년 기대성인문해율(LIT)과 1960년 1인당 국민소득(Y)의 관계를 나타내는 다음의 식으로부터 도출한 추정치로부터의 편차. $LIT = 9.23 + .1595Y - .0000658\ Y^2 (R^2 = .44)$

3) 1인당 GNP 성장률은 83개국, 기대 성인문해율은 63개국 자료임

없었다. 이것은 자연 자원이 매우 풍부한 나라가 아닌 한 국민들의 문해는 경제성장에 필수 조건이라는 것을 시사한다.

2) 급속한 문맹 퇴치의 배경

36년간 지속되어 왔던 일제의 민족문화 말살 정책과 당시 극히 제한

적이었던 근대 교육기회로 인해 우리 국민들은 우리의 말과 글을 익힐 기회가 없었다. 상술하였듯이 1945년 해방 당시 12세 이상 전체 인구 중 글을 전혀 읽고 쓸 수 없는 완전 비문해자는 약 78%에 달하였다.

실질적인 주권국가로서 기초를 마련하고 민주주의를 발전시키기 위해서는 일반 국민의 공민적 자질을 함양하여 민도를 높이는 것이 급선무였다. 특히 민주 주권 국가를 수립하기 위해 역사상 최초로 도입된 일반선거제도가 제대로 운영되려면 대표자를 직접 선출할 모든 국민들이 문맹에서 벗어나야만 했다. 한편 일반 국민들 사이에서도 민족 해방과 더불어 우리의 글과 말과 문화를 되찾아야 한다는 강한 열망이 확산되어 국민 전체가 우리 글을 배우려는 노력을 기울이게 되었다(최운실 외, 1992).

오천석, 최현배 등 당시 뜻있는 사회 지도자와 교육계 인사들은 민주주의 국가 건설을 위해 문맹 타파가 무엇보다 긴요한 국가적 과제라는 것을 강조함으로써 국문보급을 위한 사회의 여론을 환기시키는 한편, 군정 당국에 국문 보급 정책을 추진할 것을 적극적으로 요구하였다(최운실 외, 1992).

이와 같은 배경 하에서 미군정 당국과 정부 수립 후 대한민국 정부는 문맹 퇴치 사업을 강력하게 추진하였다. 문맹 퇴치 과정에서 국문강습소와 공민학교는 중요한 역할을 담당하였으며, 범정부 차원에서 문맹 퇴치 5개년 계획이 착실히 추진되었다.

(1) 성인교육협회와 국문강습소를 통한 국문보급운동의 추진

해방 이후 3년간 한국을 통치한 미군정청은 국문보급 사업을 효율적으로 수행하고 그 밖의 성인교육 사업을 집행하기 위한 목적으로 1945년 성인교육위원회를 조직하였다. 동 위원회는 학무국 관리 외에 6명의 저명 한국인 교육자를 포함, 12명의 위원으로 구성되었으며, 남한 문맹 퇴치 사업의 방향과 성격 확정, 성인교육행정 업무 조정, 문맹 퇴치 사업 점검 등의 활동을 수행하였다(김기석 · 유성상, 2001). 약 6개월간 운영되다가 이듬해 성인교육협회로 개편되어 정부의 자문기관 및 사업 대행기관의 역할을 수행하였다. 성인교육협회는 ① 문맹 퇴치 및 교화 사업, ② 공민학교와 고등공민학교의 설치 · 운영, ③ 성인교육지도자 양성 및 지방 배치, ④ 정기간행물 출판 등의 사업을 담당하였으며, 전국적 조직을 갖추고 있었다. 이 협회를 통해 1947년까지 약 300여 명의 시도 성인교육사가 배출되었고, 이들은 전국 각 시군에 배치되어 국문강습소에서 한글 교습을 실시하였다(한국교육십년사간행회, 1960).

미군정기 문해교육은 공민학교에서 성인 문맹자 대상 대중교육 프로그램, 성인과 외국인, 북한으로부터의 이주민을 대상으로 민주주의와 인권, 자유에 대한 기본 정신을 함양하기 위한 재교육 프로그램, 공장학교에서 13~16세 청소년 공장근로자 대상 기본 교육 프로그램, 형무소와 교도소 재소자 대상 재소자학교 등을 통해서 추진되었다(김기석 · 유성상, 2001).

국문강습소는 1950년 한국전쟁 이후 국문보급반과 공민학교 성인반에 그 기능이 흡수될 때까지 문맹 퇴치를 위한 국문보급에 가장 주도적인 역할을 담당했던 기관이다. 국문강습소는 읍 · 면 · 리 · 동 등의 행정단위로 설치되기도 하고 초등학교에 병설되기도 하였다. 강습기간은 일정하지 않았으나 보통 3개월 정도였으며, 대상은 문맹인 성인 전원이었다. 문교부는 이와 같은 문맹 퇴치 교육을 감독하고 독려하기 위하여 시군 단위로 남녀 각 1인씩의 성인교육사를 배치하였다(중앙교육연구소, 1967; 최운실 외, 1992).

국문강습소를 통한 문맹 퇴치 교육의 실태를 살펴보면(〈표 3-10〉 참조), 1947년에는 1946년에 비하여 강습회 수가 급증했을 뿐만 아니라, 수강자 수가 2배 이상 늘어난 사실이 주목되는데, 이는 보통선거에 대비하여 '한글 개학촉진 운동'을 적극 추진하였기 때문이다. '한글 개학촉진 운

표 3-10 국문 강습소의 문해교육 성과(1945~1947)

	강습소 (개)	강습 회수 (회)	성인교육 교사 수(명)	수강자 수 (명)	문해율 (%)
해방 전('45.5)	0	0	0	0	21
해방 후('46.9)	14,572	15,555	14,063	770,141	58
('47.9)	20,306	30,538	20,494	1,625,340	71

자료: 한국교육십년사간행회(1960). 한국교육십년사, 111.

동'은 다가올 보통선거에 18세 이상의 모든 국민이 참여하도록 할 뿐 아니라, 이들을 조국의 재건에도 동참시키기 위하여 1947년 5월, 6월 두 달 동안 38도 이남의 전 지역에서 추진한 운동이다.

이러한 국민개학운동의 적극적인 추진을 위하여 중앙뿐만 아니라(〈표 3-11〉 참조), 지방에서도(〈표 3-12〉 참조) 성인교육사의 양성을 게을리 하지 않았다. 성인교육사와 교원들의 훈련에는 공민, 국어, 국사, 교육, 실업, 위생, 음악, 생활개선, 체조, 상식, 협동조합이론, 사회주의 이론, 민주주의이론, 도서관연구, 국제정세와 한국 등의 강의과목이 포함되었으며 각계의 권위자가 초청되었다. 이와 같은 노력의 성과로 1945년에 20% 정도에 머물렀던 문해율이 1947년 말에는 70%로 크게 상승한 것으

표 3-11 중앙 성인교육 지도자 양성 실태(1946~1947)

회 수	기간 장소	수강자 수	강습과목
1	46. 4. 5~5. 4 서울	144(남)	음악, 생활 개선, 체육, 상식, 협동조합 이론, 사회주의 이론, 민주주의 이론, 도서관 연구, 국제정세와 조선
2	46. 5. 8~6. 6	104(여)	〃
3	47. 2. 17~2. 26	115(남)	〃

자료: 한국교육십년사간행회(1960). 한국교육십년사, 113.

표 3-12 지방 성인교육 지도자 양성 실태(1947) (단위: 회, 명)

도별	구·읍·면 지도자		이동지도자		계	
	강습 회수	수강자 수	강습 회수	수강자 수	강습 회수	수강자 수
경 기	95	2,568	147	5,307	242	7,875
강 원	35	887	132	2,927	167	3,814
충 북	26	649	30	1,502	56	2,151
충 남	50	254	418	5,318	468	5,572
전 남	25	430	230	6,616	255	7,046
제 주	–	–	20	423	20	423
계	231	4,788	977	22,093	1,208	22,881

자료: 중앙대학교 부설 한국교육문제연구소(1974). 문교사(1945~1974), 106.

로 추산되었다.

(3) 공민학교 설립을 통한 국문보급의 제도화

공민학교는 1946년 5월에 '공민학교 설치요령'이 제정되면서 정식으로 설립되기 시작하였으나 이전에 이미 각 시·읍·면·리·동 그리고 기업체, 회사, 종교단체, 성인교육 기관 등의 독지가에 의해 운영되고 있었다. 공민학교의 설치 목적은 문해와 공민, 국사, 생활개선 등에 대한 교육을 통한 공민성 함양에 있었다.

공민학교의 과 조직은 소년과, 성인과, 보수과 등으로 나누어져 있었는데, 각 지방의 실정에 따라 필요한 과만을 설치하도록 하였다. 소년과는 초등학교 미취학자로서 13세 이상인 자를 대상으로 하여 초등학교와 동일한 과정을 이수하게 하였다. 성인과는 미취학자로서 18세 이상인자를 대상으로 1~2년 과정에 공민, 국어, 산수 등을 이수하게 하였다. 보수과는 초등학교 졸업자를 대상으로 하였으며 공민, 국어, 국사과목이 개설된 과정이었다. 당시의 공민학교는 공민과 국어가 공통과목으로 들어 있어 앞서 밝힌 설치 목적대로 국문보급과 이를 통한 공민성 함양 및 국민단합에 치중했음을 알 수 있다. 공민학교의 설치 추이를 살펴보면(〈표 3-13〉 참조) 1947년에 절정을 이루다가 1948년에는 격감했는데, 이는 해방 이후 3년간 국문강습소 등에 의한 문해교육과 초등교육 기회의 확대에 따라 문맹률이 낮아진 데 원인이 있다고 할 수 있다.

표 3-13 공민학교 설치 추이(1946~1948) (단위: 교, 명)

	학교 수			학생 수			교사 수		
	일반	공장	계	일반	공장	계	일반	공장	계
1946. 8. 31	8,198	89	8,287	773,238	4,630	777,868	12,004	244	12,248
1947. 8. 31	15,399	107	15,506	834,870	14,128	849,008	20,256	251	20,507
1948. 8. 15	-	-	2,013	-	-	4,330	-	-	4,860

자료: 한국교육십년사간행회(1960). 한국교육십년사, 112.
문교40년사편찬위원회(1988). 문교40년사, 105.

이후 공민학교는 1949년 교육법이 제정, 공포되면서 그 성격이 보다 뚜렷이 규정되었으며, 교육 프로그램의 변화도 수반되었다. 교육법 139조에서 초등교육을 전혀 받지 못한 성인에게 국문을 습득하게 하기 위하여 공민학교에 성인반을 둔다고 규정함으로써 1910년 1월 1일 이후 출생자 중에서 학령 초과자 전원을 의무적으로 취학시켰으며, 초등교육을 받지 못하고 학령을 초과한 자 또는 일반 성인에게 국민생활에 필요한 보통교육과 공민적 사회교육을 실시하기 위한 학교로 못 박고 그 수업 연한도 3년으로 고정시켰다. 이를 위해 각 시, 읍, 면장과 구청장은 성인반 교육대상자를 조사, 보고하도록 하였고 그 취학 여부를 감독, 독려하도록 의무화하였다(황종건 외, 1966; 문교부, 1988).

공민학교 성인반은 종래 국문강습소에서 실시되어 오던 문맹 퇴치 활동을 일원화하고 문맹자에게 의무적으로 국문을 해득하도록 하기 위해 새로이 설치된 것으로서 1946년 미군정 하에서 제정된 공민학교 설치요령에 의해 설치되었던 '공민학교의 성년과'와는 다르다. 성인과는 학령을 초과한 성년에게 국민보통교육을 시키는 초등학교의 보충 과정의 성격을 띠고 있었던 반면, 성인반은 종래의 국문강습소 기능을 흡수하여 문맹 퇴치를 전담하도록 만든 일종의 공민학교 부설 교육기관이었으며, 국고 보조로 운영되었다(황종건 외, 1966; 최운실 외, 1992).

공민학교 성인반은 한국전쟁으로 일시 중단되었다가 1951년 전시하에서도 20~30세 사이의 청년층을 대상으로 부분적으로나마 국문보급 사업을 시도하였으나, 어려운 여건과 예산 사정으로 지속되지 못했다. 1952년에 들어 비로소 국문보급 사업에 다소의 정부 예산이 계상되었으며, 전국 초등학교에 일제히 공민학교가 부설되는 등 새로운 국문보급 사업 조치가 단행되었고, 그 결과 공민학교 성인반도 재설치 · 운영되게 되었다. 이 때 성인반에서는 주로 만 17세 이상 43세 미만의 문맹 성인 남자를 대상으로 교육을 실시하였다(황종건 외, 1966; 최운실 외, 1992).

공민학교 성인반은 1953년 국문보급반이 설치되면서 그 기능이 약화되기 시작하였고, 후술할 문맹 퇴치 5개년 계획 추진으로 문맹률이 급격히 감소하면서 성인반도 감소하였다. 1961년 이후에는 문맹 퇴치를 위한 국문보급 사업이 국가재건국민운동본부사업으로 이관되면서, 공민학교 성인반 기능은 사실상 소멸 · 정지되기에 이른다. 국민보급반도 당시 국문보급 활동을 활발하게 수행하였는데, 공민학교 성인반이 17세 이상의 성인을 대상으로 하였던 반면 국문보급반은 12세 이상의 비교적 연소한 남녀 비문해자를 교육대상으로 하였고, 약 1년간 국문보급 활동을 추진하다가 1954년 이후에는 5차 문맹 퇴치 사업의 일환으로 흡수되었다(황종건 외, 1966; 최운실 외, 1992).

(4) 문맹 퇴치 5개년 계획의 추진과 군대에서의 국문보급사업

성인교육에서 해방 이후 줄곧 최우선 과제가 되어온 문맹 퇴치 시책은 전후 본격화되었다. 국무회의에서는 1954년 2월 16일에 전국 문맹자 완전 퇴치 계획을 세우고, 경비는 예비비에서 지출할 것을 의결하였다. 이렇게 시작한 문맹 퇴치 5개년 계획은 제1차 연도인 1954년부터 1958년까지 5차에 걸쳐 추진되었다. 문맹 퇴치 5개년 계획은 문교부뿐만 아니라 내무부, 국방부, 농림부, 보건사회부, 공보실 등과 합동으로 추진된 문맹자 일소 시책으로서 획기적인 시도였다. 농한기를 이용하여 70일에서 90일간 교육이 실시되었으며, 초등학교 2학년을 수료한 정도의 국문해득력과 일상생활에 필요한 계산력, 기타 기초과목 및 공민지식을 갖추도록 지도하는 방식으로 시행되었다(한국교육십년사산행회, 1960).

5차에 걸친 문맹 퇴치 사업은 전국에 걸쳐 대규모로 추진되었으며(〈표 3-14〉 참조), 5개년 동안 교육기간이 총 307일, 동원된 강사가 총 217,577명, 이 사업을 통해 국문해득자가 된 것으로 기록·보고된 수가 총 4,738,415명에 달하였다. 이와 같은 문맹 퇴치 시책의 추진 결과, 해방 당시 78%에 이르던 문맹률이 1958년에는 4.1%로 격감한 것으로 보고되었다(〈표 3-7〉 참조). 즉, 거의 모든 국민이 문자 해득의 목표를 성취하였다고 할 수 있다.

표 3-14 문맹 퇴치 5개년사업의 연도별 현황 (단위: 개, 명)

연차	기간	교육반 수	강사 수
제1차	1954. 3~5(75일)	84,192	88,700
제2차	1955. 3~5(81일)	62,192	65,168
제3차	1956. 1~3(71일)	-	-
제4차	1957. 1~3(90일)	20,694	24,345
제5차	1958. 1~4(70일)	33,186	39,364

자료: 윤복남(1990). 한국 문해교육의 사회사적 고찰. 고려대학교 박사학위 논문, 119.

정부가 주도한 문맹 퇴치 사업은 군대에서도 실시되었다. 한국전 당시 군대에 동원된 장정들 중에 많은 문맹자가 있음을 발견하고 전시 중에 문맹 퇴치 사업을 실시한 것이다. 한국에서 청년층 남성은 모두 군 입대를 해야 하므로 이들을 대상으로 한 문해교육은 큰 효과를 기대할 수 있었다. 각 부대에서는 1952년부터 문맹 퇴치 사업을 실시하기 시작하였으며, 1955년 교육각서 제24호의 지시를 통하여 군대 내 문해교육의 체계화를 시도하였다. 지시 내용에 의하면 문맹교육과정은 의무적으로 실시되어야 하며, 훈련소에서 배출되는 신병 중에는 문맹자가 없어야 했다. 훈련소를 제외한 기타 부대는 문맹자가 있을 경우 사단, 관구, 또는 부대 자체에 1개의 한글학교를 설치해야 했다. 이러한 군부대 내의 문해교육은 1960년 이후에도 지속적으로 실시되어, 1952년 창군 이후 1961년까지 10년간 군부대 문해교육을 수료한 장병 수는 60만 명에 육박하였다(박효선, 2007).

(5) 재건국민운동과 문해교육

1961년 군사정권이 재건국민운동본부를 발족시키면서 문맹 퇴치 운동은 재건국민운동의 일환으로 추진되기 시작하였다. 재건국민운동은 군사정권이 전국적 차원에서 '국민혁명'을 이끌기 위해 추진한 사회지도층이 참여한 국민운동으로서, 전국적인 운동 추진의 기반을 마련하기 위해 전국 동·리에 이르는 방대한 조직을 갖추었다. 재건국민운동본부는 대민계몽 및 가족계획 계몽교육과 함께 문해교육 사업을 추진하였고, 따라서 이전에 문교부가 관할하던 문해교육 관련 정책이 재건국민운동본부로 이관되었다(재건국민운동본부, 1961).

재건국민운동본부의 문해교육은 일차적으로 1961년 12월 11일부터 1962년 4월 30일까지 약 5개월간 집중적으로 실시되었는데, 주관은 재건운동본부 및 재건국민운동 도(시)지부가, 추진체는 재건청년회 및 재건부녀회가 담당하고, 재건학생회가 참여하는 방식을 취했다. 이 사업은 만

19세 이상의 남녀 비문해자 전원을 대상으로 하였으나, 가급적 그 이하의 연소자도 포함하도록 하였고, 입영장정을 우선적으로 교육하도록 하였다. 학교, 공회당, 리 · 동사무소, 개인 집 등 이용 가능한 장소를 총 망라하여 교육장소로 활용하였다. 1962년에 60만 명, 1963년에 30만 명 등 약 100만 명 정도의 비문해자가 재건국민운동본부의 교육사업에 참여하였다(황종건, 1966; 윤복남, 1990).

(6) 해방 이후 민간 주도의 자생적 문맹 퇴치 운동

해방 직후 1945년부터 1950년대 사이의 문맹 퇴치 활동에는 정부 주도의 대규모 사업 외에도 사회 유지나 학생들로 구성된 학술 및 교육단체, 종교단체 등 다양한 민간 자원 단체도 참여하여 이들의 활동을 간과할 수 없다. 1946년에는 경성대학을 비롯하여 많은 학생 계몽대가 활동을 시작하였으며, 전문학교 및 중학교 학생들도 전국적인 농촌계몽활동에 참여하였다. 학생들은 소속별로 '문맹 퇴치 학생 봉사대 준비위원회'를 구성하여 계몽활동 계획을 추진해 갔다. 학생 계몽대는 학교별로 학교장의 추천을 받아 편성되었으며, 최종적으로 1,500명이 참여하였던 것으로 집계되었다. 이들 계몽대의 본부는 문교부에, 지부는 각 도 학무국에 설치되어 대원의 소집, 훈련, 연락 및 교재 배부 등의 활동을 수행하였다(최운실 · 백은순, 1990).

이 외에 성인교육협회, 조선어학회, 한글문화보급회, 중앙 성인계몽협회 및 많은 종교단체들이 문맹 퇴치 운동에 참여하였다. 조선어학회는 민족교육을 위한 한글보급운동을 전개하였고, 기독교 계명협회는 문맹 퇴치 교육 사업을 통해, 그리고 대한 성인교육회는 문맹 퇴치 및 교화 사업을 통해 국민들의 문맹 퇴치에 공헌하였다(최운실 · 백은순, 1990; 최운실 외, 1992).

3. 초등교육 및 문해와 경제성장에 관한 이론적 논의

1) 초등교육 및 문해와 근대성

일반적으로 교육이 경제발전에 어떻게 기여하는가를 설명하려는 노력은 주로 사회심리학적 관점을 지닌 근대화론자들에 의해 이루어졌다. 하겐(Hagen), 매클레랜드(McClelland), 잉켈스(Inkeles), 스미스(Smith) 등으로 대표되는 이들은 공통적으로 발전의 원인을 개인의 특성 변화에서 찾고 있다. 국가 발전은 물적자원 및 제도와 아울러, 발전하려는 의지와 발전을 추진할 수 있는 지식 및 기술이 필요하기 때문이다. 이들은 한 사회가 진정으로 근대화되기 위해서는 사람들이 근대적 의식을 가지고 이에 걸맞는 행동을 해야 하며, 이와 같은 변화는 바로 교육을 통하여 이루어지는 것으로 보았다.

근대화론자들은 창조성, 경험에 대한 개방성, 끊임없는 호기심 등으로 특징지어 지는 개혁적 퍼스낼리티(Hagen, 1962), 성취동기를 본질로 하는 기업가 정신(McClelland, 1961) 등 사회 구성원이 지닌 이른바 '근대성'이 근대화와 경제 발전을 촉진시키는 것으로 보았다. 근대성을 가장 면밀하게 탐구한 사람들은 잉켈스와 스미스이다(Inkeles & Smith, 1974). 이들은 근대화된 사회를 발전된 사회라고 규정한 후, 근대성을 열 가지 속성으로 열거하였다. 즉, ① 혁신과 변화에 대한 개방성과 새로운 경험을 위한 준비성, ② 주위의 태도와 견해의 다양성에 대한 수용, ③ 주위의 의견에 선택적으로 동의, ④ 현재 또는 미래지향성, ⑤ 생활 영위 방법으로서 계획의 중요성에 대한 믿음, ⑥ 자신의 운명을 통제할 수 있는 능력에 대한 낙관, ⑦ 합법적인 세계에 대한 믿음, ⑧ 타인의 존엄성의 인정과 타인 존중, ⑨ 과학과 기술에 대한 신념, ⑩ 자신의 공헌 정도에 상응하는 분배의 공정성에 대한 신뢰를 근대성이 갖는 속성으로 들고 있다.

근대화론자들에 의하면 교육은 이와 같은 근대성, 보다 구체적으로는 새로운 기술을 학습할 수 있는 자신감, 변화에 적응하는 능력, 생산적 동기, 소비자적 욕구와 소비 패턴, 시민성 등의 형성에 기여한다. 이러한 개인적 변화가 보이면 국가의 생산을 증가시키고, 의사소통 방식을 개선할 수 있으며, 보다 합리적인 질서를 지닌 정치 · 경제적 제도를 개발할 수 있다. 또한 교육의 성장은 근대화에 보다 유용한 지식과 기술의 보급을 가능하게 한다.

잉켈스와 스미스(1974)는 학교교육이 근대적인 태도와 가치 그리고 기능 인력을 배출하는 중요한 기제라고 보았다. 이들은 '근대적인 인간'을 조작적으로 정의하고, '전반적 근대화(Overall Modernization: OM)' 태도 척도를 사용하여 6개국의 6천 명과 면담한 결과 근대성의 가장 중요한 결정 요인은 학교교육 연수이며, 다음으로 공장 또는 비공입 부문 식송에 고용된 경험과 대중매체와의 접촉순으로 중요하다는 것을 밝혀내었다. 학교교육을 많이 받은 사람은 더 유익한 지식을 가지고 있으며, 언어 구사 능력이 더 높고, 시간 감각, 개인적 및 사회적 효용성에 대한 감각 등에서 차이가 난다. 또 공공 문제에 보다 적극적으로 참여하고 새로운 경험과 새로운 아이디어에 대해 더욱 개방적이며, 과학을 보다 가치롭게 생각하는 등 근대성을 더욱 강하게 나타내고 있었다.

학교교육이 근대성을 촉진할 수 있는 기제에 대하여 잉켈스와 스미스(1974)는 학교 수업을 통한 교육과정의 학습보다는 일반적 사회화 과정이 더 중요하다고 하였다. 학교의 질적 수준보다는 학교에 다닌 기간이 훨씬 중요하며, 교육과정의 내용과 질은 제2의 역할밖에는 하지 못한다고 논의하였다. 시간표에 따른 활동, 규칙에 따른 보상 체제 등 학교의 계획성과 규칙성이 학생들의 근대성을 촉진시키며, 중요한 것은 경험의 내용이라기보다 조직 구속력의 정도와 소속감의 정도라고 주장하였다. 이들에 의하면 학교와 교실은 고용 상황에서 잘 적응하도록 준비시키는 역할을 한다. 공장, 은행, 심지어 농업공동체의 생산 현장에서 요구되는 가치, 규범과 일관성 있는 가치, 규범을 주입시킴으로써 도시, 산업사회, 조직체의 요구를 잘 수용하도록 준비시킨다. 상급자의 요구에 빨리, 기꺼이, 상식적인 범위에서 벗어나지 않도록 행동할 수 있게 하며, 조직 상황에서 타인과 효과적으로 일하는 것을 학습시킨다.

특히 초등교육은 문맹을 퇴치시켜 줌으로써 경제발전에 필요한 합리성과 진보의 개념을 국가 전체에 보편화시키는 것으로 논의되고 있다. 문맹자가 많은 사회에서 개인의 행위는 전통에 의해 지배받으며, 시야가 자신들이 속해 있는 작은 집단에 제한되어 있다. 또한 진보의 확산 속도가 느리며 변화에의 저항이 강하다. 러너(Lerner, 1958)는 비대면적 의사소통망의 확장이 근대화의 필수 요건이며, 이를 위해서는 문해가 필수적이라고 주장하였다. 문해는 기본적 공통 가치에 대한 일반적인 합의에 도달하도록 함으로써 국가 통합에 이바지한다(UNESCO, 1962b).

연구 결과에 의하면, 문해율과 1인당 GNP의 상관계수는 .84에 달하며 문해율과 산업화의 상관계수는 .87에 달한다. 54개국을 대상으로 문해율과 도시화, 정보 매체의 수용, 정치 참여와의 중다상관계수를 산출한 결과 .91로 나타났다(Golden, 1955). 소련(러시아)이 문맹의 문제를 심각하게 여기고 문맹 퇴치 노력에 착수할 무렵, 4년간의 초등교육은 개인의 능률성을 44% 증가시킨다는 자료가 보고되었다(UNESCO, 1962a).

한편 초등교육은 경제 발전에 대한 심리적 동기를 유발시켜 국가 발전 노력에 동참하려는 태도를 길러 주고, 잠재 능력의 발견을 도와주는 것으로 논의되고 있다. 아울러 사회의 이중 구조를 축소시키고, 읽고 쓸 줄 아는 피선거권자를 양산하여 정치 발전에 기여하며, 개인의 소비 패턴을 발전에 상응하도록 개선함으로써 경제 발전을 촉진한다(UNESCO, 1962a).

2) 노동시장의 사회관계 구조와 초등학교 사회화의 상응성

보울스와 진티스(Bowles & Gintis, 1976)는 학교에서의 사회관계 구조와 노동시장에서의 사회관계 구조가 여러 면에서 상응하며, 이러한 상응성이 미국 사회의 자본주의 재생산에 기여한다고 보았다. 이들에 의하면 노동 세계에서 직무 수행에 중요하다고 여겨지는 규율, 자신의 표현 방식, 자아개념, 자신이 속한 사회계급에 대한 정체감은 학교에서도 역시 마찬가지로 중요하게 평가된다. 학교에서의 행정가-교사 간, 교사-학생 간, 학생-작업(학습) 간의 관계는 노동세계에서의 위계적 분화와 상응한다. 행정가-교사-학생 간의 위계적 라인, 자신의 교육에 대한 학생들의 통제 능력 결여, 교육내용으로부터의 학생들의 소외, 교육적 생산 과정(학습)이나 결과(지식)의 통합보다 학점과 외재적 보상 체제를 통한 동기 부여, 능력주의적 등급화와 평가를 통한 학생 간의 비교육적으로 제도화된 경쟁 등은 노동세계의 모습과 유사하다.

또한 학교체제에서의 사회적 관계와 생산 체제에서의 사회적 관계의 상응을 통하여 학교에서는 이윤의 극대화와 자본의 축적에 기능적인 인성, 가치관 및 의식을 형성하게 된다. 낮은 학교급의 교육에서는 하위 직종에 종사할 노동자를 길러 내며, 따라서 규칙 준수를 중요한 덕목으로 강조한다. 중간 수준의 학교급에서는 직접적이고 계속적인 감독 없이도 일할 수 있는 능력을 중시하며, 상위 직종을 차지할 인력을 길러내는 고등교육에서는 기업 규범의 내면화를 강조한다. 이들에 의하면, 초등교육은 순종적이고 규칙을 잘 지키는 노동자를 양성하는 것이다.

이와 같은 보울스와 진티스의 통찰은 상술한 잉켈스와 스미스(1974)의 연구 결과와 맥을 같이 한다. 갈등론자인 보울스와 진티스의 이론적 전제는 기능론자인 잉켈스와 스미스의 이론적 전제와 상반되지만, 교육과 경제 또는 노동시장을 연결시키는 기제로서 지식의 획득보다 태도 및 가치관의 형성에 주목하였다는 점에서 공통점을 찾을 수 있다. 또한 학교 수업을 통한 명시적 교육과정의 학습보다는 잠재적 교육과정, 즉 일반적 사회화 과정을 더 중시하였다는 점에서도 공통적이다.

4. 초등교육 및 문해의 빠른 보편화와 노동집약적 초기 산업화: 1960년대

1) 노동시장의 인력 수요에 상응하는 초등교육체제

초등교육의 생산성은 노동시장의 수급 여건에 따라 달라진다. 바꾸어 말하면 초등교육 이수자가 노동시장의 인력 수요에 양적으로, 질적으로 부합할 때 초등교육의 경제성장 기여도는 높아진다. 아프리카의 신생독립국들처럼 초등교육 이수자들이 자신들의 기대 수준에 맞는 일자리를 찾지 못하고 방황할 때, 초등교육의 확대는 경제성장에 기여하지 못하며 오히려 사회 불안을 초래하기 쉽다.

1장에서 검토한 바와 같이, 한국의 경제는 1950년대 초반까지는 제조업의 비중이 10%에도 미치지 못한 반면 농림수산업의 비중은 약 절반을 차지하고 있어 기본적으로 농업 국가였다. 한국 전쟁이 끝난 후부터 본격적인 경제개발계획이 시작되는 1962년까지 한국의 경제는 미국의 원조를 바탕으로 원료, 반제품 등을 가공하여 국내시장에 판매하는 수입대체 산업의 육성이 이루어지면서 초기 공업화 시대가 되었다.

한국에서 초등교육이 보편화될 무렵인 1960년대부터 경제개발계획에 따라 본격적으로 산업화가 시작되었다. 초기 산업화는 노동집약적 경공업에 치우친 수출 주도형 산업화로 특징지어진다. 1차 경제개발계획(1962~1966)은 원조 의존적 소비 경제체제에서 탈피하여 자립적 공업화 경제로의 이행이라는 내부적 요구에 의해 수립되었고 전력, 비료, 정유, 합성섬유, 시멘트, PVC 등이 주요 공업 발전 분야로 등장하였다. 한편 2차 계획은(1967~1971) 수입 대체 공업을 개발하기 위하여 철강, 기계, 화학 등 기간산업의 건설을 시도하였고 섬유, 고무제품, 합판 등의 기존 경공업을 수출 공업으로 개발시켜 한국의 공업화를 국제 분업체제에 편입시킨 대외지향적 공업화로 특징지어진다. 이 시기의 주요 공업 발전 분야는 합성섬유, 석유화학, 전기기기 등이었다.

1, 2차 경제개발 5개년 계획이 추진됨에 따라 산업구조도 재편되어 1차 산업의 비중이 감소하고 2차 산업, 그 중에서도 제조업 부문의 비중이 크게 증가하였다. 1962년에 국민 총소득의 9.1%를 차지하던 제조업 비중은 1970년에는 17.9%로 증가하였고, 1960년대 전반에 걸쳐(1960년 64.2%, 1970년 54.3%) 제조업 부문에서 창출된 부가가치의 절반 이상을 음 · 식료품, 섬유 · 의복 및 가죽, 나무 · 나무제품, 종이 · 인쇄 · 출판 등 경공업 분야가 차지하였다.

이 시기의 취업 인구 구성을 보면 2차 산업 종사자 비율이 1965년에 10.4%, 1970년에 14.4%였으며, 제조업 종사자 가운데 경공업 부문 종사자가 1960년에 66.8%, 1970년에 61.3%를 차지하여 다수를 점유하였다. 취업 인구 구성을 직업별로 보면 생산직 종사자가 1963년에 15.0%, 1970년에 20.3%를 차지하였는데, 두 해 모두 생산직 가운데서도 방적공 및 제직공이 가장 큰 비중을 차지하였다. 즉, 초등교육이 보편화 단계에 접어들었던 1960년대는 경제개발계획의 추진과 함께 섬유, 전기기계 등 노동집약적 경공업 분야에 소요되는 단순 노동력에 대한 수요가 급증하였던 시기이다.

초등교육의 빠른 보편화는 1960년대의 노동집약적 산업화에 필요한 양질의 단순 노동력을 풍부하게 공급해 줌으로써 우리나라의 빠른 경제성장에 기여하였다. 이 당시는 경제발전 초기 단계였기 때문에 고급 기술인력에 대한 수요가 크지 않았으며, 일반적인 기초교육을 받은 노동력만으로 충분하였다. 따라서 이 당시 노동시장에서는 어떻게 하면 산업발전에 필요한 인력을 빨리 양성하느냐가 아니라, 대다수의 국민이 농업 부문에 종사하고 있는 상황에서 기본적 교육만을 받은 농업 부문의 비숙련 인력을 어떻게 하면 제조업으로 빨리 흡수하느냐 하는 도농 간의 노동 이동이 중요한 문제였다. 인력의 양적 측면에서는 소위 무한 탄력적인 노동 공급이 이루어질 수 있었다. 즉, 임금의 상승 없이 제조업에서 원하는 인력을 언제든지 공급받을 수 있는 인력 자원이 비근대적인 농업 부문에 존재하였다. 이에 따라 노동집약적인 경공업 발전에 필요한 인적 자원이 풍부하게 제공되었던 것이다.

1960년에 생산직 종사자의 80.4%가 초등교육 이수자였으며(김영화 · 박인종, 1990), 이것은 해방 이후 초등교육의 급속한 팽창의 결과라 하겠다. 1960년대에 초등학교 졸업자 가운데 중학교에 진학한 학생은 절반 수준에 지나지 않았고(1965년 54.3%), 나머지의 대다수는 젊은 미숙련 노동력으로 노동집약적 산업 분야에 취업하였다.

일단의 경제학자들은(Bowman & Anderson, 1963; Peaslee, 1967) 개발도상국의 경우 1950년대와 1960년대의 초등교육 팽창과 1960년대와 1970년대의 경제발전과는 밀접한 관련이 있다고 논의하고 있다. 교육의 경제 성장 기여도를 시기별, 교육수준별로 분석한 결과에 의하면(2장의 〈표 2-11〉 참조) 1966년에서 1970년 사이 노동의 총 기여도 3.84%포인트 가운데 초등교육 이수 노동력의 기여도는 1.58%포인트로 나타나(GDP 성장률을 100%로 보았을 때 각각 12.54%와 5.17%) 노동의 경제성장 기여도의 41.1%가 초등교육 노동력에 기인하는 것으로 나타났다. 1970년에서 1975년 사이에는 노동의 기여도 3.36%포인트 가운데 초등교육 노동력의 기여도가 0.80%포인트로서 노동 기여도의 23.8%가 초등교육 노동력에 의한 것으로 나타났으며, 이후 초등교육 노동력의 기여도는 지속적으로 감소한다. 또한 1955년부터 1985년까지 30년간 한국 교육의 단계별 확대가 경제성장의 총량규모와 산업별 경제성장에 미친 영향을 Cobb-Douglas 생산함수모형을 사용하여 시계열로 분석한 정인숙(Jeong, 1988)의 연구 결과에 의하면, 초등교육 취학은 전체 경제적인 산출에 특히, 제조업이나 광산업에 대해 긍정적인 영향을 미친 것으로 나타났다.

이와 같은 분석 결과는 단순 노동력을 필요로 했던 초기의 노동집약적 공업화 과정에서 초등교육이 양질의 노동력을 공급해 줌으로써 경제성장에 기여했다는 논의를 뒷받침해 준다. 초등교육의 빠른 보편화는 최소한의 의사소통에 필요한 읽고, 쓰고, 셈할 수 있는 기초문해와 조직 생활에서 요구되는 규칙 준수, 질서 의식 등 직업인으로서의 기본 태도를 함양해 줌으로써 최소한의 질적 수준을 갖추었으면서도 생산성이 높은 단순 노동력을 대량으로 양성, 공급하는 역할을 수행했던 것으로 평가할 수 있겠다.

특히 우리나라 초등학교는 마치 공장을 방불하게 하는 과대 학교와 과대 학급으로 특징지어진다는 점에서 보울스와 진티스(1976)가 주장한 노동시장의 사회적 관계 구조와 상응하는 사회화가 효율적으로 이루어졌다고 할 수 있다. 다인수 학습에서 학생들을 통제하기 위해서는 강한 훈육이 필요했으며, 이러한 훈육을 비롯한 학교의 전반적인 문화는 질서와 복종, 규율 준수, 인내심 등 집단 규범에 충실한 순종적인 태도를 습득하기에 적합하였다. 영국 장학단의 관찰에 의하면(OFSTED, 1994a), 학생들은 긴 시간 동안 매우 잘 집중하고 경청한다. 대부분의 수학 학습도 앉아서 설명을 경청하는 식이다. 일반적으로 학생들은 학습에 대하여 긍정적인 태도와 학습 동기를 갖고 있다. 학생들은 질문을 받으면 기꺼이 대답하지만 자신이 교사에게 질문을 하거나 보충 설명을 요구하려고 하지 않는다. 학교와 수업에 대한 학생들의 태도와 협동은 상당히 좋다. 학생들은 교사, 동료, 학교 기물을 존중하고, 관계는 항상 온정적이다. 점심시간에 조차도 과밀 학급에서 즐거운 마음으로 점심을 함께 나눠 먹으며 책임 있게 행동한다. 초등학교에서 이와 같은 사회화는 특히 60년대의 노동집약적 산업 분야에서 기계적인 조립 등 단순 작업을 수행하던 미숙련 노동력이 노동세계에 잘 적응할 수 있도록 하는 데 기여했던 것으로 보인다.

한편 초등교육의 빠른 보편화는 산업화, 근대화, 새로운 문명의 창출에 대한 국민들의 저항을 완화시켜 주고, 산업화를 국가의 당면 과제로 인식하도록 하며, 교육 투자 가치에 대한 인식을 일깨워 줌으로써 경제발전을 촉진하는 데 기여했던 것으로 보인다. 정부 수립 후 1949년 12월 법률 제86호로 제정된 교육법에는 강력한 민족주의적 정신과 함께 근대적 인간상에 대한 지향이 반영되었다. 특히 교육법 총칙의 제1조 7항에는 "근검노작하고 무실역행하며 유능한 생산자요 현명한 소비자가 되어 건실한 경제생활을 하게 한다(국사편찬위원회, 2011: 46. 황병주, 2015: 317에서 재인용)"고 명시되어 있어 자라나는 세대로 하여금 생산자이자 소비자로서 근대 경제의 주체가 될 수 있도록 교육할 것을 선언하고 있다(황병주, 2015). 경제개발이 본격적으로 추진되기 이전에 교육전문가들은 이미 근대 경제의 주체로서 역할을 적절히 수행할 수 있도록 하는 데 교육이 기여해야 한다는 것을 염두에 두고 있었던 것이다.

2) 초등교육의 빠른 보편화와 농업 부문의 생산성 증대

초등교육의 빠른 보편화는 공업화에 필요한 인력을 공급했을 뿐 아니라, 농업 종사자의 생산성을 증대시켜 저임금 노동자에게 낮은 가격으로 식량을 공급할 수 있도록 함으로써 저임금과 저기술에 의존하였던 초기 산업화를 촉진시키는 데 기여했던 것으로 보인다.

록키드 등(Lockheed et al., 1980)은 저개발국에서 농업종사자의 교육과 농업 생산성의 관계를 분석한 18개의 세계은행 연구를 검토한 결과, 4년간의 초등교육은 농업 생산성을 8.7% 높인다는 결론을 맺고 있다. 이 연구들은 농작물 수확량을 농업 생산성의 지표로 보았는데 4년간의 초등교육의 농업 생산성 증진 효과는 비료, 신품종 종자, 기계 등 보조적인 투입 요소가 있을 때 13% 더 높은 것으로 나타났다. 또한 원시적인 환경보다 현대화된 환경에서 교육의 효과는 더 큰 것으로 나타나, 4년간의 초등교육 효과는 전자에서 1.3%였던 반면 후자에서는 9.5%인 것으로 나타났다. 한국, 말레이시아, 태국(Jamison & Lau, 1982), 파키스탄, 네팔, 태국, 인디아, 방글라데쉬, 남미(Jamison & Moock, 1984; Moock & Addou, 1992) 등을 대상으로 한 연구에서도 이와 유사한 결과를 보고하였다. 미국(Welch, 1970)의 사례를 분석한 연구에서도 다른 투입 요인을 통제하고도 학력 수준이 높을수록 높은 수확량을 거두었으며, 새로운 투입 요소를 채택하는 경향이 높았고, 새로운 투입 요소로부터 더 높은 수확을 거둔 것으로 나타났다. 토지, 비료, 기계가 10% 증가할 때 생산성은 1~2% 증가한 반면, 농부의 교육이 10% 증가할 때 생산성은 3~5% 증가하였다.

이와 같은 연구 결과들은 교육의 농업 생산성 증진 효과가 기술 변화에 빨리 적응하고, 새로운 기술을 빨리 채택하며, 자원을 효율적으로 배치, 활용하도록 함으로써 나타난다는 것을 시사해 준다. 따라서 교육에 의한 생산성 향상은 단순히 명령을 따르는 소작농보다는 판단과 결정을 내리는 자작농에게서 더 높아지며(Carnoy, 1995a), 우리나라와 같이 산업화에 착수하기 이전에 토지개혁을 실시하여 자작농을 보편화시킨 사회에서 교육의 농업 생산성 증진 효과는 더욱 컸을 것으로 보인다.[13)]

13) 정인숙(Jeong, 1988)의 분석 결과에 의하면 1955년~1985년 사이의 농업부문 산출에 중등교육과 고등교육이 긍정적인 영향을 미친 것으로 나타났으며, 이에 대해 러빈슨과 풀러(Rubinson & Fuller, 1992)는 중등교육 이상 수준의 인력이 농업의 R & D에 종사함으로써

3) 여성의 높은 기본교육 완성률과 양질의 산업인력 공급

(1) 여성의 높은 기본교육 완성률

초등교육의 빠른 보편화는 남녀가 비교적 균등한 기본 교육기회를 제공받을 수 있도록 하였다. 1960년대와 1970년대에 걸친 초등교육의 취학률을 국가 간에 비교해 보면 우리나라의 경우 여성 취학률이 다른 나라에 비해 매우 높으며, 남녀 취학률 격차는 상대적으로 낮은 것으로 나타난다. 예컨대 우리나라에서 1965년 여학생의 초등교육 취학률은 97%에 달하여 99.5%에 달하였던 북미 지역을 제외하고는 가장 높았다. 유럽도 92.2%에 그쳤으며, 남미는 64.7%, 아시아는 41.9%, 아프리카는 24.9%에 불과하였다. 개발국과 개발도상국으로 나누어 여학생의 평균 초등교육 취학률을 살펴보면 전자는 91.6%, 후자는 45.4%에 불과하다(〈표 3-15〉 참조). 이 당시 초등교육의 여학생 구성비를 살펴보아도 우리나라는 48%로서 개발도상국 평균 구성비인 34%보다 훨씬 높아 개발국의 구성비(49%)에 육박하였다.

구체적으로 파키스탄과 같은 이슬람 문화권에서는 여성의 교육완성률이 매우 낮았다. 1977~1978년 초등교육 취학률이 남아는 73%였던 반면 여아는 33%로서 남아의 절반에도 미치지 못하였다. 초등교육의 보편화가 더뎠기 때문에 여학생의 취학률이 저조하기도 하였으며, 거꾸로 여학생의 취학률이 저조하기 때문에 초등교육의 보편화가 힘들기도 하였다. 파키스탄 정부는 초등교육의 보편화가 계획대로 이루어지지 않자, 1970년

농업 부문의 생산성 향상에 기여한 것으로 해석하고 있다. 즉, 한국은 지난 30여 년 동안 식량 특히 곡물의 자급자족을 강조하며 농산물의 증가에 역점을 두어 왔고, 저임금 노동자에게 식량을 공급하기 위해 정부는 농산물 가격을 통제하였으며, 때로는 생산 가격 이하로 통제할 때도 있었다. 이에 따라 이농 현상이 일어나고, 그 결과 다시 농업에 대한 혜택을 주는 정책이 추진되었다. 한편 생활수준의 향상으로 농산물의 다변화도 불가피하게 되어 농업 기술의 혁신, 종자 개량, 농약 등에 대한 요구를 낳게 되었으며, 따라서 농업 부문은 중등교육 이상의 고급 기술과 지식을 지닌 인력을 필요로 하였다.

표 3-15 학교급별 국가군별 여학생 취학률 추이(1960~1990) (단위: %)

		1960	1965[1]	1970	1975	1980	1985	1990
한국	초등		96.9	100.2	105.3	103.7	101.1	103.2
	중등		25.7	32.0	48.0	74.2	87.7	90.7
	고등			4.5	5.4	8.1	21.6	24.3
세계 전체	초등	55.8	60.3	62.1	(64.0) 86.0	88.4	92.0	93.3
	중등	35.0	41.2	43.4	(45.7) 37.5	39.8	41.6	45.4
	고등	5.6	9.2	11.3	(13.4) 8.5	9.7	10.4	11.6
아시아 (아랍국 제외)	초등	42.6	49.3	51.0	(53.8) 88.5	86.7	93.9	97.6
	중등	18.5	23.7	25.0	(27.6) 27.6	30.8	32.2	38.3
	고등	1.8	3.1	4.2	(4.9) 2.4	3.1	3.9	4.6
아랍국	초등	27.9	36.1	38.6	(46.0) 56.2	66.4	71.2	72.7
	중등	10.0	14.2	18.0	(24.2) 19.6	28.9	38.0	43.0
	고등	1.3	2.5	4.2	(7.2) 4.0	5.9	7.5	8.6
아프리카 (아랍국 제외)	초등	23.1	29.3	34.5	(42.5) 54.5	72.0	68.1	64.1
	중등	11.9	15.0	18.7	(23.7) 7.7	13.0	17.4	16.9
	고등	0.6	0.9	1.4	(1.9) 0.5	0.7	1.1	1.2
북미	초등	99.1	99.5	99.4	(99.3) 98.6	98.8	100.1	103.1
	중등	92.8	94.4	95.2	(95.2) 91.7	90.2	97.8	94.1
	고등	24.5	34.8	40.2	(45.0) 48.5	56.4	64.3	86.0
남미	초등	58.0	64.7	72.8	(78.2) 94.6	102.1	103.1	105.1
	중등	33.5	40.2	47.0	(54.4) 35.4	45.1	51.5	54.5
	고등	4.9	7.4	11.1	(17.5) 9.8	11.7	14.1	16.1
유럽[2]	초등	90.0	92.2	95.5	(95.7)102.7	103.7	104.2	103.6
	중등	59.4	65.5	72.6	(79.5) 83.1	87.1	91.7	95.1
	고등	8.3	12.8	16.2	(21.6) 18.8	21.1	24.3	28.6
오세아니아	초등	88.6	88.3	88.4	(86.7)107.5	108.1	105.4	107.1
	중등	58.7	63.7	67.5	(70.8) 67.0	67.4	71.5	74.0
	고등	4.8	6.2	8.2	(13.6) 16.4	19.7	23.2	31.5

구소련	초등	82.0	82.0	82.0	82.0			
	중등	74.5	87.7	84.7	82.5			
	고등	13.0	32.3	27.1	25.2			
개발국	초등	90.8	91.6	92.9	(93.5)101.4	101.6	102.2	102.6
	중등	71.6	78.5	81.8	(85.0) 84.2	87.0	92.1	94.5
	고등	11.6	20.1	22.8	(26.9) 25.4	29.4	32.9	39.9
개발도상국	초등	37.2	45.4	49.1	(53.5) 83.0	85.4	89.7	91.2
	중등	14.9	20.2	24.1	(28.3) 24.3	28.6	31.0	35.8
	고등	1.9	3.1	4.6	(6.3) 2.8	3.6	4.6	5.3

자료: UNESCO. Statistical Yearbook, 1976(1960-1975 자료), 1994(1980-1990 자료).
단, ( )안의 수치는 1977년도 발행 자료임. 취학률의 산출방식이 중도에 바뀌어 자료의 발행연도에 따라 다르게 보고된 1975년의 취학률은 두 수치를 모두 제시하였음.
주: 1) 한국은 1966년 자료임
2) 1975년 이후는 구소련 포함

대에 들어서는 초등교육 보편화 계획을 남학생과 여학생에게 별도로 수립하기에 이르렀다(Bray, 1983).

파키스탄과 같은 이슬람권 국가에서는 여성의 경제활동참여율이 매우 낮았기 때문에 교육의 경제적 혜택이 여성에게 특히 적었다. 여성의 경제활동참여율은 4.3%에 지나지 않았고, 여성은 비농업분야나 제조업 부문에 취업하지 않는 것으로 기대되었다. 또한 교육은 종종 여성의 독립심을 길러 주는 등 이슬람 문화권에서 여성이 살아가는 데 적합한 인성 발달에 부정적인 영향을 미치는 것으로 간주되었다. 이와 같은 사회 · 문화 · 경제적 특수성은 여성의 기본교육 기회를 크게 제한하였다(Bray, 1983).

(2) 여성의 높은 기본교육 완성률과 양질의 산업인력 공급

여성의 높은 기본교육 완성률은 섬유와 신발, 가발, 합판 등 60년대의 주요 수출 산업 분야에서 양질의 미혼 여성 인력을 산업화의 주역으로 활용할 수 있게 하였다. 1967년에 제조업 분야에 취업해 있던 여성 인력은 총 33만 7천여 명으로서 제조업 전체 취업 인력의 3분의 1을 차지하였다(경제기획원a, 1980). 초등학교를 졸업하고 중학교에 진학하지 못한 절반 정도의 초등학교 여자 졸업생들 가운데 상당수는 노동집약적 경공업 분야에 취업하여 산업화에 기여하였던 것으로 보인다.

한편 여성의 높은 기본교육 성취율은 농업부문과 비공식부문의 생산성 증대에 기여했을 가능성이 크다. 카노이(Carnoy, 1995a)는 가족 자원을 활용하거나 농장에서 생산된 농작물을 판매하는 데 결정권을 행사하는 사람은 여성인 경우가 많으며, 여성 교육의 경제적 수익은 교육받은 여성들이 자원의 배분과 변화에의 대응 면에 결정권이 있는 활동에 종사할 때 높아지기 때문에 여성이 균등한 교육을 받지 못하는 나라에서는 농업 부문과 비공식 부문의 생산성 증대에 실패할 가능성이 높다고 하였다. 우리나라 여성들의 초등교육은 제조업 분야뿐 아니라, 농업과 판매 · 서비스직이 주종을 이루었던 비공식부문의 생산성 증대에도 기여했을 것으로 보인다.

(3) 여성의 높은 기본 교육 완성률과 인구 증가 둔화

산업화 초기에 이미 대부분의 여성이 기본 교육을 받을 수 있었던 것은 인구 증가 억제의 측면에도 기여함으로써 경제성장의 효과를 높이는 결과를 낳았을 것으로 보인다. 여성의 교육 수준은 출산율에 가장 강한 결정력을 가지고 있다. 여성의 교육 수준이 높을수록 출산율은 낮아지며, 특히 아프리카와 아시아의 중간 소득 수준 국가에서 이와 같은 경향이 강하게 나타난다(Cochrane, 1979; Kasarda et al., 1986).

우리나라는 1962년부터 경제개발 5개년 계획과 병행하여 가족계획을 주축으로 한 인구 증가 억제 정책을 강력히 추진하였다. 인구 증가 억제는 절대 인구 수의 감소에 의해 1인당 국민 소득을 높일 수 있는 한편으로, 자녀 수의 감소로 인해 여성을 산업 현장으로 유인할 수 있는 여건을 조성해준다. 여성 1명이 평생 낳는 자녀 수인 합계 출산율이 1960년에 6.0명이었던 것이 1971년에는 3.9명, 1976년에는 3.2명, 1982년에는 2.7명, 1993년에는 1.8명으로 급격히 감소하였는데 이것은 서구 여러 나라가 100여 년에 걸쳐 성취할 수 있었던 성과를 30여 년 만에 이룩한 것이다(통계청b, 1995).

한편 출산율 감소는 초등 학령인구를 감소시키므로 초등교육에의 투자분의 일부를 중등교육에로 이행시킴으로써 교육투자를 더 늘리지 않고도 중등교육을 확대시킬 수 있도록 하였다. 동아시아 국가들은 1980년대 말까지 출산율이 꾸준히 감소한 결과, 출산율이 높은 국가에 비해 초·중등교육 지출분이 훨씬 크게 줄어들었다(〈표 3-16〉 참조).

표 3-16 동아시아 국가들의 출산율 감소로 인한 교육비 절약분 (GNP의 비율을 기준으로)

(단위: %)

국가	연도	GNP 대비 초·중등 교육비 지출	다음 각 국가에 비해 상대적으로 낮은 학령 인구 증가율로 인해 절약된 GNP 비율		
			케냐	멕시코	파키스탄
홍콩	1975 1980-81	2.0 1.7	1.2 1.5	1.0 1.7	1.0 1.2
일본	1975 1988-89	4.2 2.8	4.0 4.8	3.8 2.8	3.8 3.9
한국	1975 1988-89	1.9 2.8	0.6 2.8	0.4 1.4	0.4 2.0
말레이시아	1980-81 1988-89	4.4 4.0	1.3 1.6	0.4 0.4	0.4 0.8
싱가포르	1975 1980-81	2.1 2.2	1.1 2.0	0.8 1.3	2.0 1.3
타이완	1975 1988-89	2.8 2.6	0.6 1.3	0.0 0.3	0.0 0.8

자료: World Bank(1995). *Priorities and Strategies for Education: A World Bank Review*, 111.

* * * * *

[그림 3-1]에는 이 장에서 검토한 한국의 초등교육과 경제성장을 연결짓는 메커니즘이 요약, 제시되어 있다.

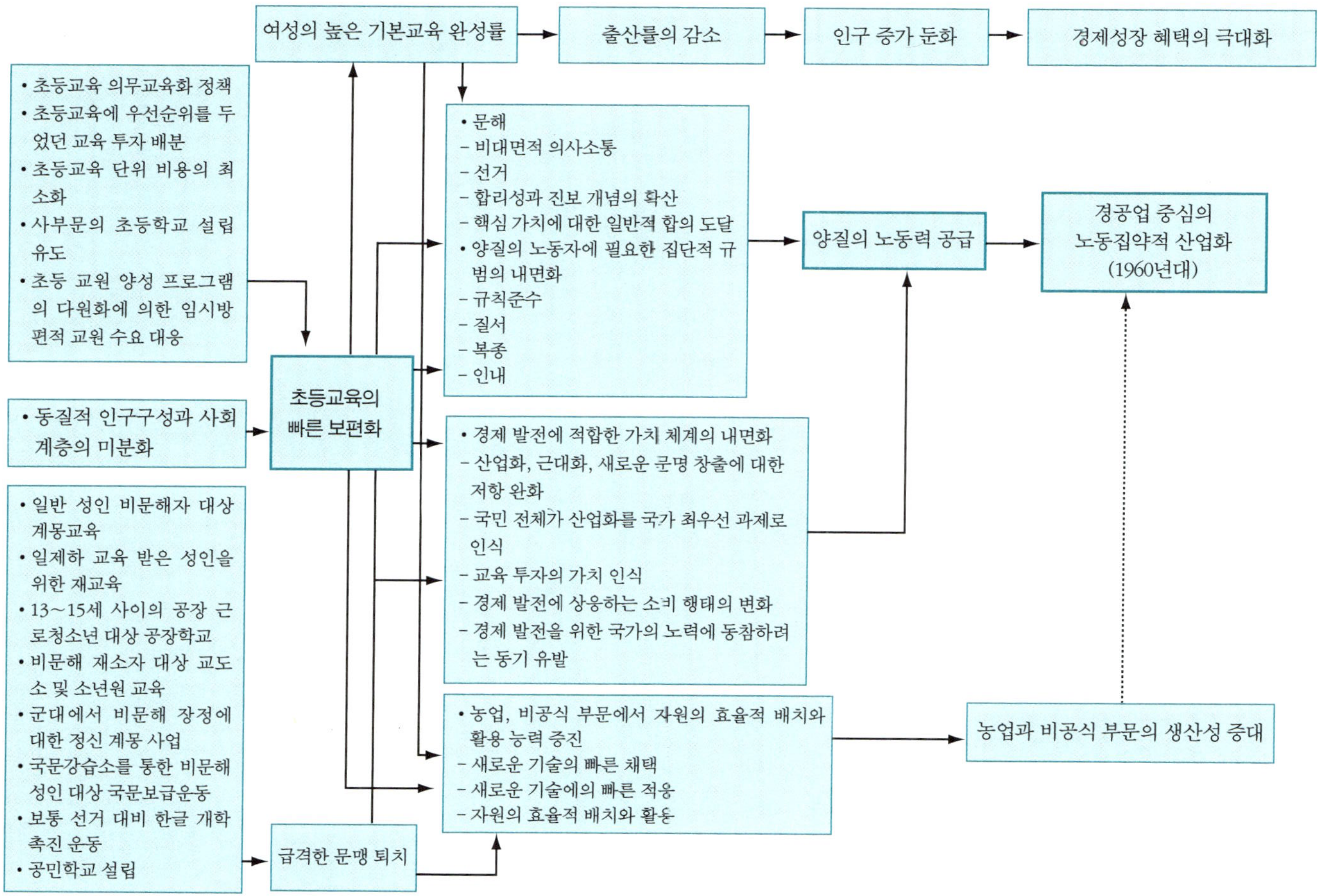

[그림 3-1] 한국 초등교육 및 문해교육과 경제성장의 관계

제4장

중등교육과 경제성장

1. 중등교육의 확대
2. 직업기술교육의 발전
3. 중등교육의 확대와 자본집약적 중화학공업의 선택적 육성을 통한 산업화: 1970년대

이 장에서는 우리나라 중등교육의 확대 과정 및 직업기술교육의 발전 과정을 개관하고 중등교육이 경제성장 과정에서 어떠한 역할을 수행하였는지 논의한다.

1. 중등교육의 확대

일제 치하에서 중등교육은 '민도(民度)에 맞는 교육'이라는 정책으로 인하여 그 기회가 매우 제한되었으며, 극히 소수의 엘리트만을 위한 교육의 성격을 띠있다. 1945년 해방 당시 남한에는 모두 165개교의 중등학교에 8만 3천여 명의 학생이 재적하고 있었다(김종철, 1989).

해방 이후 미군정 하에서 6년제 고급 중학과 더불어 3년제 초급 중학이 발족되었으며, 1948년 건국 이후 교육법이 제정되고 1951년에는 중학교 3년, 고등학교 3년의 2단계 중등교육제도가 정착하게 되었다. 중등교육은 해방 이후 수익자 부담과 민간 주도 하에 서서히 팽창하다가, 한국전쟁 이후 베이비붐으로 인해 교육 대상 절대 인구가 급증하고 초등교육 의무화의 정착으로 중학교 진학 희망자가 급격히 늘어나면서 1960년대 후반 들어 추진된 정부의 중학교 확대 정책에 따라 급격히 팽창하였다.

1) 중학교 교육기회 확대: 1960년대

초등학교는 1950년대에 완전 취학을 이루었으나 중학교의 취학률은 1966년 41.4%, 1970년 50.9%에 불과하였으며, 고등학교의 경우 같은 연도에 각각 26.4%, 27.9%에 지나지 않았다. 중학교의 취학률은 60년대 후반의 4년간 9.5%포인트 증가했으나, 고등학교는 1.5%포인트 증가에 그

표 4-1 중등학교 취학률 및 입학자 수 추이(1965~1995) (단위: %, 명)

연 도	취학률		입학자 수	
	중학교	고등학교	중학교	고등학교
1965			300,681	150,007
1966	41.4	26.4	304,125	150,868
1970	51.2	28.1	505,834	219,448
1975	71.9	41.0	710,511	429,468
1980	95.1	63.5	818,913	627,053
1985	100.1	79.5	929,617	759,553
1990	98.2	88.0	759,030	764,085
1995	101.6	91.8	808,798	790,905

자료: 교육부. 교육통계연보, 각 연도; 교육부 · 한국교육개발원. 교육통계편람, 각 연도.

쳐 60년대에는 주로 중학교 단계의 교육 기회가 확대되었다는 것을 알 수 있다(〈표 4-1〉 참조).

〈표 4-1〉에 의하면 1970년 중학교 입학자는 50만 명이 넘어 1965년 대비 무려 68.2%의 증가율을 보였다. 이러한 증가율에도 불구하고 1970년의 취학률은 50%를 약간 상회하였다. 중학교 입학자가 대폭 늘어남에도 불구하고 이에 따른 취학률이 증가하지 않은 것은 취학 대상 인구의 급속한 증가에 기인한다. 1966년 중학교 취학 대상 연령(12세~14세)은 1,954,348명이었으나, 1970년의 취학 대상 인구는 2,574,146명으로 4년 동안 무려 31.7%가 증가하였다. 즉, 이 시기에는 초등학교의 의무화로 크게 팽창한 초등학교 졸업생들을 중학교 확대를 통해 수용하느라 급급했으나, 중학교 취학 대상 절대 인구가 워낙 크게 증가하였기 때문에 취학률은 거의 제자리걸음하였다.

2) 중학교 무시험 진학제도 실시와 고등학교 수용 능력의 확대: 1970년대

초등학교 취학 확대로부터 파급된 중학교 진학 열기는 중학교 입학 제도의 개혁을 초래하게 되었다. 종래의 중학교 입학 제도는 유시험(학교별 단독 또는 연합 출제), 무시험 병행 제도(1958~1961), 국가고시제도(1962), 시 · 도별 공동출제제도(1963~1965), 공동 · 단독 출제병행제도(1966), 시 · 도 공동출제제도(1967) 등 계속적으로 변화해 왔으나 입시 경쟁은 더욱 치열해지고 갖가지 병폐와 부작용이 계속되었다. 과열된 중학교 입시로 인한 문제는 이른바 무우즙 파동(1964년), 창칼 파동(1968년)으로 내표되는 입시 파동으로 이어졌으며, 입시 문제가 결국 대법원의 판결에 의해 그 정답이 가려지게 되었고 이에 따라 교육계의 불신 풍조가 깊어졌다. 이러한 상황에서 정부는 1968년 7월 15일 중학교 무시험 진학제도를 반표하기에 이르렀다.

중학교 무시험 입학제도는 1969학년도부터 중학교 입학시험제도를 폐지하고 중학군을 설치하여 추첨으로 입학을 결정하는 제도이다. 7 · 15 교육혁명이라고 일컬어지는 무시험 입학제도는 공부로 인한 신체적, 정신적 발달 장애 요인을 제거하여 정상적인 발달 촉진, 초등학교의 입시 준비 교육을 지양하고 정상적인 교과 진도 유지, 과열된 과외 공부 해소, 중학교의 극심한 학교차 해소, 입시로 인한 가정 부담 감소 등을 그 목표로 하고 있었다(문교40년사편찬위원회, 1988).

서울은 모든 중학교를 4개 학군으로 나누고, 지방은 시 · 군을 단위로 지방의 실정에 따라 학군을 나누었다. 중학교 입시지옥의 원인을 제거하기 위해서 경기중학교, 서울중학교, 경복중학교, 경기여자중학교 등 세칭 일류 공 · 사립 중학교 14개교를 연차적으로 폐지하고 그 시설은 고등학교로 전용하였다. 3개년 계획으로 추진된 중학교 무시험 입학제도는 제1차년도인 1969학년도에 서울특별시에서, 1970학년도에는 10대 도시(서울, 부산, 인천, 대구, 춘천, 청주, 대전, 전주, 광주, 제주)에서, 그리고 1971학년도에는 전국적으로 확대 · 실시하게 되었다.

중학교 무시험 진학제도는 당시 중학교 간의 격차에 따른 입시경쟁으로 의무교육이 파탄을 초래할 지경에 이르렀고, 앞으로 의무교육 연한의 연장을 전제로 한 근본적인 문제 해결을 시도하였다고 볼 수 있다. 이는 중등교육의 기회를 확대하는 계기가 되었으며, 학생 · 교원 · 시설 · 재정 등의 평준화를 가져와 중등교육의 조기 보편화에 기여하였고, 초등교육이 입시 위주 교육에서 탈피하여 전인교육을 실시할 수 있게 된 기반의 역할을 한 것으로 평가되고 있다.

1970년대 정부가 역점을 두어 추진한 정책 중 하나는 취약한 부문의 교육기회를 확충하는 일이었다. 즉, 1970년대에 공립유치원을 설치하여 취학전 교육을 강조하기 시작했으며, 특수교육을 진흥하여 장애자들의 취학 기회를 제공하기 시작하였다. 한편, 공고에 특별 과정을 설치하여 근로청소년들을 위한 실업 기술교육의 기회를 확대하였고 산업체에 종사하는 청소년을 위하여 특별학급과 산업체 부설 중 · 고교를 설치하였다. 또한 방송통신교육체제를 마련하여 정규 고등학교와 대학에 진학하지 못한 이들에게 고등학교와 초급대학 과정의 교육을 어느 곳에서나 받을 수 있는 기회를 제공하였다. 이 밖에도 지역 간의 교육기회 불평등을 해소하기 위하여 도서벽지 학교의 지원, 지방대학의 육성 등의 정책이 추진되었다.

1969학년도부터 중학교 무시험제의 실시로 중학생 인구가 크게 증가하였으며, 따라서 1969년도에 입학한 중학생들이 고등학교에 진학하기 시작했던 1972년도에는 고등학교 입시경쟁이 더욱 치열하게 되었다. 당시의 일류병, 과외, 재수로 인한 병폐는 교육계는 물론 가정과 사회에 커다란 부담을 주고 파행을 빚어 심각한 사회문제로 대두되었다.

과열된 고교 입시 준비로 발생되는 여러 문제를 해소하기 위하여 채택한 정책이 고교 입시제도 개혁을 포함한 고등학교 평준화 정책이었다. 새 고교 입시제도의 개혁 내용은 고등학교의 시 · 도별 선발 무시험 배정제도로서, 시 · 도별로 연합고사를 통해 합격자를 선발하고, 학군별로 추첨에 의해 학교를 배정하는 방식이었다. 새로운 입시제도의 도입과 함께 고등학교 입학정원을 대폭 확충하여 교육기회를 확대하는 한편, 모든 고등학교를 평준화하여 이른바 일류학교 진학을 위한 과열 경쟁을 없앰으로써 과열된 고교 입시 문제를 해소하고자 한 것이다.

새로운 고교 입시제도는 1974년도에 우선 서울과 부산의 고등학교에 적용하고, 1975년도에는 대구, 광주, 인천 지역에까지 확대 적용시켰다. 새로운 고입제도는 평준화를 전제로 한 것이었으나, 교원, 시설, 교육의 질 등의 평준화를 위한 재정적, 행정적 지원이 미흡하여 당초의 계획대로 평준화가 이룩되지 못하였다. 이에 따라 새로운 고입제도는 다른 지역으로의 확대 적용이 유보되었다가, 1979년도에 수원, 춘천, 청주, 대전, 전주, 마산, 제주 등 7개 도시로 확대되었고, 1980년에는 성남, 원주, 천안, 군산, 이리, 목포, 안동, 진주 등 8개 도시로 확대 · 적용되어 전국 20개 지역에서 평준화 정책을 시행하였다.

평준화 정책의 추진은 먼저 학교 시설을 평가하여 부실 고등학교를 정리하는 것부터 시작되었다. 그 결과 폐교 3개교, 학생 모집(배정) 중지 11개교, 조건부 학생 배정 5개교, 학급 감축 9개교, 과밀 학교 조치 10개교 등으로 나타났다.

평준화 정책의 추진을 계기로 고등학교의 진학 기회가 대폭 확충되었다. 중학교 무시험 진학제에 의해 양적으로 증가하기 시작한 중학생들이 고등학교에 진학하기 시작한 1970년대 초반에는 고교 진학률이 1960년대 말에 비하여 오히려 감소하였다. 중학교 무시험의 졸업생이 배출되기 시작한 1971년도의 경우, 전년도 대비 고등학교 입학자 수 증가율이 13.4% 증가했음에도 불구하고 진학률은 72.3%에서 68.3%로 감소한 것이다(〈표

표 4-2 고등학교 진학률 추이(1968~1996) (단위: 명, %)

연도	중학교졸업자 수(A)	고등학교입학자 수(B)	진학률(B/A)
1968	270,567	188,930	69.8
1969	276,630	200,025	72.3
1970	312,814	219,448	70.2
1971	364,244	248,739	68.3
1972	407,246	277,847	68.2
1973	467,665	328,148	70.2
1975	568,648	429,468	75.5
1980	741,618	627,053	84.6
1985	855,627	759,553	88.8
1990	835,699	764,085	91.4
1996	816,654	806,161	98.7

자료: 교육부. 교육통계연보, 각 연도

4-2〉 참조). 이것은 고교 입학자 수 증가폭이 중학교 졸업생의 증가폭에 미치지 못하였기 때문이었다.

고교 평준화 정책의 시행으로 고교 입학정원은 대폭 확대되었다. 그 결과, 고교 진학률은 1973년 70%에서 1980년에는 85%로 증가하였다.

3) 중학교 의무교육 추진: 1980년~1995년

초등 의무교육은 1950년대에 법적 기반을 조성한 이래 1960년대의 수용 능력 확충기를 거쳐 1970년대에 정착되었으며, 1980년대에 들어서는 초등 의무교육의 질적 발전이 이룩된 것으로 평가되고 있다(문교40년사편찬위원회, 1988). 1980년대에 들어 과밀 학급 완화, 과대 규모 학교 분리, 2부제 수업 해소 등 학교의 교육 여건을 개선하기 위한 노력이 경주되었으며, 교수 · 학습 활동의 개선에 초점을 둔 일종의 교실 개혁 운동이 전개되었다.

초등 의무교육이 정착되면서 의무교육을 중학교 수준까지 연장시켜야 할 필요성이 강조되었다. 1968년부터 실시된 중학교 무시험제도의 영향으로 초등학생의 중학교 진학률이 빠른 속도로 증가하였으며, 1980년에는 중학교 취학률이 이미 94.3%, 초등학교 졸업자의 진학률이 96.8%로 보편화되었다. 이에 따라 1970년대 중반부터 의무교육이 중학교 단계까지 연장되어야 한다는 논의가 무성하였고, 1979년 2월에는 교육부 보통교육국 내에 의무교육과를 독립, 신설하여 중학교 의무교육 실시를 위한 준비 및 과제 처리를 담당하도록 하였다.

중학교 의무교육에 대한 구체적인 계획은 제5차 경제사회개발계획을 통해 이루어졌다. 계획 기간(1982~86)에 지역별, 소득 수준별로 단계적인 절차를 밟아 초등 6년간의 의무교육 기간을 중학 9년으로 연장할 방침을 세웠다. 중학교 의무교육은 면 이하 지역의 신입생부터 실시하되, 읍, 시, 도청소재지, 서울, 부산의 순으로 확대하여 1997년에 완성할 계획을 수립하였다.

1984년 8월 2일에 교육법을 개정하여 중학 의무교육의 법적 기반을 조성하였으며, 1985년 2월 21일 제정한 '중학교 의무교육 실시에 관한 규정(대통령령 제11625호)'에 따라 역차등 원리를 적용하여 제1차 단계의 실시 처음 연도인 1985년에는 도서벽지 중학교에 진학한 신입생 6만 2천명에 대하여 의무교육을 실시하였다.

의무교육은 무상의 범위를 수업료 및 입학금으로 한정시키고, 당분간 교과서대, 육성회비 등은 수익자 부담으로 하는 원칙을 유지하기로 하였다. 당시 전체 중학교의 30%를 차지하고 있던 사립 중학교의 신설을 억제하는 한편, 기존 사립 중학교도 선별적으로 정비, 육성해 나감으로써 사립 중학의 비율을 감소시켜 나가기로 하였다.

1990년대 들어서는 중학교 의무교육을 점차 군 지역으로 확대하기로 하여 1992년에는 군 지역 신입생을 대상으로 의무교육을 실시하였고, 1994년도에는 군 지역 전 학년까지로 확대하였다. 1995년부터는 시 지역까지 확대하여 1997년에는 전국적으로 확대할 계획을 수립하였으나, 1995년 현재 중학교 진학률이 99.3%에 달하는 실정에 비추어 볼 때 시 지역까지 의무교육을 확대하면 막대한 재정 부담만 초래할 뿐 교육기회 확대에는 별로 도움을 주지 못한다는 재정경제원의 반대로 신규 중학교 의무교육 예산이 삭감되었다. 따라서 중학교 의무교육의 전국적 확대 계획은 연기되었다. 1995년 현재 중학교 의무교육 수혜 대상 학생은 약 64만 1천 명으로 전체 중학생의 25.4%에 이르렀다(윤정일 외, 1996).

2. 직업기술교육의 발전

1) 직업기술교육 정책의 태동: 해방 이후 1950년대

생산, 산업, 실업 등과 관련되는 분야의 교육은 해방 직후부터 그 중요성이 부각되었다. 미군정 하의 조선교육심의회는 제6분과 위원회로서 직업교육분과를 두었으며, 이것은 직업에 대비하는 교육의 중요성을 인식하였다는 것을 시사한다. 건국 이후에도 교육법에 건실한 경제생활의 영위를 교육의 기본 목표의 하나로 제시하였고, 이와 함께 실업교육 중시의 원칙을 천명하였다. 문교부 장차관 산하 5국 1실의 조직 기구 가운데 과학교육국을 두고 수산교육과, 상공교육과, 농업교육과, 과학진흥과 등을 설치한 것도 실업교육에 정책적 비중을 두었다는 것을 나타내 준다(김종철, 1989).

1950년대에 들어서는 전란으로 인한 피해로부터의 국가 재건 및 경제 발전이라는 과업 수행을 위하여 과학기술교육의 필요성을 강하게 부각시켰다. 실업교육에 대한 정책적 관심은 우선 제 장관의 문교 시책 및 정책 방침에서 나타난다. 예컨대 백낙준 장관은 4대 문교 정책 중의 하나로 '직업기술의 향상을 위한 기술교육 장려'를 채택하였으며, 4개 장학 방침 중의 하나로 '1인 1기 교육'을 제시하였다. 이후의 장관들도 모두 생산교육과 과학기술교육의 중요성을 문교 시책과 장학 방침에 반영하였다(김영화 · 박인종, 1990).

1950년대에는 중학교 수료자를 대상으로 한 3년제 실업고교를 개설하여 4년제 실업중학교와 함께 중등 단계의 실업교육을 담당하도록 하였다. 1948년 법률 제86호로 공포된 교육기본법에 의하면, 중학교 또는 고등학교 중에서 전 교과의 30% 이상을 실업과목으로 하는 학교는 실업중학교 또는 실업고등학교의 명칭을 과할 수 있어 인문계 고등학교와 분리된 별도의 고등학교가 설립되지 않았다. 1951년에 교육법을 개정하여 현행의 6-3-3-4제의 기본 학제가 확성된 후에 직업교육으로서 실업교육은 고등학교 수준 이상에서 이루어지게 되었다. 정부는 실업교육 확충 수단으로 고등학교를 신설할 때 실업고교와 인문고교의 비율을 7 : 3으로 할 것을 밝혀 실업고교의 우선 증설 시책을 표방한 바 있는데, 실효를 거두지 못하고 실업고교와 인문고교의 학교 수 및 학생 수 격차는 계속 심화되었다(김영화 · 박인종, 1990).

1955년에는 기술학교, 고등기술학교 졸업자에 대한 자격인정령을 공포하였고 주산능력 검정고시 규정을 제정, 공포하였다. 또한 같은 해 문교부령 제46호에 의해 고등학교 교과과정이 제정되었는데, 인문계 고등학교와 공통으로 편제되기는 하였으나 처음으로 실업계 고등학교 교육과정이 마련되었다는 점에서 의의를 찾아볼 수 있다. 이어 1958년에 실업고등학교 및 기타 전문과정을 주로 하는 고등학교의 교육과정시간배당기준령이 제정, 공포되었으나 여전히 인문, 실업을 포함한 고등학교 교육과정의 일부로 편성되어 실업고등학교가 명목상으로만 실업계일 뿐 실질적으로는 인문계 고등학교의 성격으로 운영되는 폐단이 있었다(김영화 · 박인종, 1990).

한편 1957년에는 농업, 공업, 수산업 교육에 대한 지원 계획인 '실업기술교육 5개년 계획(1958~1962)'을 수립하여 실업고등학교 및 실업계 대학의 시설 확충, 교원 자질 향상을 위한 재교육 강화, 실업계교육에 대한 국민들의 인식 수정을 위한 홍보 등을 계획, 추진하였다(김영화 · 박인종, 1990).

해방 이후 50년대 전반에 걸쳐 이와 같이 실업교육 진흥을 위한 몇 가지 정책이 추진은 되었으나, 그 기반이 부실하여 큰 성과를 거두지 못하였다. 한편으로 인문 숭상의 사회 풍조가 만연되어 있었으며, 다른 한편으로 국가의 산업구조가 낙후되어 실업교육 이수자들의 취업 기회가 부족했기 때문이다.

2) 국가 발전을 위한 직업기술교육의 강조: 1960년대

1960년대에 들어서도 정부는 국가 경제발전을 위해 실업교육을 지속적으로 강조해 왔다. 군사정부와 제3공화국은 경제적 후진성을 극복하기 위한 노력을 다각도로 기울였고, 교육이 우리나라의 산업화를 촉진하기 위해 필요한 수단으로서 면모를 갖추도록 정책적으로 지원했다. 이 시기에 실업교육을 진흥하고자 한 것은 공업화 추진, 농업 위주에서 제조업 중심으로의 산업구조 개편, 수출 증대 등을 추진하면서 이에 필요한 기술기능공의 양성이 절대적으로 필요했기 때문이다. 먼저 군사 정부에 의해 추진된 1963년의 실업교육 진흥 정책은 다음과 같다.

첫째, 제1차 경제개발 5개년 계획 수행에 필요한 기능공의 단기 양성을 위하여 실업고등학교를 증설하고, 일반 생산기업체에 실업기술연수원을 부설하여 운영하였다.

둘째, 실과계 교원의 자질 향상을 위하여 농·공·수산계 교사에 대하여 재교육을 실시하였다.

셋째, 문교부 내에 실업교육심의회를 설치·운영하고 공립 공고 및 수산고 학생들에게 실습비를 보조하였고, 실과 시간을 연장하였으며 실과 교사를 증원·배치하였다.

넷째, 중앙 기술공 양성기관으로 전국 4개소의 실업계 학교를 5년제 실업고등전문학교로 개편하였다.

다섯째, 제1차 경제개발 5개년 계획의 성공적 추진에 필요한 기술 인력을 지속적으로 확보하기 위하여 산업교육진흥법을 제정하였다.

여섯째, 실업계 고등학교 교육과정을 공포하였다. 개편된 교육과정은 실업 학과목의 비중을 높이고 실과 과목에서 실습의 비중을 높였다. 실업계 교육과정을 일반계 고등학교와는 별도로 제정하여 실업계 고등학교의 교육 목표와 교육 방침을 뚜렷하게 부각시켰다. 실과 과정은 전 교과의 50% 이상을 전문교과로 구성하였으며, 실과 교과 자체 내에서도 학과목에는 40%만 배정하고 실습을 60% 이상으로 하도록 하여 실업교육 내용도 목표에 부합하도록 하였다. 그 후 1966년에 다시 실업계 고등학교 교육과정을 개정하여 전문과목에 대한 시간배당기준을 55% 이상으로 높였다(김종철, 1989).

1963년에 제정된 산업교육진흥법 및 1965년의 동법 시행령 공포를 계기로 실업교육 우선 정책은 더욱 가속적으로 추진되었다. 이 법의 제정은 실업교육기관의 시설과 운영을 정상화하기 위하여 이미 교육법에 제시된 실업교육 우선의 원칙에 따라서 실업교육의 시설과 운영에 보다 우선적으로 투자하도록 하기 위한 것이다.

제2차 경제개발 5개년 계획에 따라 과학기술교육진흥 5개년 계획이 추진되었으며, 과학기술처의 신설, 과학기술연구소의 발족, 문교부 내에

과학교육국의 설치 등 과학기술에 정책적 강조점이 주어졌다. 과학기술교육 진흥 5개년 계획의 구체적인 내용은 다음과 같다.

첫째, 산업 부문별 기술계 인력 공급의 불균형을 시정하기 위하여 이공계 대학의 정원을 늘리고, 공업 · 수산 및 해양계 학교와 학급을 증설한다.

둘째, 산업 단지 내에 있는 농업학교에 지역사회의 산업적 요구에 알맞는 공업계 학과를 설치하며 연차적으로 확충하여 농공병진 정책을 뒷받침한다.

셋째, 실과교사와 실기교사의 확보와 자질 향상을 위하여 교원 양성기관의 운영을 개선하고 현직 교육을 강화하는 한편 처우를 개선한다.

넷째, 교육과정과 교육내용을 산업의 발달에 적응할 수 있도록 개선 · 발전시키는 동시에 부족한 실과 교과서를 편찬 · 발행한다.

다섯째, 교육방법의 혁신을 위하여 각급 시청각교육원을 육성 · 발전시킨다.

여섯째, 실험 · 실습기준령의 제정과 산학 협동을 통하여 시설 투자의 효율화를 기한다.

일곱째, 실험 · 실습 시설비를 국고에서 1/2 이상 부담할 수 있도록 연차적으로 증액하고 동시에 사립 실업계에 대해서도 보조한다.

여덟째, 대여 장학금의 지급액을 연차적으로 증액하여 수혜 범위를 넓힌다.

이러한 계획은 당초 의도한 바대로 실행되지는 못하였으나 정책 입안과 행정 실무에 반영이 되었으며 상당한 효과를 거두었던 것으로 보인다. 사실 이러한 계획의 추진에 힘입어 실업교육은 점차 활기를 띠었으며, 양적으로 성장하였고 그 질적 조건도 점차 개선되었다(김종철, 1989). 1960년대의 실업교육 진흥 정책은 문교부의 총 지출에서 실업교육이 차지하는 비율의 변화에서도 알 수 있다. 〈표 4-3〉에 의하면, 문교부 총 지

표 4-3 문교부 총 지출 중 실업교육 관련 지출액 비율 추이(1965~1969)

(단위: 천 원, %)

연 도	문교부 총 지출(A)	실업교육비(B)	비율(B/A)
1965	16,081,584	130,307	0.8
1966	25,561,972	492,626	1.9
1967	32,527,440	727,975	2.2
1968	45,958,685	1,152,726	2.5
1969	61,200,951	1,817,358	3.0

자료: 문교부. 문교통계연보, 각 연도.
주: 1) '65년 '66년은 실업전문학교(학교교육진흥비)+실업과학진흥비임.
2) '67년의 경우 과학기술진흥비(경제개발특별회계)+일반회계(실업교육)
3) '68년과 '69년은 과학기술진흥비(청구권자금 특별회계)+일반회계(과학교육비임.)

출 중 산업 및 과학교육 지출 비중이 1965년 0.8%에서 1969년 3.0%로 획기적으로 증대된 것을 알 수 있다.

3) 숙련 기능인력의 공급을 위한 직업기술교육의 확충: 1970년대

정부는 1960년대에 이어 1970년대에도 기능·기술 인력 확보를 위한 직업기술 교육의 진흥에 역점을 두어 추진하였으며, 특히 실업계 고교 육성 정책을 다각도에서 추진하였다. 먼저 1970년 1월 실업계 학교 학생들의 실기 능력을 측정하기 위한 검정 기준을 마련하여 매년 학생들의 실기 능력을 측정하였으며, 같은 해 3월에는 서울, 성동, 대구, 경남 등 4개의 공고에 현직 기능공을 위한 고등학교 과정의 야간제 특수과정을 설치하였다. 또한 각 도에 1개교씩 시범 농업학교를 선정하여 영농 자금을 융자해주고, 농촌 근대화를 위한 산학 협동 실천 계획을 마련하였으며, 1972년 3월에 농림부와 함께 전국의 12개 농고를 시범학교로 지정하였고, 같은 해 7월에는 시범 농고 육성에 관한 규정을 제정하였다.

실업계 학교의 실험 실습 시설을 확보하여 실업교육의 정상적 운영을 도모함을 목적으로 하는 '실업학교 실험 실습 시설 연차별 보충 기준령'을 제정하여 1972년부터 1976년까지 5년 동안 내부 시설과 외곽 시설을 78%까지 확보하도록 하였다. 이 기간 동안 실업교육에 대한 정부 투자는 꾸준히 증가하여 교육부 예산 중 산업 및 과학교육 관련 사업비 비중은 1970년에 2.9%에서 1979년에 4.1%로 증가하였다(김영화 · 박인종, 1990).

1973년에는 산업교육진흥법을 개정하여, 실업계 학교 학생들은 재학 중 일정 기간 산업체에서 현장 실습을 하도록 하였다. 또 같은 해 6월에 산업교육진흥법 시행령을 제정하여 농 · 공 · 수산 · 해양계 고등학교, 전문학교, 초급대학, 대학에서 공업과 농업에 관한 학과는 2~6개월, 수산 · 해양학과는 4~12개월간 현장 실습을 이수하도록 함으로써 산업교육기관 재학생들의 현장 실습을 제도화하였다.

1974~1978년 동안 전국의 공업계 고등학교의 특성화를 추진하였다. 이는 1974년부터 추진되었던 대학의 공대 특성화와 함께 국가 인력수급상 필요한 중화학공업 인력을 양성하기 위한 일환이었다. 중화학공업 육성 정책에 따라 이 분야의 우수한 기능 인력이 긴급히 필요하게 되었으나, 당시의 공업교육 수준으로는 이러한 인력의 공급이 어려웠고 전국의 모든 공업계 고등학교의 수준을 동시에 높이기에는 재정과 시간이 막대하게 요구되었으므로, 공고 교육의 선도적 역할을 담당할 공고를 4개 유형으로 분리하여 집중적으로 투자함으로써 효율성을 높이고자 하였다. 즉, 공고에 대한 투자 재원의 배분에 있어 불균형 접근에 입각한 개발 전략을 채택하여 유형별로 차등을 두어 육성한 것이다. 1973년 정밀가공사 양성 실험학교인 기계공고로부터 출발하여 1976년에 공업고등학교 중점 육성 5개년 방안을 정립, 전국의 82개 공고를 기계공고(19개교), 특성화 공고

(10개교), 시범공고(11개교), 일반공고(42개교)의 네 유형으로 세분화하였다(김영화 · 박인종, 1990).

특성화 정책으로 공고는 기계, 전자, 화공 등 그 입지 조건과 학교의 특성에 따라서 점차 중점 분야 중심으로 육성되었다. 주로 기계 공고를 중심으로 특성화하였으나 전기 · 화공 · 금속 · 제련 · 방적 · 요업 · 식품 등 특수 분야도 포함시켰다. 전국의 64개 공고와 15개 공전을 해당 지역의 특성에 맞는 기계, 전자, 조선, 화공 등 분야별 특수 공고나 전문학교로 개편하였다. 특성화 공고는 교육과정 운영에 있어 전공과목을 70% 이상 이수하도록 하고, 실습과 실기 위주의 교육을 실시하였으며 이를 위하여 실험실습비, 시설비 등을 집중 지원하였다. 공고의 특성화 정책은 1970년대 기술인력의 중점 양성을 위한 정책 방향을 반영하는 것이었다(김종철, 1989).

1975년도부터 국가기술자격법이 시행됨에 따라 기술계 각급 학교의 졸업 예정자에게 의무적으로 기술자격검정을 수검하게 함으로써 기술교육의 개선과 기술인력의 자질을 향상시키고, 정부가 강력히 추진하고 있던 중화학공업 육성에 필요한 기술인력을 효율적으로 양성 · 공급하도록 하였다(문교40년사편찬위원회, 1988).

실업계 고교 교육을 육성하기 위한 방편으로 실업계 고등학교 졸업자의 동계 대학 진학 우대 방안을 추진하였다. 실업계열의 교육학과와 야간 학과는 입학 정원의 50% 이상, 수산 · 해양학과는 5% 이상, 기타 과는 10% 이상을 실업계 고등학교 출신을 입학시키도록 하는 한편, 1977년도부터 대입예비고사에 실업계열을 신설하여 실업계 고교 졸업자만을 대상으로 계열 심사를 함으로써 실업계 고졸자의 대학 진학 문호를 크게 넓혔다.

이 기간 동안에 실업계 고등학교는 일반계 고등학교만큼 팽창하지는 못하였으나, 10년간 124개교가 늘어나 25.8%의 증가율을 나타내었으며,

표 4-4 고등학교 계열별 학생 수 추이(1965~1996) (단위: 명, %)

연도	학교 수			학생 수		
	계	일반계	실업계	계	일반계	실업계
1965	703	389(55.3)	314(44.7)	426,531	216,338(50.7)	172,436(49.3)
1970	889	408(45.9)	481(54.1)	590,382	322,685(53.4)	275,015(46.6)
1975	1,152	673(58.4)	479(41.6)	1,123,017	640,216(57.7)	474,868(42.3)
1980	1,851	748(55.3)	605(44.7)	1,696,792	1,008,147(55.0)	764,187(45.0)
1985	1,602	967(60.4)	635(39.6)	2,152,802	1,302,777(58.8)	885,962(41.2)
1990	1,683	1,096(66.1)	587(34.9)	2,283,806	1,408,716(64.5)	810,651(35.5)
1995	1,830	1,068(58.3)	762(41.6)	2,157,880	1,246,427(57.8)	911,453(42.2)
1996	1,856	1,085(58.4)	771(41.6)	2,243,307	1,303,874(57.8)	939,433(42.2)

자료: 교육부. 교육통계연보, 각 연도.

학생 수는 연평균 10.5%의 속도로 증가하였다. 특히 1970년대 후반에 크게 팽창하여, 전체 고등학교 학생 수 가운데 실업계 고등학교 학생이 차지하는 비율이 1975년 42.3%에서 1980년에는 45%로 증가하였다(〈표 4-4〉 참조).

4) 고교 직업기술교육의 침체: 1980년대[14)]

1970년대에 크게 확충되었던 고등학교 직업기술교육은 1980년대 들어 정부의 지원이 둔화되면서 침체되었고, 결과적으로 1980년대 말에 심각한 기능 인력 부족 현상을 야기시키게 되었다. 1980년대 초 국가산업정책심의회에서는 2000년대를 향한 인력 계획에 대한 보고서에서 기능 인력보다 첨단산업 분야에 종사할 기술 인력과 연구 인력이 중점적으로 육

14) 이 소절은 별도의 출처인용 없는 한 김영화(1993b). 한국 실업계 고등학교 교육의 개혁과 과제. 한국비교교육학회. 『아시아 지역의 학교교육개혁』; 김영화 · 박인종(1990). 『한국의 경제 및 노동시장 구조 변화에 대한 학교교육 체제의 대응』 IV장을 참조하였다.

성되어야 하며, 따라서 실업고등학교 정원을 30% 하향 조정할 것을 건의하였다.

한편 1970년대 말부터 이미 빠른 속도로 확대되기 시작했던 대학 정원이 1981년부터 추진되었던 대학 정원 확대 정책과 졸업정원제의 실시에 의해 더욱 급격하게 팽창하자, 대학 진학에 대한 가수요가 늘어나고 일반계 고교 진학에 대한 선호도가 증대되었으며 상대적으로 실업계 고교의 유인가는 떨어지게 되었다. 또한 우리나라 경제가 성장함에 따라 학부모들의 경제력이 크게 향상되고, 따라서 자녀를 대학에 보내고자 하는 열망이 현실적으로 뒷받침되어 대학 진학에 대한 가수요가 더 높아졌던 것으로 보인다.

실업계 고교 지원자 수를 보면 1970년대(1970~1979)에는 연평균 10.4%의 증가율을 나타내었으나, 1980년대(1981~1989)에 들어 계속 감소하여 연평균 증가율 -0.03%를 나타내었다. 실업계 고교에 대한 지원 감소는 특히 남자에게서 현저히 나타나 1980년대에 남자는 연평균 -1.62%의 증가율을 기록하였다. 실업계 고교의 중도탈락률도 1980년대 전반에 걸쳐 크게 증가하여 실업계 고교에 대한 선호도가 크게 감소한 것을 나타낸다.

이와 같은 배경 하에 실업계 고등학교에 대한 정부의 지원은 1980년대에 들어 급감하였다. 교육부의 총지출 가운데 실업교육비가 차지하는 비율이 1979년 4.1%(1978년에는 5.1%)에서 1988년에는 3.4%로 감소하였다. 특히 실업계 고교 지원 예산이 급감하였는데, 실업계 고교 지원 예산은 1980년 202억여 원이었던 것이 계속적으로 감소하여 1987년에는 124억여 원에 불과하였고, 이중 공업계 고교 지원 예산은 같은 기간에 162억여 원에서 59억 원으로 크게 감소하였다.

1970년대에는 IBRD 차관 등의 외화를 포함해서 연간 400억~450억 원을 실업계 고교에 투자하였으나, 1982년 이후 차관 사업에서 고등학교를 제외시켰다. 결과적으로 1980년대 들어 실험실습비 투자액이 급격히 축소되어 1980년 160여억 원에 달하였던 것이 1987년에는 10억 원을 약간 상회하였을 뿐이다. 1980년대 초부터 실험실습비로 연간 중화학계열은 학급당 119만 원, 경공업계열은 학급당 58만 원 꼴로 지원되었는데 이것도 국가 지원이 아니라 지방교부금에서 충당되었다. 이 액수를 학급당 평균 인원 50명으로 나누어 보면 연간 중화학 계열은 1인당 24,000원, 경공업 계열은 12,000원에 해당한다.

공업고등학교의 실험실습 설비는 보유율도 낮을 뿐 아니라 대부분 1970년대에 설치한 것이어서 그나마 보유 기자재도 노후화되어 정밀도가 떨어졌다. 기자재의 내구 연한은 국산의 경우 10년, 외산의 경우 15년이므로 1970년대에 설치한 기자재들을 새 것으로 바꾸어야 하는데도 시설 투자는 오히려 감소해 왔다는 것은 1980년대에 국가가 공업고등학교에 대하여 얼마나 등한시했는가를 보여 준다.

1980년대에 들어 정부의 지원이 급감하면서 다른 외부 기관으로부터의 지원도 축소되었다. 실업계 고교 학생들에게 지급된 장학금의 지급 기관별 액수 총액과 각 기관에서 지원한 액수의 비율을 보면, 1980년대 전반에 민간단체에서 지급하는 장학금의 증가율이 정부에서 지급하는 장학금의 증가율보다 훨씬 크게 둔화되어 1980년까지만 하더라도 전체 장학금의 반 이상을 차지하던 것이 1989년에는 32.3%에 불과하였다.

한편 1970년대의 공업고등학교 정책이 단기적 인력 수요 충족을 위해 기계공고와 특성화공고 등에 집중 투자함으로써 효율성을 추구했던 반면, 1980년대에 들어서는 효율성보다는 형평성을 강조하는 방향으로 정책 이념을 전환하였고, 공고교육의 정상화 방침의 일환으로 특성화정책을 사실상 폐기하였다. 기존의 시범공고를 폐지하고 기계 공고와 종래의 특성화 공고를 묶어 특성화 공고로 편성함으로써 공업고등학교를 4개 유형에서 2개 유형으로, 즉, 특성화 공고와 일반 공고로 조정하였다. 이수해야 할 교과목의 선택도 특성화 공고인가 일반 공고인가와 관계없이 학교장이 지역사회와 학교 여건을 고려하여 결정하도록 하였고, 시설 투자 원칙도 종래의 차등적 불균형 정책에서 일반 공고의 시설을 특성화 공고 수준까지 높이려는 균등화 정책으로 바꾸어 유형별 육성 정책은 포기된 것이나 다름없게 되었다. 그러나 정부의 재정 지원이 뒤따르지 않아 일반 공고의 수준이 특성화 공고 수준으로 향상된 것이 아니라, 특성화 공고 수준이 하락하는 결과를 초래하게 되었다.

이 외에도 실업계 고교 졸업생의 동일계 대학 입학 특혜 등 각종 혜택을 대폭 축소하여 실업계 고교교육은 크게 위축되었다. 이와 같은 직업기술교육의 전반적 침체로 인하여 실업계 고교 학생 수 증가율도 크게 둔화되었다. 1960년대와 1970년대에 10%를 상회하던 실업계 고교 학생 수 증가율이 1980년대 전반에는 2.2%로 떨어졌고 80년대 전반에는 -1.5%를 나타내어 오히려 학생 수가 감소하는 경향을 보였다. 이에 반해 일반계 고교 학생 수는 계속적으로 증가하여, 고등학생 가운데 실업계 학생 수 비율이 1981년에 41%였다가 1989년에는 32%로 감소하였다.

실업계 고교 교육의 위축은 1980년대 말에 기능 인력 부족난을 초래하게 되었다. 1980년대 들어 주력 산업이 첨단산업으로 이행함에 따라 중심 인력도 대학 졸업 이상 수준의 기술 인력과 연구 인력으로 이행하였고, 이에 따라 국가에서도 정책적 비중을 공업고등학교 수준에서 대학 수준으로 이행시킨 것이다. 그러나 첨단산업이 발달한다고 해서 기능 인력의 수요가 급격하게 줄어드는 것은 아니다. 기술 인력의 수요가 증가하는 한편으로 기능 인력의 수요도 꾸준히 지속된다. 즉, 산업구조가 첨단산업 위주로 바뀌면 4년제 대학 졸업 이상의 고급 기술 인력의 비중이 높아지지만, 전문대 졸업 정도의 중간 기술 인력이나 고등학교 졸업 이하의 기능 인력의 비중도 계속적으로 높다. 더욱이 첨단산업 분야의 고용 기회는 절대적인 수의 측면에서 일반 제조업 분야보다 적기 때문에, 첨단산업 분야의 발달로 인해 중급 혹은 고급 기술 인력의 상대적 구성비가 높아진다고 해도 절대적인 수에 있어서는 고등학교 졸업 이하의 기능 인력 또는 미숙련 노동력의 수요가 계속적으로 증가하게 된다.

우리나라도 미숙련 노동력의 부족은 경기 변동과 관련 없이 1980년대에 꾸준히 지속되었다. 불황기였던 1980년대 초 제조업 부문의 미숙련 노동력 부족률은 9%(18,000명 부족), 호황기였던 1987년에는 11.5%(3만여 명 부족)를 나타내어 고등학교 졸업 이하의 미숙련 노동력의 공급이 지속적으로 부족하였다는 것을 알려 준다(조순경, 1990).

5) 고도 산업사회에 대비한 직업기술교육 확충: 1990~1995

1980년대에 들어 기능 인력의 주요 공급원인 실업계 고교교육이 침체되었던 한편, 3D 현상으로 근로자의 제조업 기피 현상이 가중되면서 1980년대 말부터 기능 인력의 부족난이 심각해졌으며, 반면 대졸 인력은 과잉 공급되어 산업 현장에서 인력 수급 불균형이 심각한 문제로 제기되었다. 경제기획원에 의하면, 1990년대 들어 기능 인력은 매년 6~10만 명이 부족한 반면 대졸 인력은 10만 명 전후의 과잉 공급 사태를 초래할 것으로 예측되었다(〈표 4-5〉 참조).

대학 졸업 인력이 과잉 공급되고 대졸자의 취업난이 가중되고 있음에도 불구하고, 일반계 고교가 팽창해 있는 교육 구조 아래에서 해마다 대학 진학 희망자 가운데 50만 명 정도가 대학에 진학하지 못하고 재수생으로 남아 있는 현상이 지속되었다. 1991학년도의 경우 대학 진학 희망자는 약 95만 명인 반면 대학 입학 정원은 전문대학을 포함하여 약 35만 명에 불과하여, 63% 정도의 학생은 제도적으로 진학이 막혀 있는 셈이었다. 이에 따라, 1990년대에는 기능 인력 부족의 해소와 대학 과열 진학 해소 및 무기능자의 사회문제 유발 예방 대책으로 다시 실업계 고등학교 육성 정책으로 방향 전환하게 되었다.

표 4-5 기능 인력과 대졸 인력의 수급 전망(1990~1996) (단위: 천 명)

연도	기능 인력			대졸 인력		
	추가수요	공급	공급부족	공급	수요	초과공급
1990	227	158	69			
1991	252	158	94			
1992	254	158	96	268	168	100
1993	256	158	98	281	197	84
1994	266	158	108	296	205	91
1995	254	158	96	316	214	102
1996	245	158	87	334	219	115

자료: 한국교육신문사. 한국교육연감, 1993년도판, 90~91에서 재구성.

실업계 고등학교 교육의 방치 상태로부터 육성 정책으로의 방향 전환은 1980년대 말부터 나타나기 시작하였다. 1980년대에 들어 줄곧 내리막길을 걷던 공업 고등학교에 대한 정부의 예산 지원이 1980년대 말부터 조금씩 회복되기 시작하였다.

1990년 5월 교육부는 고등학교 교육 정상화를 위한 '고등학교 교육체제 개혁안'을 발표하였는데, 이 개혁안은 현행 대학입시 준비 위주의 일반계 고등학교 교육과정을 〈표 4-6〉과 같이 진로 교육체제로 전환하여 대학 진학의 과열 현상을 완화하고, 학생들의 능력과 적성에 따라 다양한 학습의 기회를 제공하고자 한 것이다.

고등학교 정상화 방안으로서 실업교육의 강화는 기능 인력의 확충이라는 산업체의 요구와 맞물려 경제기획원이 1990년 7월 6일 정부의 안으로 발표한 '산업 인력 수급 대책(안): 제조업 부문의 인력난 타개 방안'에 주요 대책으로 포함되었다. 이 방안에서 정부는 기능 인력의 공급 확대를 위하여 공업 고등학교를 신·증설하고, 일반계 고등학교를 공업 고등학교로 전환할 방침을 표명하였다. 고등학교 교육체제 개혁안과 산업 인력 수급 대책(안)에 따라 실업계 고등학교 증설 계획이 추진될 경우, 1995년까

표 4-6 1990년 고교 교육체제 개편안

<table>
<tr><th colspan="2">형태</th><th>진로과정</th><th>학생비율(%)</th><th>비고</th></tr>
<tr><td colspan="2">실업계고교</td><td>• 현재 실업계고교와 동일</td><td>50</td><td>기능사자격 취득</td></tr>
<tr><td rowspan="5">일반계고교</td><td>일반계고교 직업과정</td><td>• 직업과정반 편성
• 1학년 공통
• 2학년부터 별도수업</td><td>2.5</td><td>여고 중심</td></tr>
<tr><td>위탁교육 I 형</td><td>• 3학년 때 직업학교 등에 위탁교육</td><td>5</td><td>남학생 위주</td></tr>
<tr><td>위탁교육 II 형</td><td>• 2학년 2학기때 노동부 직업훈련원에 위탁교육
• 주1회 학교 등교</td><td>10</td><td></td></tr>
<tr><td>전문대 진학과정</td><td>• 직업적응과 진학준비교육</td><td>10</td><td></td></tr>
<tr><td>대학 진학과정</td><td>• 진학준비형 교육</td><td>20</td><td></td></tr>
<tr><td colspan="2">영재학교 (특수목적고)</td><td>• 특수목적대학 준비형교육</td><td>2.5</td><td>과학, 예체능, 외국어</td></tr>
</table>

자료: 중앙일보, 1990. 5. 11일자.

지 실업계 고등학교 학생 수는 전체 고등학교 학생수의 50%를 차지하게 되며 일반계 고등학교의 직업과정 학생까지 포함시키면 취업준비 과정 학생 수가 67.5%에 달하도록 한 것이다. 정부는 일반계 고등학교에 재학하고 있으나 대학에 진학하지 않는 학생을 위한 취업 준비 교육을 강화하기 위하여 1990년 약 2만 명에 달하는 일반계 고교직업과정 학생을 1995년에는 6만 8천 명까지 확대, 장기적으로 실업계 고등학교 수용 능력을 확대하여 일반계 고교의 직업교육 수요를 점차적으로 흡수할 계획을 세웠다(김영화, 1993a).

이를 위하여 1990~1992 예산으로 769억 원을 확보하여 일반계 고교로 설립되어 있던 서울의 송파고, 대구의 성서고를 공업 고등학교로 개편하는 등 일반계 고교의 442개 학급을 실업계 학과로 개편하도록 하였다. 이와 동시에 기존 실업계 학교에 총 190개 학급을 증설하였고, 22개의 실업계 고교를 신설하거나 전환하였다(한국교육신문사, 1992).

그러나 이러한 정부의 고교 직업기술교육 체제 개편 계획은 실행 단계에서 많은 어려움을 노정하여 계획대로 추진되지 못하였다. 1992년까지 실업계 학생 수 비율을 33.3%[15]까지 높여 놓은 정부는 급기야 예산 부족, 실업계 고교 전환 희망 일반계 고교의 부족, 학교 계열 전환 예정 학교의 동창 및 학부모의 반대 등을 이유로 1992년 말 이 사업의 완성 연도를 1995년에서 1998년도로 연기하였고, 다시 2000년까지 연기하였으나, 1995년 37.5%까지 높여 높은 상태에서 사실상 이 계획 자체를 포기하였다.

실업계 고교의 확충 계획이 예정대로 추진되지 못하였지만 그럼에도 불구하고 1990년대 전반에 걸쳐 실업계 고교는 크게 팽창하였다. 1990~1995년 사이에 학교 수는 587개에서 803개로 증가하였고 학생 수는 716,556명에서 810,185명으로 증가하였다.

한편 정부는 1990년대 들어 실업계 고교 교육 여건의 질적 향상에도 관심을 기울였다. 실업계 고교의 기자재 확보율을 높이고, 노후 기자재를 대체하고자 예산을 증액하였다. 실업계고교 교육 여건 개선을 위하여 1990~1992 예산으로 192억 원을 확보, 실험 · 실습 시설 확충에 79억 원, 노후기자재 대체 및 수리에 80억 원 및 공동실습소 증설에 33억 원을 지원하였으며, 실업계고교 기자재 확충을 위한 IBRD 교육차관 6천만 달러를 도입하였다. 1994년에는 기자재 확충을 위해 국고에서 130억 원이 지원

15) 이하 실업계고교 학생 수 또는 비율은 특별한 언급이 없는 한 종합고등학교 일반계열 학생을 제외한 수치이다.

되었다. 당초 계획에서는 기자재 확보율을 1990년 54.5%에서 1995년에는 70%까지 높일 예정이었으나 1995년 현재 57.2%에 머무른 채 예정 연도를 연기하였다(한국교육신문사, 1995).

한편 교육부는 현재 공고 교사의 대부분이 이론 위주의 교직과목을 이수하였기 때문에 실시 지도 능력이 부족한 것을 감안하여 교육법 등의 개정을 통하여 산업 현장의 전문 기술자를 교사로 영입키로 했으며, 이와 함께 공업교육과 등 사범계 공학과 대학생의 산업체 현장 실습을 의무화하고, 이공계 교직과정 학생의 현장 실습도 내실화하기로 했다. 또 공고 교사의 자질 향상을 위해 교사들을 선발하여 방학기간을 이용해 해외 선진국의 산업체 연구기관 등에서 6주간 훈련을 실시하며, 국내 산업체에도 파견하여 일정기간 연수를 받도록 하였다.

또한 정부는 신경제 5개년 계획('93~'97)의 일환으로 기술 · 기능 인력 양성 제도 개편 사업을 시행하였으며, 이 사업에 따라 1994년부터 공고에 2년은 학교에서 교육받고 1년은 산업체에서 교육받는 '2+1 체제'를 도입하여 시범 실시하였다. 한국교육개발원을 중심으로 '2+1 체제' 실시를 위한 새로운 교육과정 모형 및 교수 · 학습 자료를 연구 · 개발하는 등 효율적인 운영을 지원하였다. 1994년에는 현장 실습을 위한 실습 교재 개발비로 2억 2천 652만 원, 19개 전문교과서 개발비로 12억 5천만 원이 지원되었다. 또한 2+1 체제 운영 학교의 재정 지원을 위해 26억 701만 4천원이 국고에서 지원되었다(한국교육신문사, 1995). 1995년도에 운영 학교 수는 68개교, 125개 학과에 현장 파견 학생 수는 10,470명, 현장 대상 업체 수는 855개에 달하였다(한국교육신문사, 1996).

3. 중등교육의 확대와 자본집약적 중화학공업의 선택적 육성을 통한 산업화: 1970년대

1970년대에 들어서면서 대외적으로 선진국들이 무역에 있어 보호주의로 선회함에 따라 수출 상품의 고도화 없이는 수출 증가가 힘들어지게 되었다. 따라서 정부는 1972년부터 자본재 산업의 수입 대체를 통한 수출주도 중화학공업화를 시작하였다. 즉 철강, 화학, 비철금속, 전자, 조선 기계 등 자본집약적인 중화학공업을 선택적으로 육성하기 시작한 것이다.

1장에서 검토하였듯이 제 3, 4차 경제개발 5개년 계획의 추진 결과 제조업 창출 부가가치 가운데 경공업이 차지하는 부가가치 비율이 1970년 54.3%에서 1980년에는 44.1%로 감소한 반면, 중화학 공업 구성비는 48.4%에서 55.9%로 증가하였다. 1970년대 중반 이후 1980년까지 화학, 철강, 기계, 운송업 등 중공업 분야의 생산이 가장 급격히 성장하였고 GDP에서 이 분야의 생산이 차지하는 비율은 24%에서 42%로 증가하였다. 이 시기의 주요 수출 품목도 전기기기, 선박, 철강, 석유화학 등의 중화학 공업 제품이 추가되어 수출 상품 중 경공업 제품이 차지하는 비율은 1970년 69.6%에서 1980년 49.4%로 감소한 반면, 중화학공업제품이 차지하는 비율은 같은 기간에 12.8%에서 41.5%로 증가하였다(한국산업은행, 1987: 20).

취업 인구 분포 변화도 같은 양상을 보인다. 같은 기간에 제조업중 경공업 부문 종사자는 61.3%에서 51.2%로 감소한 반면, 중화학공업 부문 종사자는 38.7%에서 48.8%로 증가하였다(김영화 · 박인종, 1990: 61). 즉, 이 시기에는 산업구조의 변화에 따라 중화학공업 부문에 종사할 숙련기능 인력의 수요가 창출되어 급격히 증대되었다.

한편 노동시장에서는 농업에서 제조업으로의 노동 흡수가 거의 완료되어 가면서 제조업 부문의 임금이 상승하기 시작하였다. 이로 인하여 한국은 다른 개발도상국에 비하여 임금이 상승하여 노동집약적 산업의 비교우위가 상실되기 시작하였다. 이 같은 여건 변화에 따라 산업계에서는 더 이상 기본적인 교육만을 받은 비숙련노동자들로는 경쟁력을 유지할 수 없게 되고 산업의 구조를 조선, 기계, 석유화학 등 중화학 공업 중심으로 이끌어 나가기 위해 상당수의 기술 및 기능 인력을 필요로 하게 되었다.

상술하였듯이, 정부는 1970년대 들어 실업계 고등학교의 확충, 공업고등학교의 특성화, 실험 실습 교육의 강화, 산학 협동 체제의 확립, 실업계 학생들의 실기 능력 측정을 위한 검정 기준 마련 및 기술자격검정 수검 의무화, 교원의 실기 지도 능력 배양, 실업계 고교 졸업생의 동계 대학 진학 우대, 실업계 학생들의 장학금 혜택 확대 등 일련의 실업계 고교 육성 정책을 추진하였다. 그 결과 실업계 고교 학생 수는 크게 증가하였고, 이전과 이후의 어느 시기보다 우수한 학생들을 확보할 수 있었다.

1970년에서 1980년까지 10년간 실업계 고등학교는 124개교가 늘어나 24.5%의 증가율을 나타내었고, 학생 수는 연평균 10.5%의 속도로 증가하였다. 특히 1970년대 후반에 크게 팽창하여 전체 고등학교 학생 수 가운데 실업계 고등학교 학생이 차지하는 비율이 1975년 42.3%였으나 1980년에는 45%로 증가하였다(〈표 4-4〉 참조). 한편 공업계 고등학교 학생 비율은 1970년 25.0%에서 1980년 26.4%로 증가하였다.

또한 정부는 정규 공업계 고등학교 외에 공공 직업훈련기관을 확대 설치하고, '직업 훈련에 관한 특별조치법(1974)', '직업훈련 기본법(1976)' 등 사내 직업 훈련을 강화시키기 위한 법적 조치를 실시함으로써 숙련 기능 인력을 단기간에 공급할 수 있었다. 제3차 경제개발 5개년 계획 기간 동안에 31만여 명, 제4차 계획 기간 동안에 49만 5천여 명을 양성하여 정점을 이루다가 이후 양성 실적이 점차 줄어들었다.

1970년대의 이와 같은 실업계 고교 육성 정책은 노동부의 직업훈련의 강화와 함께 숙련 기능 인력의 수요를 충족시킴으로써 중화학 공업 중심의 산업화에 기여하였던 것으로 보인다.[16] 생산직의 경우 1960년에는 대다수인 80.4%가 초등교육 이하의 교육을 이수하였으며, 중등교육 이수자는 18.5%에 불과하였으나, 중등교육 이수자의 비율이 지속적으로 증가하여 1975년에는 각각 50.9%와 46.9%로, 1980년에는 각각 34.6%와 58.5%로 변화하였다(김윤태, 1990: 12). 이것은 1960년대 말의 중학교 무시험진학제 도입과 1970년대 초의 고등학교 평준화 정책의 실시로 중등교육 인구가 크게 팽창하여 사회 기반 인력의 구성이 초등학교 졸업자에서 중등학교 졸업자로 전환되었기 때문이기도 하지만 상당 부분 노동시장 구조가 중등교육 수준의 숙련 기능 인력을 필요로 했기 때문이며, 공업계 고등학교 교육과 직업훈련 체제의 확충은 이와 같은 인력의 원활한 공급에 기여하였다.

2장의 〈표 2-11〉에 의하면, 1970년대에 들어서 노동의 경제성장 기여도 중 초등교육 이수 노동력의 기여도는 감소하는 반면 중등교육 이수 노동력의 기여도는 증가한다. 1966년에서 1970년 사이 중등교육의 기여도는 1.19%포인트(GDP 성장률을 100으로 하였을 때 3.90%)로서 총 노동 기여도의 31%를 차지했으나, 1970년에서 1975년 사이에는 1.71%포인트(GDP 성장률을 100으로 하였을 때 5.69%)로 증가하여 총 노동 기여도의 50.9%를 차지하게 된다. 실업계 교육의 기여도를 별도로 산출하지 못하였으므로 실업계 교육이 어느 정도로 기여했는지 실증적으로 판단하기 어려우나, 중등교육 기여도의 상당 부분은 실업계 고교의 직업기술교육에 기인한 것으로 추정할 수 있다.

16) Amsden(1989)은 한국의 직업기술교육이 다른 후발 산업국가들보다 그다지 발달하지 못했다고 주장하였다. 한국의 직업기술교육은 해당 기관 간에 기능 분화가 잘 이루어지지 않고 있으며, 사내 훈련의 경우 훈련에 평가가 따르지 않아 훈련의 질이 문제시되고, 훈련비가 너무 적게 책정되어 있으며, 훈련 기간이 너무 짧아(독일의 경우 산업화 초기인 19세기 말까지 기능인은 5년에서 7년간의 훈련 기간을 거쳤음) 대량의 기능인을 양성하는 데는 별 문제가 없었으나 진정한 의미에서 경험 있는 기능인을 양성하기에는 부족하였다고 지적하였다.

제5장

고등교육과 경제성장

1. 고등교육의 발전
2. 고등교육과 경제성장에 관한 이론적 논의
3. 한국의 고등교육과 기술 · 지식 집약적 산업화:
   1980년대～1990년대 전반

이 장에서는 먼저 한국 고등교육의 발전 과정을 인력 공급을 결정하는 고등교육기회 확대 정책의 측면에 초점을 맞추어 검토하고, 다음으로 이론적 논의와 우리나라를 분석 대상으로 한 실증적 분석 결과를 중심으로 고등교육과 경제성장의 관계를 검토한다. 이어 우리나라 고등교육이 경제성장에 어떠한 기제를 통하여 어떻게 기여하였는지 논의한다.

1. 고등교육의 발전[17)]

대부분의 나라들이 대학 정원 결정을 대학 자율에 맡기고 있는 반면, 우리나라에서는 정부가 대학 정원을 결정해 왔다. 1990년대에 대학 자율화 정책이 추진되기 이전까지는 각 대학의 각 학과 수준의 정원까지 정부가 결정하였다. 따라서 대학교육의 팽창 양상은 전적으로 정부 정원 정책의 영향을 받았다.

해방 직후부터 1950년대에 이르기까지는 정부의 자유방임적 고등교육 정원 정책에 따라 고등교육이 팽창하기는 하였지만, 절대 취학 가능 인구가 적었기 때문에 팽창 규모는 그다지 크지 않았다. 1960년대 들어 강력한 정원 통제 정책에 따라 고등교육 팽창이 억제되었으며, 1970년대에도 산업 인력 수요상 필요한 분야만을 부분적으로 확대했을 뿐 팽창의 억제 기조는 지속되었다. 따라서 1970년대 전반까지는 우리나라 고등교육 취학률이 다른 나라들에 비해 그다지 높지 않았고, 아시아 국가들의 평균 취학률과 유사한 수준을 유지하였다. 한국에서 고등교육이 팽창하기 시작

---

17) 이 절은 주로 김영화(1993)의 『한국의 교육불평등: 고등교육 팽창의 과정과 결과』 제1장을 참조하였으며, 1990년 이후의 자료를 추가하여 수정 · 보완하였다.

한 것은 1970년대 말부터이며, 특히 1980년대 들어서 급격하게 팽창하였다. 1980년에 이르면 세계 전체 평균 취학률을 상회하게 되며, 1985년에는 북미를 제외한 어느 지역의 평균 취학률보다 높아진다(3장의 〈표 3-1〉 참조). 1980년대 후반에 다시 팽창이 억제되었다가, 1990년대 들어서는 억제 기조를 유지하는 가운데 이공계와 전문대학을 중심으로 선별적으로 확대되기 시작하였다. 또한 이 시기에 고등교육은 국가의 지속적인 발전을 위한 가장 중요한 기제로 인식되면서 고등교육의 국제 경쟁력 강화를 위한 노력이 전개되기 시작하였다.

1) 자유방임적 고등교육 팽창: 해방 이후 1950년대

이 시기는 일본 식민통치로부터 해방된 이후 3년간의 미군정기, 대한민국 정부 수립, 6 · 25전쟁 등을 거치면서 국가의 기초를 다지려고 노력했던 시기이다. 국가의 힘이 미약한 상태에서 국가체제 각 측면의 발전에 대하여 확고한 구상이 세워져 있지 않은 채 시행착오가 거듭되었고, 고등교육 정원 정책도 자유방임적이었다. 이 시기에 고등교육 정원에 직접, 간접적으로 영향을 미쳤던 중요한 정책으로는 '국립서울대학교 설치안'(1946), '대학설립기준령'(1946), '농지개혁법'(1949), '재학생 징집연기 잠정령'(1950), '대학교육에 관한 전시 특별조치령'(1951), 국립대학 설립(1952~1955), '대학설치기준령'(1955) 등을 들 수 있다. 사실상 1955년 대학설치기준령이 공포되기 이전의 정책들은 고등교육 정원에 대하여 직접적으로 규정한 정책들은 아니며, 정책 추진의 결과 대학정원에 영향을 미치게 된 것이다.

국립서울대학교 설치안(국대안)은 ① 일제 잔재의 청산 및 신 국가에 적합한 고등교육기관 설립, ② 물적자원을 최대한으로 활용하여 국가 재정의 효율성 증진, ③ 교육의 질적 향상을 위한 서울과 부근 관립고등교육기관의 폐지 및 종합대학 신설 등을 주요 내용으로 하여 입안되었다. 이 안은 교직원과 학생들의 반대와 특히 교내외 좌익분자들의 책동에도 불구하고 1년 후 실현되었는데, 종합대학의 규모가 그 당시의 두 배를 수용할 수 있도록 계획되었을 뿐 아니라(문교40년사편찬위원회, 1988), 대학통합 과정에서 부족하였던 상급 학년 정원 수 보충을 위한 편입생제도와 별과생제를 실시하여 학생 수가 크게 증가하였다(서기곤, 1969)

그러나 무엇보다도 이 시기의 대학정원 확대에 큰 영향을 미친 것은 농지개혁법(1949)과 이 법 시행의 파급 효과를 예상하여 제정한 대학설립기준령이다. 새로운 경제체제의 수립을 위하여 남한의 전 경작지를 유상으로 매수하고 분배하도록 한 농지개혁법이 제정되자, 기존의 지주들은 자신의 경작지를 싼 값에 매수당하기 이전에 활용하기 위해, 사학을 설립하거나 학교 설립에 희사하였다. 대학설립기준령은 재단법인 설치에 관한 사항으로서 일정한 기본 재산을 소유한 재단법인만 대학 설립이 가능하도록 한 조처였는데, 농지개혁 이후 대학 설립 인가 신청이 별로 없을 것으로 예상하여 설립 인가를 신청한 경우 대부분 인가해 준 결과, 고등교육기관의 수는 1945년 28개교에서 1950년 47개교로 크게 증가하였다(문교40년사편찬위원회, 1988: 78). 이 당시 대학 설립에 대한 정부의 태도는 문교 행정의 책임을 맡았던 유억겸 학무국장의 말에 잘 나타나 있다.

> "광복이 되자 우후죽순과 같이 대학설립기성회를 각 시, 도에서 조직하여 그 설립 인가서가 문교부에 쇄도하였다. 이러한 현상은 오늘날에는 무감정적일지 모르나, 당시에는 매우 감격적이었다. 왜냐하면 일제의 압박 아래 35년간 우리말도 쓰지 못하고 우리글도 쓰지 못하고 우리 역사도 배우지 못하다가, 이제 그 철쇄가 단절되어 우리 마음대로 자유롭게 교육할 수 있고 교육을 받을 수 있다는 감격이며, 또한 일본 강점 하에 온갖 압박과 착취를 당하면서 푼푼히 축재한 존귀한 현금과 토

> 지를 광복된 조국의 민족교육을 위하여 투자하는 그 성스러운 심정에 대한 감격이었다(문교40년사편찬위원회, 1988: 76)."

사학 재단들은 농지개혁법 이후에 소작료 수입원을 상실하자 재원을 전적으로 수업료에 의존하게 되었으므로, 대부분의 학교들이 정원 외 입학을 허용하여 고등교육인구는 계속하여 증가하였다. 그러나 정부 수립 이후에는 미군정기에 비하여 고등교육기관이 크게 확대되지 않았는데, 이것은 농지개혁으로 기존의 지주들이 재원을 상실한 데다가 초대 문교장관의 정책 지침이 고등교육 확대에 역점을 두지 않았기 때문이다.

고등교육기관의 양적 팽창은 1950년에 공포되어 1956년까지 지속된 재학생 징집연기 잠정령에 의해 가속화되었다. 이 조처는 장래 지도자를 육성해야 하는 교육은 중단할 수 없다는 교육열에서 비롯된 것으로, 대학 재학생은 졸업 후까지 징집을 연기할 수 있도록 하였다. 그러나 이 조처는 병역 기피 수단으로 악용되어 대학에 진학하는 학생들이 증가하였으며, 아울러 대학 진학에 대한 가수요를 증대시켰다(강무섭 외, 1986). 이후 국방력 강화를 위해 징집 연기자 수를 제한해야 한다는 국방부 측의 요구에 따라 '전시 학생정원제'를 실시하여 당해 연도부터 신입생 모집에 있어 인문과학계와 사회과학계는 각각 종전 정원의 75%와 50%(1953년에는 75%)로 제한하였으나, 의학계는 군의관 요원 양성의 필요에 의해 종전의 150%로 증원하여, 전체 신입생 수에는 큰 영향을 미치지 않았다.

정부는 1951년에 '대학교육에 관한 전시 특별조치령'을 공포하여 전쟁의 피해를 입은 지역에서 운영될 수 없는 대학들을 일시적으로 부산, 대전, 전북, 광주 등으로 옮겨 전시연합대학을 운영하였다. 이 조처는 서울에 집중해 있던 대학들을 일시적으로나마 지방에 분산시키는 효과를 낳았으며, 서울 수복 후 대부분의 대학이 서울의 본 대학으로 복귀했으나 지방 분산 경험을 계기로 자기 지방에 대학을 신설해야겠다는 움직임이 일어났다. 여기에 부응하여 정부는 1952년부터 각 도에 국립대학의 설립을 추진하였다. 이것은 고등교육기관 분포에 있어 지역 간에 격차가 심화됨에도 불구하고 사립대학들이 지방으로 이전할 의향을 나타내지 않자, 지방의 고등교육에 대한 수요를 충족시키고 서울 소재 사립대학을 도태시키기 위하여 취해진 조치이다. 그러나 실제로 도태된 사립대학은 하나도 없고, 고등교육기관의 확장만 초래하였다(서기곤, 1969)

고등교육이 양적으로 팽창하면서 함께 뒷받침되어야 할 교육 여건들이 조성되지 않아 부실대학들이 만연하자, 정부는 부실대학의 양적 팽창을 억제하고 대학교육의 질적 개선을 도모하기 위하여 1955년에 '대학설치기준령'을 공포하였다. 이 기준령의 주요 내용을 보면 첫째, 대학의 설립 인가 시 교지, 교사, 재원 등 기준령에서 규정한 시설을 갖추지 않으면 인가하지 않음, 둘째, 기준령 공포 당시 본 기준에 미달한 대학은 공포일로부터 일정기간 내에(인문계 5년, 자연계 6년) 확충해야 함, 셋째, 기준령이 준수되지 않을 경우 문교부장관은 학교의 폐쇄나 학과의 통합, 학생정원 감축 등의 조처를 명할 수 있음 등으로 구성되었다. 설치 기준에의 적합 여부를 조사 · 심의하기 위하여 대학조사위원회가 설치 · 운영되는 등 이 조처는 해방 이후 최초로 수립된 실질적인 정원 정책이라고 볼 수 있다. 아울러 이 조처는 고등교육 정원 확대에 대한 자유방임적, 개방적 태도로부터 최초로 방향 전환하여 통제적 성격을 나타낸 정책이라 하겠다.

그러나 '대학설치기준령'이 공포되었을 당시 제시된 설치 기준이 현실과 너무 큰 괴리가 있었기 때문에 기준 확보를 위한 유예기간을 여러 번 연기했음에도 불구하고, 많은 대학이 기준에 도달하지 못한 상태에서 존속하였다. 1958년부터는 대학설치기준을 연도별로 완화하였고, 자유당 말기부터 민주당 정권의 시기에 걸쳐 정비 조치가 유명무실해지고 말았다(김종철, 1979).

1955년에 '대학설치기준령'이 공포되기는 하였지만 해방 이후부터

1950년대 말까지 국가는 고등교육 정원에 대하여 대체로 자유방임적 입장을 견지하였다고 볼 수 있다. 이러한 입장을 견지하게 된 정책 배경으로는, ① 일본 식민지 통치하에 억눌려 있던 교육열의 폭발, ② 국가의 힘이 성장하지 못함, ③ 고급 전문 인력에 대한 수요 등을 들 수 있겠다. 이 시기에 있어서나 지금이나 고등교육이 계층 상승 이동에 매우 중요한 수단이라는 것은 주지의 사실이나, 특히 일제 식민통치 하에서 한국 사람들에게 거의 고등교육의 기회가 주어지지 않았기 때문에 해방 이후에는 억눌렸던 교육 욕구가 분출했다. 또한 일본 식민통치 기간에 기술, 기능, 행정 등 중요 전문직종은 대부분 일본인이 차지하고 있었으므로 해방 직후 이 자리를 메꾸어 나갈 고급 인력이 절대적으로 필요했다.

이 시기에는 국가가 이러한 국민들의 교육 욕구와 고급 전문인력에 대한 수요를 적극적으로 충족시킬 능력을 채 형성하지 못하였으므로, 사학들이 우후죽순처럼 불어나는데 대해 방임적인 태도를 취함으로써 소극적으로나마 국민들의 교육 욕구와 고급 인력 수요를 충족시키려 했던 것으로 보인다. 이러한 문교 당국의 방임적 태도를 당시 유억겸 학무국장의 말에서 찾아볼 수 있다.

> "유지들의 정재를 거출하여 우리 손으로 우리 교육기관을 설립하려고 하는데 국가가 못할 바에야 어떻게 억제하겠느냐, 시작이 반이니 시작만 해 놓으면 교육기관 경영자인 만큼 양심적으로 육성할 것이다(한국교육십년사간행회, 1960: 94)."

한편 이 시기는 해방 이후 3년간의 미군정기를 거쳐 대한민국 정부 수립, 곧이어 6·25전쟁을 거치는 과정에서 국가의 정초 작업을 시도한 시기로서 대한민국 국가는 미처 '강력한 권력'을 지닐 수 있도록 성장하지 못하였다. 따라서 사학의 난립에 대하여 통제할 힘이 없었으며, 상기한 바와 같이 국가의 관심도 고등교육 정원 조정보다는 국민 기초 작업으로서 교육법 제정 등에 쏠려 있었기 때문에 고등교육 정원에 대하여 자유방임적이었던 것으로 보인다.

결과적으로 이 시기에는 대학생 수가 급격히 팽창하였다. 해방 직후 7,819명에 불과하던 고등교육기관 학생 수가 1960년에는 101,041명으로 대폭 증가하여, 연평균 18.6%의 증가율을 기록하였다(〈표 5-1〉 참조).

이 시기에 대학정원이 법적으로 존재하였음에도 불구하고 지켜지지 않고 계속 팽창한 것은 국민의 폭발적인 교육열, 대학의 운영으로 이윤을 추구하려는 대학 설립 운영자들의 사학 기업화, 해방 이후 국가가 대학정원에 대해 취한 자유방임적 태도 등이 서로 상승 작용을 일으켰으며, 고등교육기관 자체가 역사와 전통이 결여되어 고등교육에 대한 기준이 확립되지 못하였기 때문이라고 하겠다. 1955년부터 대학 정비를 단행했으나 실패한 것은 국가의 권력이 미처 성장하지 못하였기 때문인 것으로 지적되고 있다(강무섭 외, 1986: 송광용, 1989).

표 5-1 고등교육 정원 정책 시기별, 고등교육기관별 학생 수 및 연평균 증가율

(단위: 명, %)

정원정책 시기 \ 고등교육기관		대학교	전문대학	교육대학	고등교육 기관[1]
자유방임	1945				7,819
	1960				101,041
	연평균 증가율				18.6
1차 정원 억제	1961	115,505[2]	23,159[3]	5,920[3]	142,232
	1972	163,932	41,825	12,713	228,967
	연평균 증가율	3.6	5.5	7.2	4.4

부분적 정원 확대	1973	178,050	48,028	12,758	251,017
	1980	403,989	165,051	9,425	616,462
	연평균 증가율	12.4	19.3	-4.2	13.7
정원 확대	1981	535,876	199,705	10,324	797,152
	1984	870,170	230,354	14,282	1,193,007
	연평균 증가율	17.5	4.9	11.4	14.4
2차 정원 억제	1985	931,884	242,117	18,174	1,277,828
	1989	1,020,771	291,041	17,182	1,434,259
	연평균 증가율	2.3	4.7	-1.4	2.9
선별적 정원 증원	1990	1,040,166[4]	323,825		1,450,902
	1995	1,187,735[4]	569,820		1,870,283
	연평균 증가율	2.7	12.0		5.2
1962~1995	1962	115,505	23,159[3]	5,920[3]	142,232
	1995	1,187,735[4]	569,820	17,182[5]	1,870,283
	연평균 증가율	7.3	11.3	4.5	8.1

자료: 고등교육기관 1945~1972년 자료: 김종철(1979). 한국고등교육연구, 802. 그 외: 문교통계연보, 각 연도.

주: 1) 초급대학+대학(교)+대학원+각종학교

2) 1962년 학생 수임.

3) 1965년 학생 수임.

4) 교육대학 포함

5) 1989년

2) 대학에 대한 통제 강화와 정원 증원 억제: 1960년대

이 시기는 5 · 16 군사정변 이후 군사정부와 제3공화국의 통치 기간에 해당한다. 이 시기에 제1, 2차 경제개발 5개년 계획이 성공리에 추진되었고, 제3차 경제개발 계획이 시작되었다. 이 시기의 고등교육 정원 정책은 1950년대까지의 자유방임적이고 개방적인 정책에 대한 반동으로, 폐쇄와 통제에 치우친 경향을 나타낸다. 이 시기에 고등교육 정원에 영향을 미친 정책들로 '학교정비기준령'(1961), '대학입학자격 국가고시제'와 '학사자격 국가고시제'(1961), '대학학생정원령'(1969), '학위등록제'(1967), '대입예비고사제도'(1961) 등을 들 수 있다.

1955년에 대학의 무분별한 설립을 억제하기 위하여 '대학설치기준령'이 공포되었음에도 불구하고 1950년대 말에는 유명무실해져서 대학이 계속적으로 팽창하자, 정부는 양적으로 팽창하고 질적으로 저하된 대학교육을 개선하고자 하였다. 정부는 우선 대학정원을 국가의 인적 수요에 대응시키고 대학교육의 질을 향상시킬 목적으로, 1961년 '학교정비기준령'을 공포, 강력한 정원 통제 정책을 실시하였다. 법률 제708호로 공포된 '교육에 관한 임시 특례법'은 3조에 문교부장관은 학교의 지역별, 종류별 배치 상황, 설립자의 경비 부담 능력, 학과의 시설 기준을 고려하고 기타 필요할 때 문교 재건 자문위원회의 자문을 거쳐 학과 또는 학생 정원을 재조정할 수 있으며, 재조정에 관한 기준은 각 령으로써 정한다는 규정을 설정하고 각 령 283호로 '학교정비기준령'을 제정 · 공포하였다. '학교정비기준령' 3장 16조에는 학생 정원의 조정 기준이 제시되어 있는데, 전국 대학생 정원 총수는 ① 국가의 인적 수요, ② 설립자의 경비 부담 능력, ③ 국민의 교육비 부담 능력을 고려하여 문교부장관이 책정하고 '대학설치기준령'에 규정된 기준에 따라 대학(교)별 학생 정원을 설정한 후, 대학(교)별로 책정된 학생 정원의 총합이 전국 대학생 정원을 초과하는 경우 초과 인원 수를 각 대학(교)별 학생 정원의 비율에 따라 삭감하도록 되어 있다.

'학교정비기준령'에 기초하여 설정된 1961년도 4년제 대학의 새로운 정원은 66,410명으로 정비 전 정원에서 27% 감축되었고, 정비 전 실제 대학생 수 129,246명의 절반 수준에 머물렀다(김종철, 1979). 그러나 정비 후에도 여전히 정원 외 입학이 허용되어 실제 대학생 수는 정비 이전의 대학생 수보다 11% 감소한 115,505명에 이르렀다(〈표 5-2〉 참조). 1961년의 대학 정비는 주로 4년제 대학의 학생 정원 감축에 한정되었고, 교육대학이 신설됨에 따라 2년제 대학의 정원은 오히려 증가하였다. 4년제 대학은 정비 전 52개교, 정원 91,540명에서 정비 후 50개교, 66,410명으로 감소하였으나, 2년제 대학은 10개교, 3,660명에서 37개교, 14,820명으로 대폭 증가하였다(〈표 5-2〉 참조).

그러나 이러한 대학 정비는 실시 과정에서 상당한 문제를 야기시켰다. 정원의 급격한 감축으로 사회적 불안 조성, 비민주적인 대학 정비 과정, 국·공립대학과 사립대학 정비의 별도 기획으로 인한 지방 분산 원칙의 위반, 인력수급에 의한 대학정원 결정의 불가능성과 바람직하지 못함, 대학의 운영난 초래 등이 대학정비의 문제로 지적되었다(김종철, 1979).

대학정비안은 1961년 말 1차로 수정되었고, 1962년 말에 2차로 수정되어 대부분의 대학이 1963년 초에 거의 1961년 정비 이전의 상태로 환원되었으며, 1964년에는 대학정비 정책이 완전히 폐지된 것이나 다름없었다. 더욱이 교육대학(1962)과 실업고등전문학교(1963) 등 새로운 고등교육기관이 신설되어 고등교육은 오히려 정비 이전보다 더 팽창하고 말았다.

군사정부는 대학 정비라는 적극적 정원 통제 정책 이외에 1961년 대학입시자격 국가고시제와 학사자격 국가고시제를 실시하여 간접적으로 대학생 정원을 통제하려 하였다. 그러나 이 조처는 많은 장벽에 부딪혀 실

표 5-2 1961년도 대학정비 전후의 대학교육 실태 비교

대학종별	구분 설립별		정비 전				정비 후				학생 수 증감률(%)	
			학교 수(교)	학과 수(과)	학생 수(명) 정원	학생 수(명) 현원	학교 수(교)	학과 수(과)	학생 수(명) 정원	학생 수(명) 현원	징원	현원
4년제 대학	국립	대학교	5	177	29,440	30,080	6	162	19,320	32,071	-34	+6
		대학	4	17			4	17				
	공립	대학교	1	20	5,240	5,453	-	-	760	1,401	-86	-74
		대학	4	20			2	9				
	사립	대학교	12	244	56,860	93,712	12	249	46,330	82,033	-19	-13
		대학	26	150			24	111				
	합계	대학교	18	441	91,540	129,245	20	411	66,410	115,505	-27	-11
		대학	34	187			30	137				
초급대학(교육대학포함)	국립	초급대	2	10	700	835	-	-	-	-	-	-
		교육대	-	-	-	-	10	10	3,920	2,350	-	-
	공립	-	-	-	-	-	3	10	740	370	-	-
	사립	-	8	23	2,960	2,623	24	132	10,160	8,238	+243	+214
	합계	-	10	43	3,660	3,458	37	152	14,820	10,958	+307	+217

자료: 김종철 외(1989). 한국 고등교육의 역사적 변천에 관한 연구. 한국대학교교육협의회, 256.

주: 1) 정비 전 학교 수, 학과 수, 학생정원은 1960년 1월 현재. 문교부.『전국대학학과별 학생정원 통계표』에 의함. 단 각종 학교정원은 현원을 그대로 적용. 정비 전 학과 수 통계에는 각종 학교 분은 포함되지 않음(1961년 10월 1일 현재).

2) 정비 전 현원은 문교부 학교관리국 행정관리과 『대학정비의 경위와 문제점』(유인물), 58에 의함.

3) 정비 후의 통계는 1962년도『문교통계요람』과 문교부 학교관리국『전국 고등교육일람표』에 의함.

패로 돌아갔고, 1963년에 제정 · 공포된 '교육에 관한 임시특례법중 개정 법률안'에 의해 1964년에 국가고시제는 폐지되었다.

또한 1963년에는 사립학교와 그 재단법인의 무계획성과 혼란을 바로 잡는다는 취지 아래 법률 제1362호로 '사립학교법'이 제정 · 공포되었는데, 이 법에 의하면 학생의 입학(편입학 포함), 수업 및 졸업에 있어 교육 관계 법률 또는 그에 의한 명령 위반 시 감독청은 총 · 학장에 대한 임명 승인을 취소할 수 있게 되어 감독청(문교부)이 사학, 특히 학생 정원과 관련된 부분에 대하여 강력히 규제할 수 있도록 하였다.

이에 대하여 사립학교측은 사립학교의 특수성에 비추어 그 자주성을 확보하여 공공성을 앙양할 때만이 사립학교의 건전한 발전이 이룩될 수 있다고 주장하면서, 사학에 대한 정부의 감독과 통제가 지나친 것을 비난하였다. 이에 따라 1964년에는 사학의 자주성을 보호하고 자율적 발전을 보장하는 내용의 '사립학교법' 개정안이 국회에 제출되기에 이르렀다. 그러나 정부에서 약속한 신학년도의 등록금 인상이 좌절되자 사립대학은 일제히 정원의 30% 내외의 인원을 초과 모집하였고, 이 밖에 격렬해진 학생 소요, 일부 사학의 비교육적, 변칙적 학원 운영 등이 문제시되자, 정부는 1964년 11월에 오히려 사학에 대한 문교부의 통제를 강화하는 내용의 개정 대안을 국회에 상정하여 통과시켰다(문교40년사편찬위원회, 1988).

이와 같은 다각적인 시도에도 불구하고, 고등교육의 양적 팽창이 둔화될 줄 모르자 문교 당국은 1965년에 '교육법 시행령'을 개정하여 대학과 사범대학의 학생 정원을 각각 따로 대통령령으로 정하도록 규정하는 '대학학생정원령'을 공포하였다. '대학학생정원령'의 주요 내용을 보면, 대학(초급대학)과 사범대학의 학과별 입학 정원과 학년 정원은 별표로 규정하도록 되어 있고, 대학원의 학생 정원에 관해서는 그 대학교 또는 대학 정원의 10분의 1로 하여 위탁 학생, 외국인 학생 및 교포 학생을 제외하고는 규정된 정원을 초과하여 입학을 허가할 수 없도록 되어 있었다. '대학

학생정원령'은 1969년에 개정되어 문교부장관의 입학 허가 확인, 학교장의 입학 허가 통지서 보관, 문교부장관의 입학생 명단 공고 등의 조항을 신설하였다. 즉, 학교장은 대학입학선발고사에 합격한 자의 입학 허가를 미리 문교부장관의 확인을 받아 통지하도록 되었으며, 문교부장관의 확인이 없는 입학 허가는 취소를 명할 수 있게 되었다.

1967년에는 학위등록제가 제정 · 공포되었는데, ① 총 · 학장은 학위수여 예정일 30일 전에 학사, 석사, 박사학위 예정자 명부를 문교부장관에게 제출할 것, ② 학사학위 수여 예정자 명부의 등재 대상은 '대학학생정원령'에 의하여 문교부장관이 공고한 입학생 명부에 등재된 자로서, '교육법' 제115조 제1항의 규정에 의하여 학사학위를 받은 자에 국한됨, ③ 외국 박사학위 취득자도 귀국 6개월 이내에 논문 1부를 첨부하여 등록할 것 등을 내용으로 하고 있다. 학위등록제는 부정 입학과 부정 졸업을 방지하고 대학의 질을 향상시킬 목적으로 실시되었으며, 고등교육 인구를 국가가 조절하기 위한 또 하나의 조치였다.

1969년부터 실시된 대입예비고사제도는 '대학학생정원령'이 더욱 효과적으로 추진될 수 있도록 뒷받침해 주었다. 이 제도는 대학입학 적격자를 국가 관리 하에 선발하여 대학입학정책이 국가 인력수급 정책과 유기적인 관계를 유지하도록 하는 한편, 대학의 질적 향상을 도모하고자 한 것이다. 구체적으로 이 제도는 대학 입학 정원을 기준으로 일정 수를 선발하여 각 대학별 입학시험에 응시할 수 있는 자격을 부여함으로써, ① 대학교육에 알맞은 인재를 선발하여 대학의 위상 정립, ② 사학의 학생 정원 초과 모집과 개인의 적성 무시로 인한 대학의 질적 저하 방지, ③ 국가 인력수급 계획과 유기적 연계 확보, ④ 대학의 지역 차 완화, ⑤ 고등학교 교육의 정상화 등에 기여하고자 한 것이다. 대입예비고사제도는 대학정원의 1.5배에 한해서 대학입시자격을 부여함으로써 대학별 단독 시험에서 야기될 수 있는 입학 정원의 초과 모집을 방지하고, 부실대학을 정비하려는 의도로 도입된 것이다(문교40년사편찬위원회, 1988).

이와 같이 강력한 통제 정원 정책으로 전환하게 된 정책 배경은 고급 인력의 실업률 증가 및 경제발전 정책의 추진, 사립대학의 기업화 및 부실 운영, 정치적 안정에의 필요 등으로 집약할 수 있겠다. 무엇보다도 강하게 당시의 고등교육 정원에 대한 문제의식이 제기되게 된 배경은 고급인력 공급의 과잉 현상이다. 해방 이후 지속적으로 확대된 고등교육 인구는 1960년대 들어 대량의 고등 실업자군을 양산하였다. 1962년 대학 정비를 단행하기 이전의 고등교육기관 졸업자의 취업률은 40%를 넘지 못한 것으로 보고되고 있으며(공보부, 1962: 158. 송광용, 1989: 17에서 재인용), 1963년에는 45.5%, 1965년에는 37.6%였고 이중 4년제 대학 졸업자의 취업률은 1963년에는 38.7%, 1965년에 34.7%에 불과하였다.[18] 고등 실업은 국가적으로 볼 때나 개인적으로 볼 때나 모두 자원의 낭비를 초래하는 한편, 좌절로 인한 사회 불안을 초래할 여지를 안고 있어 특히 정책 결정에 주요 고려사항이 되었다. '학교정비기준령'에서 전국 대학생 정원 총수를 책정할 때 '국가의 인력 수요'를 첫 번째 기준으로 삼은 것은 당시 고급 인력의 유민화가 얼마나 심각한 문제로 제기되었는지를 짐작하게 한다. 이와 관련하여 1960년대는 한국의 산업화가 본격적으로 추진된 시기로서, 경제발전에 필요한 인력의 양성이 교육계의 중요한 과제로 던져졌던 출발점이다. 국가발전은 1960년대 이후 '학교정비기준령'을 비롯하여 정원정책의 주된 이유 혹은 목적으로 일관성 있게 강조되었고, 여기에서 대학정원에 대한 국가 통제가 정당화되었다.

또한 이 시기에 난립했던 많은 사학들이 정원 외 입학을 허용하고, 청강생을 모집하여, 여기에서 얻은 초과 납입금을 교육 외의 목적으로 사용하는 등 학생 정원을 재산 증식의 수단으로 이용하였다. 원래 정원 외 입

---

18) 문교부. 문교통계연보, 각 연도별 자료에서 계산하였음.

학은 재정의 대부분을 납입금에 의존해야 하는 사학의 재정난을 덜어 주기 위하여 당국이 허용했던 것인데, 이것이 사학의 영리 추구를 부채질하게 된 것이다. 또한 정치적인 이유도 배제할 수 없는데, 고등교육의 무분별한 양적 팽창에 비난을 가하는 국민 여론을 수렴함으로써 군사정부의 정당성을 확보하는 한편, 4 · 19혁명의 주축 세력이 대학생이었던 점을 감안하여 사회운동 세력을 위축시키려 시도했다고 볼 수 있다(최종철, 1986; 강무섭 외, 1986).

〈표 5-1〉에 의하면, 이 기간 동안에 고등교육기관 학생 수는 1962년 142,232명에서 1972년 228,967명으로 연평균 4.4%의 증가율을 기록하였다. 이중 4년제 대학 학생 수는 이보다 조금 더 낮은 3.6%의 증가 속도를 나타내었다. 4년제 대학의 학생 수 증가를 전공계열별로 살펴보면(〈표 5-3〉), 사범계열의 학생 수가 연평균 15.4%의 속도로 증가하여 가장 빠른 속도를 나타내었고, 공학계열(10.9%)과 이학계열(8.3%)이 다음으로 빠른 증가 속도를 기록하였다. 이 기간 동안에 사회계열(0.4%)과 어문학계열(1.2%)의 학생 수는 거의 증가하지 않았고, 특히 인문계열의 경우 학생 수는 오히려 감소(-1.6%)하였다.

이 기간의 고등교육 학생 수는 연평균 증가율이 4.4%에 그쳐, 자유방임기 동안의 연평균 증가율 18.6%에 비추어 볼 때 정원의 증가가 크게 둔화되기는 하였으나, 당초 정원을 축소시키려던 군사정부의 의도와는 달리 여전히 증가를 계속하였다. 따라서 정부의 정책이 성공을 거두었다고는 보기 어렵다. 1960년대에는 5 · 16 군사정부를 출발로 하여 군정 특유의 강력한 행정력으로 정책을 밀고 나갈 수 있었음에도 불구하고, '학교정비기준령'과 '대학정원령'은 소기의 목적을 거두지 못한 것이다.

이것은 멈출 줄 모르고 높아가는 국민들의 교육열과 대학 재정의 대부분을 학생들의 등록금에 의존하고 있는 사립대학의 이해관계를 고려하지 않은 채 국가 감독의 일방적 강화와 국가 권력에 의한 공권력 조치만을

표 5-3 고등교육 정원 정책 시기별, 4년대 대학 전공계열별 학생 수 및 연평균 증가율 (단위: 명, %)

		전체	공학	이학	사회	어문학	인문	의학	사범	기타
1차 정원 억제	1963	115,505[1]	149,946	7,734	34,302	10,933	7,827	11,059	5,001	13,436
	1972	163,932	37,798	15,801	35,462	12,128	6,781	14,135	18,087	23,740
	연평균 증가율	3.6	10.9	8.3	0.4	1.2	-1.6	2.8	15.4	6.5
부분적 정원 확대	1973	178,050	41,175	15,981	36,800	12,674	6,380	15,138	27,578	26,546
	1980	403,989	105,352	33,946	86,197	33,452	10,757	22,111	53,411	58,763
	연평균 증가율	12.4	14.4	11.4	12.9	14.9	7.7	5.6	9.9	12.0
정원 확대	1981	535,876	134,376	45,535	123,942	53,680	14,779	25,679	68,300	69,585
	1984	870,170	185,019	82,203	235,151	109,173	32,896	36,735	96,299	92,694
	연평균 증가율	17.5	11.2	21.8	23.8	26.7	30.6	12.7	12.1	10.0
2차 정원 억제	1985	931,884	199,603	88,972	257,738	117,684	32,093	39,408	94,796	100,489
	1989	1,020,771	227,554	89,822	285,803	120,177	37,196	39,937	71,826	126,674
	연평균 증가율	2.3	3.3	0.2	2.6	0.5	3.8	0.3	-6.7	6.0
선별적 정원 증원	1990	1,040,166	419,891		286,814	156,164		40,430	67,838	69,029
	1995	1,187,735	523,002		306,487	166,480		44,707	62,399	84,660
	연평균 증가율	2.7	4.5		1.3	1.3		2.0	-1.7	4.2

자료: 문교통계연보, 각 연도.
주: 1) 전체의 1차 정원 억제기 출발 연도: 1962

추진했기 때문이다. 1950년대 고등교육의 양적 팽창이 대학의 질 저하를 비롯하여 고등교육계에 많은 문제를 야기시킨 것은 사실이나, 대학 질 저하의 근본 원인이 양적 팽창에 있다고 보기보다는 대학 재정의 등록금 의존도가 높은 우리나라의 경우에 대학의 양과 질은 상보적인 관계로 보는 것이 더 타당하다는 주장도 있다(김종철, 1979). 1945~1960의 자유방임기에는 국민의 욕구 및 대학 설립자와 경영자의 욕구, 그리고 정부의 자유방임적 태도가 상승작용을 하였던 반면, 1960년대에는 정부의 정책이 국민과 대학의 이해관계와 갈등을 일으켜 정책이 성공을 거두지 못하였다고 볼 수 있다.

3) 경제 수요에 부응한 고등교육 정원 조정과 대학 단계의 직업교육기관 개편: 1970년대

이 시기는 제4공화국 기간으로 이 기간 동안 제3차와 제4차 경제개발 5개년 계획이 추진되었다. 1960년대에 줄곧 고등교육 정원 증원을 억제해 왔던 정부는 1970년대 들어 지속적인 산업화에 요구되는 고급인력 수요에 대응하기 위하여 전공 분야별로 선별적으로 고등교육 정원을 확대시켰다. 경제성장을 뒷받침할 수 있도록 산업 분야의 지역별 배치를 고려하여 중화학 공업계와 경상계, 외국어 학과 등을 중점 증원하였으며, 국가 인력 수급상 필요한 전공 분야 외의 학과는 1960년대에 이어 대학정원의 증원을 계속 억제하였다.

1970년대는 한국 교육에서 '고등교육의 연대'라고 불릴 만큼 본격적인 대학교육 개혁이 진행된 시기이다. 문교부는 1971년 9월 교육정책심의회에 고등교육 분과위원회를 구성하여 고등교육 개혁 사업을 주관하도록 하였는데, 이 위원회에서 각종 세미나 개최와 각 대학교의 개혁안을 토대로 설정한 고등교육 개혁의 기본 원칙은 다음과 같다(김종철 외, 1989: 281).

① 국가 및 지역사회 발전에 기여할 수 있는 고등교육기관의 이념과 기능을 정립하고, 이 정립된 이념과 기능에 따라 각종 고등교육기관을 재조정한다.

② 종전의 획일적인 행정 규제 체제에서 탈피하여 보다 탄력성 있는 제도를 마련함으로써 효율적인 대학의 지원 방안을 모색한다.

③ 각 고등교육기관의 기능적 상호보완체제가 마련되어야 하며, 이를 통하여 개체 대학의 교육 프로그램을 강화하고 그 질적인 향상을 도모한다.

④ 각 대학이 위치한 지역사회의 요구와 각 지역 상호 간의 역할 분담을 토대로 한 대학의 특성화가 이루어져야 하며, 정부는 이를 적극적으로 지원한다.

⑤ 동일 지역 내에 있는 대학과 지방 관서 및 지역사회와의 협력 체제를 조속히 수립한다.

이 원칙에 따라 수립, 추진된 대표적인 사업이 실험대학의 운영과 대학의 특성화 방안이며, 특히 특성화 정책은 대학정원과 학과 편입에 많은 영향을 미쳤다. 공학계열을 중심으로 1974년부터 실시된 특성화 대학 및 특성화 학과 정책의 추진은 특성화 학과들의 정원을 크게 확대시키는 결과를 초래하였다.

대학 특성화 정책은 1970년대 초부터 시작된 중화학공업 육성 정책의 일환이다. 지역사회 개발과 국가발전에 대한 대학의 기여도를 감안하여 지역사회의 산업적 특수성에 적합한 특성을 가지는 대학을 육성하고, 대학의 역할 분담을 통하여 제한된 교육 재정을 집중적으로 투자함으로써, 지속적인 산업화를 효율적으로 수행하려는 필요성에 의하여 실시하게 된 것이다. 특성화 정책에 의하면 특성화 대학, 또는 특성화 학과로 지정되면 실험 기구의 지원, 학과 및 정원의 우선적 조정, 시설의 우선 지원과 교육 연구 활동, 외자 도입 및 차관, 학생 장학금 등과 같은 각종 혜택을 받게 되었다. 문교부는 1973년 10월 10일 '지역대학 특성화 계획'을 확정하여 부산대학의 기계과, 경북대학의 전자과, 전남대학의 화공과, 충남

대학의 공업교육과 등 지방 18개 대학, 52개 학과를 제1차 특성화 학과로 선정하였다.

특성화 대학 내지 특성화 학과도 대부분 지역적 특수성에 비추어 선정하였지만, 특성화 대학이나 특성화 학과 외에 지역 특성화라는 것이 따로 있어서 그 지역 특성에 관련이 깊은 학과들을 중점적으로 지원해 주기도 하였다. 예컨대, 울산의 석유화학단지, 마산과 통영 지역의 수산해양단지, 구미의 전자단지 등 지역 특성화를 실시하여 각 대학의 관련 분야 학과의 정원을 집중적으로 늘려 주고 지원해 주었다.

그러나 이러한 공과대학의 특성화 정책은 실시 과정에서 많은 문제점을 야기시켰는데, 이것을 요약하면 다음과 같다(김종철 외, 1989: 303~304).

① 현장에 바로 적응할 수 있는 전문인을 양성하기 위해 일반 교양과목을 줄이고 현장 실습 및 실험 실습을 강화하려 했으나, 산업계의 수용 능력 부족과 현장 실습 기피 현상으로 방학 등을 이용하여 3~4주간의 실습에 그쳤고 기간이 너무 짧아 교육적 효과가 의문시되었다.

② 특성화 학과를 여러 전공 분야로 세분화하여, 지나친 전문화보다는 보편화 경향을 지향하고 있는 학부의 교육 방향에 맞지 않고, 고도화되고 다양화되고 있는 산업기술에 대한 적응력이 약화될 가능성이 컸다.

③ 특성화 학과를 집중적, 중점적으로 지원, 육성하기 위해서 비특성화 학과를 폐과, 개편, 또는 격리 운영한 것은 학문 간의 상호 연계성과 교육의 균형 발전을 저해할 가능성이 많았다.

④ 지역 산업과의 관련에 따라 지역 대학을 특성화함으로써 공학 교육이 지역화되었다. 현지 산업이 종전의 소규모 기업 형태로부터 복합적이고 종합화함으로써 단일 분야의 산업체라 하더라도 여러

학문 분야의 기술인이 필요한데, 이에 부응하지 못하게 되었다.

⑤ 대학 특성화는 실험대학의 운영과 상치되었다. 실험대학은 학점을 하향 조정하고 필수과목보다는 교양과목이나 선택과목의 비중을 강화하는 방향으로 교육과정을 개편하려는 것이었으나, 지역대학의 특성화에 있어서는 특성화 학과의 학점을 늘리고 필수과목을 강화, 확대하여 중점적으로 지원, 육성하게 됨으로써 1970년대 고등교육개혁 사업 간에 모순을 야기시켰다.

⑥ 동일한 대학 내에서도 특성화 학과를 집중 지원함으로써 학생 및 교수 간 위화감을 조성케 하였을 뿐 아니라, 대학의 행정이 이원화 체제로 분리 운영되었다.

이 외에 실질적인 문제로 특성화 공과대학이 소재한 곳에 거주하는 사람이 특성화대학에서 제공하고 있는 분야 학과 이외의 학과에 진학하려면 먼 지역으로 이주해야 하는 상황이 벌어졌다. 예컨대, 부산대학의 공과대학이 기계계열로 특성화되었으므로 부산 지역에 살고 있는 학생이 부산대학과 같은 수준의 전자공학과에 진학하려면 전자계열이 특성화되어 있던 경북대학에 가야 하는 상황이었고, 서울 사람이 기계계열에서 우수한 교육을 받기 위하여 부산대학에 내려가야 하는 상황이 벌어졌던 것이다. 그러나 실제로 그러하지 못했고, 불편만을 초래하여 시간이 경과함에 따라 특성화 외의 학과들이 하나, 둘씩 다시 생겨나기 시작하였으며, 1980년대 들어 대학 간 균형 발전을 위하여 특성화의 범위를 확대한다고 하였으나 결과적으로 특성화 정책은 유명무실해졌다.

또한 1970년대에는 중화학공업 육성에 필요한 이공학계 학과뿐 아니라 무역, 경영학과 등의 경상계와 외국어계 등 수출산업 분야의 학과도 중점적으로 증원하였다. 한편 1970년대 중엽 이후 수도권 인구 소산책에 부응하여 수도권 소재 대학의 정원 증원을 억제하자, 1970년대 말에 고려대, 한양대, 외국어대학 등이 분교를 설립하여 이 시기의 대학정원 확대를 가속화시켰다.

한편 1978년의 교육법 개정으로 종래의 간호학교, 실업고등전문학교, 초급대학 등 단기 고등교육기관을 전문대학으로 개편하였는데, 이것이 고등교육의 양적 팽창을 촉진시켰다. 전문대학의 전신인 실업고등전문학교는 경제개발 5개년 계획이 추진되기 시작하면서 이에 필요한 중견 산업기술인을 양성할 목적으로 1963년에 수업 연한 5년으로 개설되었다. 실업고등전문학교는 중학교 또는 고등학교 졸업자를 자격자로 하고, 졸업 후에는 대학에 편입할 수 있게 하였는데 5년이라는 수학 기간이 너무 길고 졸업자의 취학과 진학이 어려워 중도 탈락자가 많았다. 이에 따라 1970년에 실업전문학교를 초급대학인 전문학교로 개편하였으나,[19] 전문학교는 대입예비고사 불합격자도 입학이 가능하였으므로 양적 성장은 급격했던 반면 질적 수준은 매우 낮았다(문교40년사편찬위원회, 1988).

정부는 이러한 문제점을 해결하고 당시 심각하게 제기되었던 재수생 문제를 해결하기 위한 방안의 하나로 종래의 초급대학과 전문학교를 전문대학으로 개편, 일원화하여 대입예비고사 합격자만 입학을 허용하였으며, 교육내용을 전문화하고 실험실습 시설을 확충하는 등 대학으로서의 면모를 갖추도록 하였다. 개편된 전문대학은 '국가 사회 발전에 필요한 중견 직업인의 양성'을 그 목적을 하였다. 좀 더 구체적으로 전문대학의 목적은 산업사회의 실무 요원으로서 필요한 전공 학술 이론을 연마하고, 직업과 관련된 다양한 전공 기술을 습득하며, 급변하는 사회 및 기술 발전에 적응하는 자질과 능력을 배양하는 데 있었다. 이러한 목적을 달성하기 위하여 전문대학은 ① 교육 여건을 조성하기 위한 설치 기준이 강화되었고, ② 대학입학예비고사 합격자에게 입학 자격을 부여함으로써 대학과

19) 1970년 전문학교로 개편할 당시 26개교(9,802명)에서 1978년에 112개교(62,024명)로 증가하였다(문교40년사편찬위원회, 1988).

동일 기준을 채택하였으며, ③ 교육과정의 이수 방법도 학점제로 바꾸어 대학의 모습을 갖추게 되었고, ④ 전문대학 고유의 교육과정을 개발·적용하여 특수 과목을 시행하는 기관으로서 사회적 신망을 받을 수 있도록 하였으며, ⑤ 새로운 기준에서 교원을 확보하는 등 질적 향상을 도모하여 내적 충실을 기하였다(강무섭 외, 1986).

그러나 전문대학의 발족이 재수생 해소 대책의 일환이었기 때문에 학생 수가 급증하였다. 전문대학의 확대는 1981년까지 계속되다가, 1981년 대학의 졸업정원제 실시와 함께 추진된 4년제 대학정원 확대 정책으로 대학과 동일한 교지 내에 위치하고 있는 전문대학의 정원을 대학에 통합 조정시켜 4년제 대학화하면서, 이를 고비로 이후 학교 수가 줄어들었고 1982년부터 주춤하였다(문교40년사편찬위원회, 1988).

이 시기 문교부의 대학 학생정원 조정 원칙을 검토해보자. 1973년에는 ① 서울 인구 집중 방지, ② 지방대학 육성과 특성화, ③ 국가 경제발전상 필요한 산업 분야의 지역별 배치 고려, ④ 종합대 승격 불인정, ⑤ 인문사회계 증설 억제, ⑥ 국사교육 강화와 체육학과 확충, ⑦ 종합대학에 교원양성학과를 통합하여 사범대학 개편, ⑧ 중등교원은 당해 시·도 대학으로부터 공급, ⑨ 직업인과 여성의 고등교육기회 확대를 위해 2부 대학 확충 등 9개 항목으로 제시되었다(문교40년사편찬위원회, 1988). 1961년 학교정비기준령이 제정되었을 때 학생 정원의 조정 기준이 ① 국가의 인적 수요, ② 설립자의 경비 부담 능력, ③ 국민의 교육비 부담 능력의 세 가지였던 점에 비추어 볼 때 1973년의 대학정원 조정 원칙은 지역 간의 불균형 해소, 국가 경제발전, 평생교육 및 여성교육 강화, 교원교육제도 개선 등 매우 다양한 각도에서 설정되었다고 하겠다. 대신 설립자의 경비 부담 능력이나 국민의 교육비 부담 능력은 고려사항에서 제외되었다.

이후 국가 인력 수급상 필요한 분야의 증원이 꾸준히 조정 기준으로 등장하였고, 실험대학 및 특성화에 필요한 학과 증원, 인력수급계획상 과잉 분야 학과 및 영세학과(정원 미달)의 자체 조정, 수도권 인구 소산책에 부응한 정원 조정(1978), 유사학과를 비롯한 각종 학과의 자체 통합(기초과학 분야 제외) 조정(1979), 특별한 사유가 없는 한 학과 신설을 억제하고 기설 학과의 증원(자체통합) 권장(1979), 사회복지 증진을 위한 분야 확충(1980) 등이 대학 학생 조정의 주요 기준으로 포함되었다. 특히 1978년과 1979년에는 '기계, 전기, 전자 등 중화학공업 분야, 무역, 경영 등 수출 산업 분야의 학과를 지원'한다고 구체적인 증원 분야까지 명시하였다(박희찬, 1987). 즉 이때에는 국가 인력 수급상 필요한 분야의 증원과 수도권 소재 대학의 증원 억제, 영세학과, 유사학과, 인력 수급상 과잉 학과의 통폐합 등 증원과 증원 억제 정책을 동시에 실시함으로써 필요한 부분의 정원만 선별적으로 확대시키려 했다.

이렇게 1960년대의 정원 억제 정책으로부터 부분적 정원 확대 정책으로 선회하게 된 배경으로는 ① 하급 교육기관의 양적 팽창과 이에 따른 파급 효과, ② 제3, 4차 경제개발 5개년 계획의 추진과 경제성장, ③ 고등교육개혁의 추진 등을 들 수 있다(송광용, 1989). 초등교육의 확충을 위해 1954년에 수립된 의무교육완성 6개년 계획, 1969학년도부터 실시한 중학교 무시험진학제, 1974학년도부터 도입된 고교연합고사 학군별 추첨제 등으로 이어진 하급 학교 입학 정책이 시행되는 가운데 고등학교 졸업자 수는 급격히 확대되었고, 급증한 대학 진학 수요는 고등교육 정원의 확대를 요구하는 사회적 압력으로 작용하게 되었다.

한편 이 시기는 제3, 4차 경제개발 5개년 계획이 추진된 시기로서 경공업 중심의 전략에서 중화학공업 중심의 전략으로 경제발전 전략이 이행됨에 따라 고급 기술 인력이 절실히 요구되었던 시기였다. 정부는 대학교육을 통하여 이러한 인력을 양성하고자 하였고, 장기종합교육계획(1972~1986), 장기경제사회발전(1977~1991), 장기인력수급전망(1977~1991), 교육발전의 전망과 과제(1978~1991) 등의 장기적 인력 수급 계획을 수립하여 국가 발전에 필요한 과학기술 인력의 수요를 산출한 결과, 정원을 부분적으로라도 조정하지 않을 수 없었다.

또한 위에서 기술한 바와 같이, 1970년대는 본격적으로 고등교육의 개혁이 진행된 시기로서, 이 시기에 문교부는 실험대학 운영을 비롯하여 서울대학교 종합화 추진, 지방대학의 육성, 단기 고등교육기관의 개편, 방송통신대학의 설치, 산학협동의 추진, 대학원 교육의 강화, 학술 진흥 등을 추진하였다. 이상과 같은 개혁 사업의 추진에 따라, 종래의 획일적 정원 억제 정책으로부터 방향을 전환하여 분야에 따라 학생을 증원하지 않을 수 없었다.

결과적으로 이 시기에 4년제 대학의 학생 수는 연평균 12.4%의 속도로, 전문대학의 학생 수는 연평균 19.3%의 속도로 증가하였다(〈표 5-1〉 참조). 대학의 팽창은 1970년대 말부터 현저히 진행되었는데, 4년제 대학의 경우 1978년까지는 매년 8%~10.5%의 증가율로 증가하다가 1979년에는 18.9%, 1980년에는 22.3%까지 증가하여, 1981년부터 추진된 정원 확대 정책 이전에 이미 정원은 확대되고 있었음을 알 수 있다.[20]

이 시기의 대학 팽창 양상을 전공계열별로 보면(〈표 5-3〉 참조), 중화학공업 육성 정책의 추진과 무역구조의 대외 의존성이 심화됨에 따라 이공계열과 어문학계열, 경상계열의 정원을 선택적으로 확대한 정부의 정원 정책이 그대로 반영되어, 어문학계열과 공학계열이 가장 급격히 팽창하였고, 다음으로 자연계열과 사회계열이 크게 확대되었으며, 여전히 인문계열과 의학계열이 가장 느린 속도로 확대되었다. 1979년에는 정부가 정책적으로 증원을 허용했던 어(문)학계, 사회계(경상계), 이공계가 24% 전후로 급격히 팽창하였고, 인문계는 5.7% 수준에 그쳐[21] 팽창 정도는 지나쳤지만 팽창의 방향은 정책과 상응하였다고 볼 수 있다.

20) 문교부, 문교통계연보 각 연도별 자료에서 계산하였음.

21) 문교부, 문교통계연보 각 연도별 자료에서 계산하였음.

4) 대학교육의 급격한 팽창과 전문대학의 정비: 1980년대

1970년대 말부터 확대되기 시작하였던 대학교육은 1980년대 들어 대폭적으로 확대되었고, 대학교육 취학률이 세계 평균 취학률을 앞서기 시작한 것도 바로 이 시기이다. 그러나 대학교육의 팽창이 경제부문의 산업 수요보다는 학생·학부모의 사회적 수요와 정치적 필요를 반영하여 전개되었기 때문에, 대학 졸업생의 취업률이 크게 하락하고, 전공계열별 팽창 양상이 산업 수요와는 상치되는 등 대학의 인력 양성과 노동시장 간 불일치 문제를 야기하였다.

이 시기는 제5공화국의 출범을 계기로 한국 교육이 새로운 전기를 맞이한 시기였다. 제5공화국은 4대 국정 지표의 하나로 교육 혁신을 설정했고, 1980년 7월 30일 국가보위비상대책위원회는 학교교육 정상화 및 과열과외 해소방안을 포함한 7·30 교육개혁조치를 발표하였다. 7·30 교육개혁은 ① 대학입시제의 개혁: 대학 본고사의 폐지와 고교 내신성적의 반영, ② 졸업정원제, ③ 대학입학 인원의 확대, ④ 전일수업제 대학의 운영, ⑤ 방송통신대학의 확충, ⑥ 4년제 교육대학으로의 개편, ⑦ 초·중등 교육과정 축소, ⑧ 교육방송 실시, ⑨ 과열 과외 추방 캠페인 등을 주요 내용으로 하고 있는데, 이 가운데 졸업정원제, 대학 입학 인원의 확대, 전일수업제 대학 운영, 방송통신대학의 확충, 4년제 교육대학으로의 개편이 모두 고등교육 정원 확대와 관련된 정책이었다. 1970년대에 분야별 정원 확대 정책이 1981년 졸업정원제 시행을 계기로 전격적 확대 정책으로 전환되어, 1945~1960년대 자유방임기 이후 다시 급격한 정원 확대가 이루어진 것이다.

7·30 교육개혁조치에서 졸업정원제는 각 대학, 계열, 학과별로 졸업시킬 수 있는 최대한의 졸업정원을 정해 놓고, 신입생을 선발할 때는 졸업정원의 30%(전문대학은 15%)를 가산하여 1981학년도부터 뽑고, 30%

에 해당하는 초과 모집 인원은 재학 중에 중도 수료시켜 졸업할 때에는 졸업정원에 맞추게 하는 제도였다. 문교부에 의하면 이 졸업정원제는 대학 분위기를 조성하여 대학교육의 질적 향상을 도모하고, 재수생을 대학으로 흡수하여 과열 과외 및 입시 경쟁을 완화시키려는 목적으로 도입된 제도로서, 세부 방안은 다음과 같다(문교40년사편찬위원회, 1988: 493~494).

① 졸업정원은 대학, 학부, 계열, 학과별로 책정한다(단, 계열별로 정원이 책정된 경우에는 학과별 최소 졸업정원은 학칙으로 규정한다).
② 2학년 말까지 졸업정원 초과 인원의 60%(졸업정원의 18%에 해당)를 중도 수료시키고, 4학년(7학기) 등록 학생은 졸업정원 초과 인원의 33%(졸업 정원의 10%에 해당)를 초과할 수 없다.
③ 대학별로 대학학사개혁위원회를 설치 운영한다.
④ 수료의 방법과 기준 등 세부사항은 각 대학 총 · 학장이 자율적으로 합리적인 방안을 강구하여 시행한다.

문교부는 이상과 같은 세부 방안을 발표한 후 '대학생정원령'과 '교육법 시행령'을 개정하여 대학별 졸업정원을 명시하고, 대학 중도 수료자의 학력을 인정해주어 편 · 입학할 수 있도록 하였다. 그러나 진급자 가운데 휴학자, 자퇴자 등이 생겨 재학생 수가 저절로 감소하여 탈락시키지 않아도 졸업 정원에 무리가 없는 경우에도 탈락시켜야 하는 사태가 발생하였고, 학점을 취득하지 못한 성적부진자도 계속 재학하는 반면, 다른 학과에서 이보다 성적이 더 우수한 학생도 강제로 탈락되는 등, 졸업정원제 실시 과정에서 부조리한 측면이 발견되어 졸업정원제를 보완할 수밖에 없었다. 1983년 1차 보완 때의 보완 내용을 보면, ① 학년별 탈락률 자율화, ② 졸업정원제 운영 단위의 자율화로 계열별, 학과별 운영을 가능케 함, ③ 신입생 모집 비율을 일부 자율화하여 여자대학과 의학계 모집은 모집 비율을 100~130%의 범위에서 융통성 있게 운영하도록 함, ④ 4학년 수료자에게 졸업자격 고사를 실시하여 전과, 후기 졸업제 등을 활용하도록 함으로써 제도의 경직성을 완화시키고자 하였다(강무섭 외, 1986).

1984년에는 신입생 모집 비율을 완전히 자율화하고, 졸업정원의 100~130%의 범위 내에서 각 대학이 자율적으로 신입생을 모집할 수 있도록 하여, 대학 졸업정원제는 유명무실하게 되었다. 결국 문교부는 고등교육 정원의 확대만 초래한 채로 1981년부터 7년간 실시해 오던 졸업정원제를 1987년에 폐지하고, 1988학년도부터 다시 입학정원제로 환원하는 조치를 취하였다.

졸업정원제는 입학정원을 확대하여 대학교육에 대한 욕구를 일부 충족시키기는 했으나 오히려 진학에 대한 가수요를 조장한 결과를 낳았으며, 1981년과 1982년에 재수생이 감소하기는 했으나 일시적인 현상에 그쳤고, 1983년부터는 다시 증가하는 경향을 나타내었다. 송병순(1986: 18~22)은 졸업정원제의 결과를 다음의 11가지로 요약하고 있다.

① 출석률이 높아지고 휴강이 감소하여 외형적인 면학 분위기가 조성되었다.
② 고등교육기회 확대로 과열 과외가 다소 완화되었다.
③ 전일제 수업을 실시하여 2부제 대학생들의 열등감을 해소시켰다.
④ 학생들이 학문이 아니라 학점에 매달리게 되었다.
⑤ 학생들 사이에 이기주의가 만연하고 비인간화 경향이 나타났다.
⑥ 학생-교수 관계가 소원해졌다.
⑦ 일정 비율 탈락의 경직성 때문에 우수 학생이 탈락되었다.
⑧ 유급, 탈락 공포에 대한 신경 장애자가 속출하였다.

⑨ 평가 방법이 객관식 단답형 중심이었으므로 창의성 발달이 불가능하였다.
⑩ 일부 교실의 과밀화 등 교육 여건이 악화되었다.
⑪ 졸업자의 취업 및 탈락자의 진로 대책이 미흡하였다.

이 외에 졸업정원제의 목적 중의 하나가 학생들의 소요를 억제시키는 데 있었음에도 불구하고, 중도 수료 예정자들이 자포자기하여 대학 소요에 참여하거나 중도 수료의 중압을 느낀 학생들이 제도 폐지를 주장하는 등 대학의 소요가 가열되었다는 지적도 찾아볼 수 있다(문교40년사편찬위원회, 1988).

1981년부터는 졸업정원제의 실시로 졸업정원의 30%가 더 입학하여 학생 수가 증가했을 뿐 아니라, 졸업정원 자체를 거의 두 배로 늘렸다. 영세학과의 증원, 단과대학의 종합대학교화, 신규 대학의 설립 권장, 서울 소재 대학까지 학생 증원 허용, 전문대학의 4년제 대학으로의 승격 등의 정책이 추진됨에 따라 고등교육 기회가 대폭 확대된 것이다.

반면 1982년도부터 추진된 전문대학의 정비는 고등교육 정원 확대와 상반되는 조처였다. 전문대학의 확장으로 전문대학의 질이 저하되고 졸업생의 취업난이 가중되는 등 여러 문제가 파생되자, 정부는 1983년에 전문대학의 운영 개선 방안을 수립하기 위한 실무반을 편성하여 전문대학 정비의 기본 방향을 마련하였다. 그 내용은 다음과 같다(문교40년사편찬위원회, 1988: 556~557).

① 전문대학의 학교 수, 학과 규모 및 학생정원을 적정 규모로 감축(졸업정원 104,570명에서 84,000명 선으로 정비)함으로써 입학생 유치를 위한 전문대학 간의 경쟁을 지양하고 대학의 특성 있는 학과를 중심으로 운영하여 교육의 내실을 기한다.

② 운영이 건실한 보건, 간호, 농 · 수산 · 해양계의 전문대학이나 산업체가 자체 인력 양성을 목적으로 설치 · 운영하는 전문대학, 산업사회가 요구하는 중점 육성 대상 학과인 전산, 유아교육, 관광 및 여성교육과 관련된 학과들은 감축하지 않는다.

이상과 같은 기본 방침에 따라 전문대학은 1981년에 132개에서 1989년에 117개로 감소하였고, 특히 국 · 공립 전문대학은 같은 기간 37개에서 16개로 대폭 감소하였다. 학생 수는 전체적으로는 사립 전문대학 학생 수의 증가로 같은 기간 188,700명에서 291,041명으로 증가하였으나, 국 · 공립 전문대학 학생 수는 같은 기간에 29,867명에서 24,807명으로 감소하였다.[22] 그러나 이후 대학정원 조정 원칙과 지역 여건을 고려하여 전문대학 정원의 30% 범위 내에서 연차적으로 전문대학의 증원을 허용하기로 하였다(문교40년사편찬위원회, 1988).

정부는 전문대학 학생 수를 감축시킨 한편으로, 전문대학 교육의 질을 높이려는 노력을 병행하였다. 교원 확보 노력의 결과 1980년도에 교원 확보율이 50%에 불과하였던 것이 1985년도에는 60%로 상승하였으며, 시설 확보율도 외곽 시설의 경우 같은 기간 동안 70%에서 89%로, 내부 시설의 경우 59%에서 75%로 호전되었다(문교40년사편찬위원회, 1988). 또한 관련 부처와 정부 투자기관에 협조를 요청하여 한국전력공사 외 6개 정부 투자기관에서는 전문대학 졸업생을 일정 비율 채용토록 의무화하였고, 내무부와 문교부에서는 지방직 공무원에 전문대학 졸업생을 채용하였다. 이에 따라 전문대학 졸업생의 취업 상황도 크게 호전되었다. 1981년에 28.2%에 불과하였던 취업률이 1989년에는 48.5%로 크게 상승하였다(한국교육개발원, 1994).

22) 한국교육개발원. 교육통계서비스 시계열통계(http://kess.kedi.re.kr/index). 2015. 4. 30 인출.

이 시기의 대학학생 정원 조정 지침을 보면, 1981년에는 '1980년대 후반과 1990년대의 국가 계획상 부족 부문 조정', '1985학년도 대학졸업 정원 방침에 의거', '학과 운영의 효율화를 위하여 영세학과의 통 · 폐합 및 유사학과의 자체 조정', '대학과 동일 교지 내에 위치하고 있는 전문대학은 그 정원을 대학에 통합하여 조정' 등 이전 시기와는 달리 증원의 억제에 관한 조항이 하나도 없다. 단지 영세학과의 통 · 폐합 및 학과의 자체 조정이라는 항목이 정원의 통제 조항으로 제시되었는데, 상술하였듯이 실제로는 영세학과가 통 · 폐합되는 대신 영세학과의 정원을 늘려 영세학과의 수준을 벗어나게 하였다. 1982년부터는 '1980년대 후반 및 1990년대의 국가 계획상 부족 부문 조정', '수도권 인구 재배치 계획에 의거 서울 소재 대학의 학생 정원은 계속 억제', '경영관리 상 과대 규모의 대학에 대해서는 원칙적으로 정원 억제', '유사학과나 교원 확보가 저조한 경우 등 학과의 존재 필요성이 없는 경우는 과감히 통 · 폐합' 등을 비롯하여 단과대학이 종합대학으로 개편하기 위해 필요한 기준을 제시하고 있다. 1983년에는 그동안 '…국가 인력 수급 계획을 감안하여 조정'할 것으로 바뀌어 '부족 부문의 조정'이라는 구절이 삭제되었다. 여기에다가 '국립대학은 국가 예산 절약 방침에 따라 단과대학의 종합대학교 개편 및 종합대학교의 단과대학 신설, 증원 최대한 억제', '경영관리 상 과대 규모의 대학에 대해서는 원칙적으로 증원을 억제' 등의 조항이 추가되어 증원의 억제에 관련된 항목들이 많이 등장하였다. 한편 1984년에는 그동안 첫 번째 항목으로 등장하던 국가 인력수급상 부족 부문을 조정한다는 항목이 없어지고, '대학 질적 수준의 유지를 위해 대학 학생정원은 최대한 억제'한다는 항목이 첫 번째로 등장하였다. 서울 소재 대학의 증원을 일체 불허한다는 조항 외에 서울 이외의 수도권 지역 소재 대학과 대규모 대학은 증원을 억제한다는 방침도 추가되었다. 단, 기초과학, 선도산업 및 첨단과학기술 분야의 학과 증과와 증원 및 학과 개편은 지원한다는 조항이 포함되었다.

즉, 1981년에는 증원 억제 조항이 사라졌다가 1982년부터 다시 등장하여 갈수록 증원 억제 지침이 강화되었음을 알 수 있다.

여하튼 1980년대의 고등교육 정원 정책은 전문대학의 정비라는 예외는 있었으나 졸업정원제 이외에도 전일수업제, 영세학과의 증원, 단과대학의 종합대학교화, 전문대학의 4년제 대학으로의 승격, 신규 대학의 설립 권장, 서울 소재 대학까지 학생 증원 허용, 방송통신대학의 확충 등 모두 고등교육기회 확대와 관련된 정책으로 일관하였다.

그러면 이와 같이 졸업정원제를 실시하고 고등교육 정원 확대 정책을 추진하게 된 배경을 검토해보자. 1973년부터 1981년 졸업정원제가 실시되기까지 부분적으로 고등교육 정원을 확대하기는 하였지만, 국가가 전반적으로 대학정원을 엄격하게 관리하여, 늘어나는 대학 진학 희망자의 요구가 계속적으로 억눌려 온 상황이었다. 이에 따라 재수생이 누적되고 과열 과외 현상이 극도에 달하였다. 1980년 당시 과외를 받던 학생은 150만 명으로 초 · 중 · 고등학교 학생 총 수인 980만 명의 15.3%에 해당되었다. 초등학생의 12%, 중학생의 15%, 고등학생의 41%가 과외공부로 시달렸고, 학부모의 과외비가 연간 3,300억 원으로 추산되었다(문교40년사편찬위원회, 1988). 또한 1980년 대학예비고사 지원자 수 가운데 재수생이 차지하는 비율이 36.7%, 대학 진학 실패자 중 재수율이 84.5%나 되었고, 재수생 수가 1970년에 45,655명이었던 것이 1980년에는 183,909명으로 10년 동안 4배 이상으로 증가하였다(강무섭 외, 1986). 이에 정부는 대학 입학 인원을 확대함으로써 재수생을 대학으로 흡수하고자 한 것이다. 졸업 정원 자체를 대폭 확대하고, 졸업정원제 실시로 30%의 인원이 일단 대학으로 수용될 수 있기 때문에 재수생이 줄어들고 그만큼 과외가 해소될 것으로 예상했던 것이다(문교40년사편찬위원회, 1988).

이 기간에 고등교육 정원 확대 정책에 영향을 미쳤던 또 다른 배경은 사학의 재정난이다. 사립대학은 재정의 대부분을 학생의 납입금에 의존하고 있기 때문에[23] 팽창하는 재정 수요를 충족시키기 위해서는 납입금을 인상하거나 학생 정원을 늘려야 했다. 정부로서는 입학 정원을 확대함으로써 대학교육에 대한 학생 · 학부모의 사회적 수요를 충족시키는 동시에 사립대학의 재정난도 다소 해결하여, 사립대학의 교육 여건을 개선하는 데 기여할 수 있을 것으로 기대하였다(김종철 외, 1989).

또 다른 배경은 당시의 정치적, 시대적 상황이다. 제4공화국이 무너지고 나서 새로 들어선 정부와 문교부의 중요 과제는 정치적, 사회적 안정이었다. 과다한 과외비 지출로 가정 경제가 타격을 받았고, 과외를 시키는 사람과 못 시키는 사람들 간의 사회계층 간 위화감이 형성되어 있는 상황 아래서 신정부는 사회적 불신을 제거할 획기적인 조처를 취하여 국민들의 지지를 확보할 필요가 있었다(문교40년사편찬위원회, 1988). 또한 계속되는 학생들의 정치적 시위를 방지하기 위해서도 학생들에게 중도 탈락의 가능성을 의식시켜 공부에 전념하도록 할 필요가 있었던 것 같다. 정부가 명시적으로 내세운 대로 면학 분위기를 조성하여 대학교육을 내실화하려는 목적도 있었겠으나, 졸업정원제를 제대로 실현하기 위해서는 1991년까지 10년간의 준비 기간이 필요할 정도의 재원이 요구되었음에도 불구하고 준비가 채 안된 상태로 급하게 시행하였던 점, 정부가 표방한 졸업정원제의 주요 목적 중 하나가 대학교육의 질적 향상이었음에도 불구하고 교육 시설이나 교수 요원의 확충이 따르지 않은 채 학생 수만 확대시켜 오히려 학습 여건을 악화시킨 점 등에 비추어 볼 때, 학생들을 성적에 매달리게 하여 정치적 시위를 극소화시키려는 정치적 목적이 작동했다고 추론할 수 있겠다(강무섭 외, 1988).

〈표 5-1〉에 의하면 1981년에서 1984년 사이에 전체 고등교육기관 학생 수는 연평균 14.4%의 속도로 증가하였는데, 이중 4년제 대학생 수는

---

23) 1980년의 경우 사립대학은 85.1%를 납입금에 의존하고 있었다.

연평균 17.5%의 속도로 증가한 반면 전문대학의 학생 수 증가율은 연평균 4.9%에 그쳐 이 시기의 교육 팽창은 4년제 대학에 의해 주도되었던 것을 알 수 있다. 졸업정원제 실시 첫 해인 1981년에는 대학생 수가 무려 33% 증가했고, 연이어 23.4%, 16.9%, 12.6%의 증가를 나타내었다.[24)]

이 시기의 대학 팽창 과정을 전공 계열별로 살펴보면(〈표 5-3〉 참조), 그동안 가장 빠른 속도로 증가해 왔던 공학계열이 가장 느린 증가 속도를 나타내었고, 이전 기간 동안 가장 느린 속도로 팽창해 왔던 인문계열이 가장 급격하게 확대되었다. 공학계열, 이학계열, 의학계열이 각각 11.2%, 21.8%, 12.7%의 연평균 증가율을 보여 평균보다 낮은 증가율을 기록하였고 인문계, 어문학계, 사회계가 각각 30.6%, 26.7%, 23.8%의 증가 속도를 나타내어 평균보다 빠른 속도로 확대되었다. 이 기간 동안에 모든 계열의 증가 속도가 이전 시기보다 빨랐으나, 공학계열만은 오히려 이전 시기에 비해 팽창이 둔화되었다.

계열별 팽창 양상의 이러한 변화는 이미 1980년 7·30조치를 적용받기 이전인 1980년부터 나타난다. 1979년에는 5.7% 증가하였던 인문계열이 1980년에는 49.5% 증가하였고, 1979년에 23.8% 증가하였던 공학계열이 1980년에는 19.4% 증가로 오히려 증가율이 둔화되었다.[25)] 7·30조치는 이미 벌어지고 있었던 상황을 제도화시킨 것이라고 볼 수 있다.

당시 공학계열의 팽창은 상대적으로 둔화되었던 반면 인문계열의 팽창이 가장 급격하였던 것은 단기간에 대학 정원은 급격히 늘려야 하는데 이공계열의 확대에는 재정 투자가 많이 소요되는 반면에 인문계의 확대는 많은 투자 없이도 쉽게 이루어질 수 있었기 때문이다. 각 대학들이 인문계

24) 한국교육개발원 교육통계서비스 시계열통계(http://kess.kedi.re.kr/index)(2015. 4. 30 인출)에서 계산. 대학(교) 학생 수는 1980년 402,979명에서 1981년 535,876명, 1982년 661,125명, 1983년 772,907명, 1984년 870,170명으로 증가하였다.

25) 문교부. 문교통계연보 각 연도별 자료에서 계산하였다.

열의 급격한 증원을 문교부에 요청하였고, 문교부도 기꺼이 승인해주었던 것이다.[26)]

정원확대기 동안의 정원 확대 과정을 서울대학교의 사례를 통하여 상세히 살펴보기로 한다. 〈표 5-4〉에 의하면, 졸업정원제 실시 이전인 1980년에는 모집 인원이 3,315명이었으나, 졸업정원제를 적용받기 시작한 첫 연도인 1981년에는 6,530명으로 1년 사이에 3,215명이 증가하여 거의 두 배로 확대되었다. 이 증가분은 대학정원 자체가 1980년 3,315명(입학정원)에서 1981년도 입학생의 졸업정원 5,020명으로 1.5배 증가한 데다가 졸업 때까지의 탈락분 30%까지 더 포함된 수치이다. 결과적으로 이 탈락분도 실제로 탈락되지 않았거나, 탈락되었다가도 구제된 경우가 많았으므로 1981년도 입학생의 졸업 연도인 1985년 이후 몇 년 동안에는 이 모집 인원이 거의 다 졸업해 나간 셈이다. 이에 따라 1980년까지 거의 증가하지 않거나 때때로 감소하던 서울대학 학생 수는 1981년에서 1984년 사이에 16,589명에서 23,685명으로 크게 팽창하였다(〈표 5-5〉 참조).

서울대학교의 단과대학별 정원 증가 현황을 통하여 계열별 대학 팽창 양상을 살펴보면(〈표 5-4〉 참조), 먼저 인문대학의 경우 1980년에는 모집 정원이 185명이었다가 1981년에는 676명으로 무려 3.7배 증가하였다. 사회과학대학, 경영대학, 법과대학 등 사회계열의 경우 1980년에는 합계 510명이었던 정원이 1981년도 입학생의 졸업정원은 1,093명으로 약 2배 증가한 데다가 탈락분 30%까지 추가되어, 모집정원은 1,424명으로 총 2.8배 증가하였다. 한편 공과대학을 보면, 1980년 입학정원과 1981년 입학생의 졸업정원이 모두 795명으로 전혀 증가하지 않았고, 단지 탈락분 30%만을 더 뽑았을 뿐이다. 자연과학대학의 정원은 1980년 입학정원 510

26) 이 때 광운공대, 울산공대, 아주공대 등 공학계 단과대학이 종합대학으로 개편되었는데, 개편 과정에서 인문계열을 대폭 확충하였던 것도 인문계열의 급속한 팽창에 하나의 요인이 되었다.

표 5-4 서울대학교의 단과대학별 학사과정의 정원(졸업정원/모집정원)(1980~1989)[1)] (단위: 명)

단과대학	1980	1981	1982	1983	1984	1985	1986	1987	1988	1989
인문	185	520/676	520/676	520/676	520/676	462	406	391	370	370
사회대학	250	563/735	565/735	565/735	565/735	620	562	504	480	480
자연과학	510	740/962	740/962	740/962	740/962	797	767	720	645	645
가정	90	150/195	150/195	150/195	150/165	159	126	126	120	120
경영	100	250/325	250/325	250/325	250/325	275	275	247	235	235
공과	795	795/1,034	795/1,033	795/1,033	795/795	874	816	779	740	740
농과	405	630/819	630/819	630/819	630/819	678	668	606	575	575
미술	70	140/184	140/182	140/182	140/182	150	136	131	125	125
법과	160	280/364	280/364	280/364	280/364	364	308	294	284	270
사범	410	540/702	540/702	540/702	540/702	559	495	470	445	445
수의과	50	60/78	60/78	60/78	60/78	66	66	63	60	60
약학	80	80/104	80/104	80/104	80/104	84	84	84	80	80
음악	130	190/248	190/247	190/247	190/247	203	295	185	175	175
의과	80	80/104	80/104	80/104	80/104	84	84	79	75	75
합계	3,315	5,020/6,530	5,020/6,526	5,020/6,526	5,020/6,400	5,319	4,974	4,669	4,395	4,385

자료: 서울대학교 학생모집요강, 각 연도

주: 1) 실업고등학교 졸업생을 위한 특별 전형 제외

표 5-5 서울대학교의 단과대학별 학생 수[1] 추이(1975~1985) (단위: 명, %)

	1975	1980	1981	1982	1983	1984	1985	비율(%)	
								1981	1985
인문	1,176	847	1,159	1,578	1,967	2,328	2,305	5.8	9.7
사회과학	1,491	1,096	1,475	1,887	2,323	2,713	2,737	7.5	11.5
자연과학	3,031	1,538	1,832	2,268	2,564	2,728	2,658	10.5	11.1
가정	262	358	407	504	595	645	661	2.3	2.8
경영	226	457	562	755	970	1,153	1,205	3.1	5.1
공과	2,504	3,417	3,481	3,595	3,745	3,939	3,898	23.3	16.4
농과	1,304	1,597	1,880	2,118	2,366	2,481	2,445	10.9	10.3
미술	287	285	408	500	604	675	667	1.9	2.8
법과	356	772	921	1,073	1,219	1,403	1,402	5.8	5.9
사범	962	1,765	1,849	2,062	2,322	2,473	2,564	12.1	10.8
수의과	-	194	219	238	239	248	237	1.3	1.0
약학	237	339	329	341	365	382	389	2.3	1.6
음악	525	515	652	736	832	927	916	3.5	3.9
의과	954	984	1,002	998	1,088	1,161	1,205	6.7	5.1
치과	393	431	413	418	398	429	482	2.9	2.0
계	13,708	16,589	16,589	19,071	21,597	23,685	23,771	100.0	100.0

자료: 서울대학교(1986). 서울대학교 40년사, 167.
주: 1학기 등록생수 기준

명에서 1981년 입학생의 졸업정원 740명으로 약 1.5배 증가하였고, 여기에 30% 탈락분까지 합해 모집정원은 962명으로 증가하였다. 이에 따라 계열별 학생 수가 차지하는 비율(〈표 5-5〉 참조)은 인문계열이 1980년 5.8%에서 1985년 9.7%로, 사회계열(사회과학대학, 경영대학, 법과대학)이 같은 기간에 16.4%에서 22.5%로 증가하였고, 공과대학의 학생 수 구성비는 반대로 23.3%에서 16.4%로 감소하였다.

5) 이공계대학과 전문대학 중심의 정원 증원과 대학교육의 국제경쟁력 제고를 위한 노력: 1990년대 전반

(1) 이공계 대학의 정원 증원

1980년대 후반부터 4년제 대학은 정원 증원의 억제라는 대원칙 아래, 첨단 과학기술 분야만을 부분적으로 증원하는 정책이 전개되었다. 1980년대부터 대학 졸업생의 취업률이 하락하기 시작하여 졸업정원제가 적용되기 시작한 1981년 입학생이 졸업하던 시기인 1985년에는 전년도의 48.3%에서 무려 7.4%가 떨어진 40.9%를 기록하였다. 1970년대 말부터 급격히 확대되어 온 대학 정원 때문에 공급 과잉 현상이 초래되었기 때문이다. 이에 따라 대량의 고등 실업자가 산출되었고 대학 정원 증원의 억제는 불가피하였다.

그러나 '풍요 속의 빈곤' 현상으로 대학 졸업자의 높은 실업률에도 불구하고 첨단 산업 분야에서는 고급 인력의 부족을 호소하자, 정부는 이 분야만을 한정적으로 확대할 것을 결정하였다. 비교적 우수 인력이 배출된다는 수도권 지역 8개 대학의 경우 1990년 현재 정원이 33,135명으로 1979년에 비해 14,910명이 증가했는데, 전자, 기계 등 주요 산업 기술 과학계 정원은 1990년 5,730명으로 같은 기간 동안 550명이 늘어났을 뿐이어서 전체 정원에 대한 이들 주요 학과 정원의 비율은 같은 기간에 26.9%에서 17.3%로 감소하였다. 분교 정원 등이 늘어나면서 연구시설 확충 등에 경비가 많이 드는 이공계는 증원을 기피한 데다가 문교 당국에서도 첨단 산업 분야의 강조에도 불구하고 특별한 조치를 취하지 않고 방관하였기 때문이다(중앙일보, 1990. 7. 22). 상술하였듯이 1980년대 전반의 정원 확대 기간 동안 정원 확대 양상을 보면, 인문계열의 연평균 학생 수 증가율은 30.6%로 가장 높았던 반면(1980년대 후반에도 가장 높았음) 공학계열의 학생 수 증가율은 11.2%로 가장 낮았다. 산업 수요와 상반되는 대학 정원의 팽창 양상은 1980년대 말부터 산업 인력 수급의 불균형을 초래하였고, 이 불균형을 해결하지 않으면 안 되었던 것이다.

이에 따라 교육부는 1980년대 후반에 들어 정원 증원의 억제라는 대원칙 아래, 인문사회계는 증원을 억제하고 자연계 중에서 첨단과학기술 분야만을 중점 증원할 것을 표명하였다. 1990년 7월에 경제기획원에서 정부의 안으로 발표한 산업 인력 수급 대책에서는 4년제 이공계 대학의 입학 정원을 주요 기술 관련 학과 중심으로 증원하고, 인문 · 사회계 및 예체능계는 1990년 수준에서 원칙적으로 동결할 것을 확정하였다. 1991년 대학 입학 정원 조정에서는 자연계 증원 3,780명 중 70%인 2,630명이 첨단과학 관련학과로 배정되었다(세계일보, 1990. 10. 18). 1990년대 들어 이공계 중심으로 정원을 증원한 결과, 대학 전체 학생 수 가운데 이공계 학생이 차지하는 비율은 1989년 39.3%에서 꾸준히 증가하여 1995년에는 43.6%로 상승하였다.[27)]

27) 첨단과학기술 분야의 대학 정원을 확대하는 문제는 수도권 유수한 대학의 정원을 확대해 달라는 상공부 측의 요청과, 수도권의 대학정원 확대는 수도권 인구 유발 억제 정책에 역행한다는 건설부 측의 반대가 첨예하게 부딪쳐 쉽게 해결을 보지 못하다가 1992년 대학 입학정원 조정 때부터 상공부 측의 요청이 반영되기 시작하였다. 정부에서 기술 · 연구 인력의 공급을 늘리기 위해 자연계 대학의 첨단기술 관련 학과의 증원을 결정하고부터, 상공부는 '수도권 우수 공과대학의 정원 조정안'을 마련하여 우수 인력 양성을 위해서는 지방 공과계의 증원과 함께 수도권 유수 대학의 정원도 확대해야 한다는 주장을 해 왔다. 상공부의 한 관계자는 지방공과대학의 취업률이 60% 정도밖에 안 된다는 것을 지적하면서 산업체에서 실제로 필요로 하는 인력은 연구 · 개발을 할 수 있는 유수 대학 졸업자라는 것을 강조하였다. 한편 건설부는 수도권 인구 유발 억제가 국가 정책 목표상 더 우위에 있다는 것을 내세우고, 시급한 것은 정원 조정보다 지방대학의 지원을 강화하여 질적 수준을 높이는 것이라고 주장하며, 첨단 산업 분야의 정원을 늘리려면 인문계 등 다른 학과의 정원을 축소하고, 대신 그 축소분을 첨단기술 관련 분야의 증원을 위해 돌릴 것을 주장하였다. 이에 대해 문교부는 이공계 정원 증원에는 찬성하면서 인문계 정원의 축소 방안에 대해서는 재학생, 동창생, 교수 등의 반발 등으로 학내 분규를 초래할 소지가 있다는 우려를 표시해 왔다. 1991년 정원 조정 때까지 수도권 소재 대학의 정원은 야간과 지방 분교의 경우만 증원되었을 뿐 본교의 주간은 전혀 증원되지 않아, 건설부의 수도권 인구 억제 정책이 통제력을 행사하고 있었으나, 1992년 정원 조정 때부터는 상공부의 정책이 건설부의 정책에 우선하게 되었다.

(2) 전문대학 수요 증대와 확충

산업구조가 고도화되면서 중견 기술 인력에 대한 수요가 증가하자, 1980년대 말부터 중견 기술 인력 배출 기관인 전문대학 졸업자에 대한 노동시장의 수요가 증가하였다. 이에 따라 1990년대 들어 전문대학 졸업자의 취업률이 크게 호전되었다. 1990년에 66.8%에 불과하였던 전문대학 졸업자의 취업률이 1991년에 86.6%로 크게 상승하였으며, 이후 다소간의 기복은 있으나 꾸준히 이와 같은 취업률을 유지하여 1995년에는 84.6%를 기록하였다(〈표 5-6〉 참조). 1995년부터는 4년제 대학 졸업자의 취업률을 앞서게 되었다.

전문대학 졸업생의 취업률이 향상되면서 전문대학에 대한 사회적 인식도 높아지고, 고등교육을 받고자 하는 국민들의 욕구도 지속적으로 높아지면서 전문대학에 진학하고자 하는 학생들도 꾸준히 증가하였다. 고등

표 5-6 전문대학 졸업자 취업률 추이(1985~1995) (단위: 명, %)

구 분	졸업자	취업대상자	취업자	순수취업률
1985	72,616	49,120	32,820	66.8
1986	76,814	50,355	35,446	70.4
1987	81,083	53,198	39,678	74.7
1988	82,409	55,737	42,506	76.3
1989	83,855	58,118	46,143	79.4
1990	84,762	62,523	51,861	66.8
1991	90,304	69,767	60,407	86.6
1992	102,523	80,750	69,340	85.9
1993	106,509	84,988	70,426	82.8
1994	124,011	100,129	81,993	81.9
1995	140,211	115,301	97,638	84.6

자료: 한국전문대학교육협의회(1996). 전국전문대학편람, 1996학년도.

학교 졸업생 가운데 전문대학에 진학하기를 희망하는 학생들의 비율을 보면, 1990년에 63.0%였던 것이 1995년에는 66.8%로 증가하였다. 특히 실업계 고등학교 졸업생의 경우 현저하게 증가하여 1990년에 22.1%에 불과하였으나, 1995년에는 53.9%로 증가하였다(〈표 5-7〉 참조). 일반대학 합격자 중에서 전문대학에 진학하는 학생들도 생겨났다.

표 5-7 고교졸업생의 전문대학 진학희망률 추이(1990~1995) (단위: %)

구분	1990	1991	1992	1993	1994	1995
일반계	86.0	87.1	86.6	87.6	89.4	79.3
실업계	22.1	22.0	23.1	25.7	30.6	53.9
평균	63.0	63.6	63.0	64.3	66.8	66.8

자료: 교육부. 교육통계연보, 각 연도.

전문대학에 대한 경제적, 사회적 수요가 증대되자 1980년대에 전문대학 정비 정책으로 일관하였던 정부는 1980년대 말부터 전문대학 육성 정책으로 정책의 방향을 전환하였다. 산업구조의 고도화와 정보화 · 자동화의 진전에 따른 중간 기술 인력 수요의 증가, 4년제 대학 편중의 진학열 완화, 여성 인력 개발의 촉진 등이 전문대학 정원 확대의 필요성으로 제기되는 가운데, 경제기획원은 1990년 7월에 상공부를 비롯하여 인력 수급 계획에 관련된 부처들과 협의 과정을 거쳐 산업 인력 수급 대책을 발표하였다. 이 대책에서 정부는 중견 기술 인력 공급 규모를 확대하기 위하여 취업률이 높은 전문대학 공업계열 학과의 신 · 증설로 전문대학의 입학정원을 1990년 약 3만 7천 명에서 1995년 6만 6천 명으로 늘릴 계획을 세웠다. 이 계획에 따르면, 4년제 대학 : 전문대학의 학생 비율은 1990년 76.5% : 23.5%에서 1995년 56.5% : 43.5%로 전문대학의 비율이 크게 높아질 것으로 전망되었다.

표 5-8 연차별 전문대학생 정원 조정 계획(1992~1996) (단위: 천 명)

구분	1992	1993	1994	1995	1996
고졸자 수	760	764	784	732	761
입학정원	156	171	186	201	211
증원 (공업계)	15 (9)	15 (9)	15 (9)	15 (9)	10 (6)
수용비(%)	20.5	22.4	23.7	27.4	27.7

자료: 경제기획원(1991). 제조업 경쟁력 강화 대책(1991. 3. 14).

또한 제7차 경제사회발전 5개년 계획 및 제조업 경쟁력 강화 대책에서도 중간 기술 인력 공급 기반 확충을 위한 학생 증원 계획이 포함되었다(〈표 5-8〉 참조). 교육부는 1991년 전국 지역별 인력 수급 상황 및 교육기회의 균형에 주안점을 두고 국토 지역 균형 발전 계획, 제조업 경쟁력 강화 대책 등 주요 국가 시책에 대응하는 한편, 고등교육에 대한 사회적 수요를 적극적으로 수용하기 위하여, 1996년까지 고졸자의 27.7%가 전문대학에 흡수되도록 계획하였다.

한편 교육 내실화를 위한 재정 지원의 확대, 교육과정의 산업 현장 적합성 제고, 교수의 자질 향상을 위한 연수 강화, 산학 간 협동 · 교류 실질화 등 제반 보완 시책을 추진하였다. 1993년부터는 직업교육을 실시하는 전문대학의 특성을 살릴 수 있는 새로운 입시 제도를 도입하였다. 우수한 학생을 유치하기 위해 고교 내신 성적 1~5등급 이내의 자를 우선 선발할 수 있는 우선 전형 제도가 신설되었으며, 산업체 근무자에게 계속교육기회를 제공하기 위해 특별 전형을 확대 실시하였고, 정원 외 특별 전형으로 산업체 위탁 계약에 의한 위탁생, 전문대 졸업자, 학사 학위 소지자를 선발하여 산업기술 인력을 양성하도록 하였다. 기타 입학 전형 시기, 전형 방법 등은 대학 자율로 결정하도록 하였다.

이상과 같은 정책적 지원으로 1980년대에 침체 상태에 있던 전문대학

표 5-9 전문대학과 대학(교)의 학교 수 및 학생 수 추이(1980~1995)

	학교 수	학과 수	학생정원	학생 수	전문대학생[1] 비율
1980	128	91	162,910	165,051	28.5
1985	120	131	200,430	242,117	20.3
1990	117	197	251,540	323,825	23.5
1991	118	213	277,870	359,049	25.2
1992	126	231	307,180	404,996	27.2
1993	128	246	344,970	456,227	29.1
1994	135	269	381,030	506,806	30.6
1995	145	282	418,990	569,820	32.1

자료: 교육부. 교육통계연보, 각 연도.
주: 1) 전문대학 학생수/고등교육기관 (전문대학+교육대학+대학(교)) 학생수×100

이 1990년대 들어 크게 확충되었다. 전문대학 수는 1990년에 117개였다가 1995년에는 145개로 증가하였으며, 학생 수도 같은 기간에 323,825명에서 569,820명으로 43.2% 증가하였다(〈표 5-9〉 참조). 같은 기간에 일반 대학생 수는 1,040,166명에서 1,187,735명으로 12.4% 증가에 그친 것과 비교해보면, 전문대학이 상대적으로 매우 크게 팽창하였다는 것을 알 수 있다. 고등학교 졸업생 가운데 전문대학에 입학한 학생의 비율도 1990년 17.2%에서 1995년 34.4%로 크게 증가하였고(〈표 5-10〉 참조), 이와 같은 증가는 1991년에 수립한 전문대학생 정원 조정 계획(〈표 5-8〉 참조)을 초과 달성하는 것이었다. 학과 수도 1990년 197개에서 282개로 크게 증가하여 전문대학 교육의 분야도 다양해졌다는 것을 알 수 있다.

정부는 지방자치의 일환으로 그 지역 실정에 맞는 인력을 양성, 공급하기 위하여 지방자치단체가 설립하는 공립 전문대학을 설치하기로 하였다. 새로 설립되는 공립 전문대학은 종전의 국립 전문대학의 역할을 담당하여 그 지역에 소재한 전문대학의 질적 향상을 유도하고, 그 지역 학생들

표 5-10 고교 졸업생 대비 고등교육기관 입학생 비율 추이(1990~1995)(단위: 명, %)

연 도	고등학교 졸업생 수(A)	고등교육기관 입학생 수(B)	전문대학 입학생 수(C)	비율	
				B/A	C/A
1990	761,922	369,486	130,670	48.5	17.2
1991	754,496	386,324	141,115	51.2	18.7
1992	740,288	416,015	159,432	56.2	21.5
1993	722,451	446,224	174,964	61.8	24.2
1994	687,794	517,120	197,143	75.2	28.7
1995	649,653	569,779	223,689	87.7	34.4

자료: 교육부. 교육통계연보, 각 연도.

에게 손쉽게 고등교육을 받을 수 있는 기회를 제공해주며, 그 지역 사회의 산업 발전에 기여할 것을 목적으로 하고 있다.

(3) 대학교육의 국제경쟁력 제고를 위한 노력

1990년대에는 국제경쟁력 강화라는 전반적인 정책 기조 속에서 특히 대학교육의 역할이 부각되었다. 첨단 산업 사회, 정보화 시대에서 국제 경쟁력을 강화하기 위해서는 무엇보다도 대학의 교육과 연구의 질이 세계 일류 수준으로 높아져야 한다는 공감대가 정부, 산업계, 교육계 등 각계각층에 형성되었다. 이에 따라, 1990년대 들어 대학 평가와 대학의 자구적인 노력에 따른 차등적 행·재정 지원, 대학의 다양화와 특성화, 연구 여건의 개선 등을 통하여 대학교육의 국제경쟁력을 향상시키려는 노력이 경주되었다.

• 대학 평가를 통한 질 관리

대학의 질에 대한 관심이 고조되면서, 교육부는 대학 간의 자율 경쟁으로 대학 발전의 전기를 마련한다는 취지 아래 대학평가인정제를 도입하였다. 1980년대 말부터 교육부는 대학의 질을 평가하여 대학 정원을 비롯한 행정적, 재정적 지원에 반영할 방침을 세웠다. 대통령자문기구로 설치되었던 교육개혁심의회는 1987년 고등교육 개혁 과제의 하나로 대학평가제를 더욱 강화하여 대학평가인정제로 전환할 것을 건의하였고, 1988년 교육부는 '교육개혁안 장·단기 추진 계획'에 의해 대학교육의 질적인 향상과 인력 수급 상황을 감안, 전체 정원 규모는 당분간 정부가 책정하되 대학평가제도의 정착에 따라 단계적으로 개별 대학의 자율에 맡긴다는 방침을 발표하였다. 이어 1989년에 교육부는 학사 운영이 부실한 대학에 대해 일체의 행정적, 재정적 지원을 중단하기로 하고, 이에 따라 우선 1990년 대학 정원 조정 때 학부와 대학원의 학과 신설을 허용치 않고 모집 정원도 늘려 주지 않기로 하였다.

1990년 들어 교육부는 전국 181개 대학을 우수인정, 인정, 조건부 인정, 거부(유보)의 네 단계로 평정하여 차등 지원하는 대학평가인정제도 시행안을 마련, 1991년도부터 시행할 것을 발표하였으나 대학평가인정제도는 사립대학들의 반발에 부딪혀 크게 후퇴하였다. 교육부의 위임을 받아 대학교육협의회가 대학평가인정제 시행 방안을 마련하였는데, 이에 따르면 대학 및 학과의 교육 여건과 능력을 우수, 양호, 미흡으로 차등 평가, 그 결과를 모두 공개하고 평가 결과에 따라 차이를 두어 행정적, 재정적 지원을 하도록 하였다. 그러나 사립대학들이 이와 같은 시안에 대하여 "대학 간 '부익부 빈익빈'을 초래한다", "평가 기준의 적절성과 타당성이 부족하다", "평가 후 차등 지원이 아니라 선지원 후평가해야 한다", "시행 시기를 늦추어야 한다" 등의 이유로 반대하자 대학교육협의회는 평가 결과에 따라 우수, 양호, 미흡으로 부르기로 한 것을 10년 후 재평가, 5년 후 재평가, 3년 후 재평가 대학으로 등급 명칭을 바꾸었다. 또한 각 대학의 평가 결과를 모두 공개하도록 했던 것을 우수한 대학의 학과에 한해서 공개하기로 하였다.

교육부는 대학교육협의회의 연구 결과를 바탕으로 1992년부터 그동안 실시되어 온 학과 평가를 학과평가인정제로 전환하여 시행하고, 1996년 이후에는 대학종합평가인정제를 도입한다는 정책을 발표하였다. 대학평가인정제 사업은 초기에는 교육부 대학교육심의회와 대학교육협의회로 이원화되어 있다가, 한국대학교육협의회법 제18조에 근거하여 대학평가인정위원회를 대교협에 병설하여 이 위원회가 독자적으로 대학평가인정 업무를 수행하도록 하였다(윤정일 외, 1996).

1992년도에는 최초로 물리학과(54개 대학)와 전자공학과(45개 대학)에 대한 평가를 실시하였고, 1993년 3월에는 그 결과(우수교 10개교씩)를 공포하였다. 1993년도에는 화학과(64개 대학), 기계공학과(33개 대학)를 평가하였으며, 그 결과를 그 해 말에 발표하였다. 1994년도에는 학과 평가를 계열별 평가로 전환하여 생물학 계열(65개 대학)과 화학공학 계열(33개 대학)을, 1995년도에는 경영 · 무역 · 회계 관련학과에 대한 평가를 실시하였다(한국교육신문사, 1995).

문민정부의 출범과 함께 대학의 국제경쟁력 제고에 대한 관심이 고조되자, 대학종합평가인정제의 도입 시기를 앞당겨야 한다는 의견이 제기되었고, 대학평가인정위원회에서는 1994년부터 7년을 주기로 대학종합평가인정제를 실시하기로 의결, 확정하였다. 이에 따라 첫 주기인 1994년부터 2000년 사이에 매년 각 대학을 순차적으로 평가하되, 교육대학은 1997년, 신학계 대학은 1998년, 개방형 대학은 1999년에 일반대학과 함께 평가하며, 2000년에는 그간 평가 인정받지 못한 대학을 재평가하기로 하였다. 1994년도에는 6개 국립대학과 1개 사립대학, 1995년도에는 18개 대학에 대한 평가가 실시되었다(윤정일 외, 1996).

• 대학의 자율성 제고

1990년대 들어 정원 조정, 학생 선발, 교원 임용, 학위 등록 등에 있어서 대학의 자율성이 증대되었다. 우선 정부는 대학 정원 결정을 점차 대학의 자율에 맡긴다는 원칙을 채택하였다. 1992학년도부터는 종전에 학과별로 조정, 고시하던 대학 정원을 소계열별로 조정, 고시하였다. 또한 1994학년도부터는 교육 여건을 갖춘 수도권 소재 이공계 18개 대학에 대하여 대학별 증원 규모 내에서 대학이 자율적으로 학과를 신·증설할 수 있도록 하였다.

1995년의 교육개혁안에서도 대학 정원 결정의 완전 자율화를 제안하여 교육부는 1998년을 최종목표로 3단계에 걸친 정원 자율화 정책을 추진하였다(한국교육신문사, 1996). 제1단계는 '포괄승인제'가 적용되는 시기로서 1995년부터 적용되었다. 포괄승인제에 의하면 대학의 신청을 받지 않고, 교육부가 정원 증원 규모를 결정하여 대학에 통보하면 그 범위 안에서 대학이 학과 설치 등 정원을 자율적으로 결정할 수 있다. 따라서 1995년도부터는 개별 대학이 3월 말까지 학과 신설, 폐지, 정원 증원 등을 교육부에 신청하던 종전의 절차를 폐지하고, 교육부가 개별 대학의 교육 여건을 평가하여 계열별 정원 증원 규모를 결정하여 통보하도록 되었다. 대학은 교육부가 제시한 증원 규모 안에서 학부와 학과 설치 및 증원 또는 감축 등을 자율적으로 결정하여 교육부에 보고하면 되는 것이다.

제2단계는 '교육 여건 연동제'가 적용되는 단계로서 1996년도부터 자율 역량을 갖춘 대학은 학생 증원 규모까지 자율적으로 정할 수 있게 되고, 여건이 미비한 대학은 포괄승인제 방식으로 학생 정원을 결정한다.

한편 대학의 학생 선발에서도 대학의 자율성이 신장되었다. 1994학년도부터 대학수학능력시험, 고등학교 내신성적, 대학별 본고사를 기본 골격으로 한 새 대학입시제도가 적용되었는데, 새 대입 제도는 대학에 고등학교 내신 성적을 40% 이상 반영하는 것만을 의무화하고 있으며, 나머지에 대해서는 대학 자율에 맡겼다. 그 결과, 당해년도에 아홉 개 대학교만이 본고사를 채택하였고 나머지 대학은 고등학교 내신 성적과 대학수학

능력시험 성적만으로 학생을 선발하였다. 1995학년도 대학 입시에서는 대학의 학생 선발 자율권이 더욱 확대되었다. 대학별 본고사의 실시 여부뿐 아니라 전형 시기, 전형 절차 등도 자율화하였다.

또한 정부는 1991년 '교육공무원법'을 개정하여 국 · 공립 대학의 총 · 학장을 임명할 때 대학의 의견을 수렴할 수 있도록 대학의 추천을 의무화하였다. 이어 1992년 3월부터 교원 임용에 있어서 국립대학의 경우 정년 보장제를 실시하도록 하였으며, 사립대학의 경우에는 정년 보장제와 기간 임용제 채택 여부를 대학이 자율적으로 결정할 수 있도록 하였다.

아울러 그동안 학위를 등록할 때 학위증에 교육부 장관의 직인을 날인하던 것을 1994년부터는 총 · 학장이 교육부에 일괄 등록하도록 하였고, 명예박사학위를 수여할 때에도 종전에 교육부 장관의 사전 승인을 받아야 하던 것을 각 대학에서 대학원위원회의 의결을 거쳐 수여할 수 있도록 개선하였다.

• 차등적 행 · 재정 지원을 통한 경쟁 유도

정부에서는 그동안의 획일적인 대학 행 · 재정 지원에서 벗어나서 대학의 자율 · 자치 능력과 책임 경영의 건실성 등에 따라 차등적으로 지원하는 방향으로 대학 행 · 재정 지원 정책을 전환해 갔다. 대학들이 재정 확보나 책임 행정을 위해 얼마나 자구적인 노력을 기울이느냐에 따라 차등적으로 지원함으로써 대학 간 선의의 경쟁을 유도하고, 정부 지원의 효율성을 높이고자 한 것이다(한국교육신문사, 1995).

정부는 이러한 목적으로 1994년부터 500억 원의 재정을 확보하여, 대학의 경영 효율화 노력, 법인 전입금 규모, 외부 기부금 유치 및 기성회비 시설 투자 등의 실적에 따라 차등적으로 재정 지원하였다. 또한 연구비도 외부에서 연구 과제를 수주해 온 액수에 연계하여 연구 간접 경비를 지원하였다(한국교육신문사, 1995).

또한 정부에서는 우수한 산업 인력을 양성하고 대학의 연구 능력을 높이기 위해 우수한 공과대학을 선정하여 집중 육성하기로 하였다. 이를 위하여 정부는 1994년부터 1998년까지 2,000억 원을 투자할 계획을 수립하였다. 우선 산업권역을 여덟 개로 설정하고 전국 공과대학을 평가한 후 경북대학교, 부산대학교, 영남대학교, 전남대학교, 전북대학교, 창원대학교, 충남대학교, 충북대학교 등 권역별로 여덟 개 공과대학을 선정하여 각 대학에 연간 50억 원씩 지원하였다(한국교육신문사, 1995).

• 대학의 특성화와 다양화

문민정부가 들어서면서 대학 간의 기능 분화와 재정 투자의 효율성 차원에서 특정 대학의 특정 분야를 집중적으로 육성하는 특성화 정책이 추진되었다. 대학 특성화 정책은 소수 대학의 특정 분야를 집중 육성하여 경쟁력을 높임으로써 제한된 재정 투자의 효율성을 극대화하고, 우수한 인재를 양성, 공급한다는 목적을 갖는다.

정부는 먼저 상술한 국책 공과대학 지원 사업에 따라 지역별로 우수한 공과대학을 육성하는 정책을 추진하였으며, 1995년에도 이러한 분야에서 우수한 연구 업적을 보이고 있는 연구 중심 대학을 선정하여 대학원을 집중 육성하는 정책을 추진하였다(한국교육신문사, 1996).

그러나 이와 같은 소수 대학의 특성화 정책은 사회가 요구하는 전체 인력 양성 요구에 적절히 대응하는 데 한계가 있으며, 전체 대학의 다양한 발전을 유도하기 어렵다는 제한점을 지닌다. 따라서 5 · 31 교육개혁안에서는 다양한 능력과 자질을 갖춘 인재를 양성하기에 적절한 다양한 프로그램으로 구성된 대학 모형을 대학 스스로가 자율적으로 설계, 운영하도록 유도한다는 취지에서 대학 모형의 다양화와 특성화 방안을 제안하였다(교육개혁위원회, 1998).

교육부는 교육개혁위원회의 제안을 구체적으로 실천하기 위하여 전문가들에게 다양한 대학 모형을 연구하도록 하였다. 교육부는 대학의 모형을 교육의 성격에 따라 네 가지로 제시한 바 있다. 즉, 대학이 학부교육에 중점을 둘 것인지, 아니면 대학원 교육에 중점을 둘 것인지에 따라 '학부 중심 교육'과 '대학원 중심 교육'으로 분류한다. 다른 한편으로 대학이 전문 직업교육에 중점을 둘 것인지, 아니면 학문 연구에 중점을 둘 것인지에 따라 '직업 지향 교육'과 '학문 지향 교육'으로 구분한다. 따라서 대학 유형은 '학부 중심의 직업 지향 교육', '대학원 중심의 직업 지향 교육', '학부 중심의 학문 지향 교육', '대학원 중심의 학문 지향 교육' 등 네 가지로 유형화될 수 있다(한국교육신문사, 1996).

교육부는 대학 유형을 이와 같이 대략적으로 네 가지 유형으로 제시하고, 대학들이 각각 창의적인 발전 계획을 수립하여 이중 하나의 유형으로 특성화하도록 유도할 계획을 수립하였다. 특히 교육부는 대학의 특성화 정책 추진 상황을 평가하여 평가 결과에 따라 차등적으로 재정 지원함으로써 특성화를 유도할 계획도 강구하였다(한국교육신문사, 1996).

• 대학 연구 여건의 개선

대학의 연구 수준을 세계적인 수준으로 높이기 위하여 연구비의 배분 방식을 합리화하고 질 높은 연구를 유도하는 방향으로 개선하였다. 1980년대까지 대학별 교수 인원 수 비례로 대학에 연구비를 일괄 배정하여 총·학장이 연구자를 선정하던 일반 과제가 연구의 질을 저하시킨다는 판단 아래, 1990년도부터 일반 과제를 폐지하고 대신 공모 과제의 지원을 확대하였다. 우수한 연구 과제를 선정하여 질 높은 연구를 수행할 수 있도록 경쟁을 통한 연구의 지원을 확대하였고, 연구 과제의 심사를 강화하였다. 1990년에는 학술대회 경비 및 국제학술대회 참가 경비도 심사 후 지원하였다(한국교육신문사, 1996).

학술연구조성비 지원 과제도 연구 과제를 공개 경쟁 방법으로 신청

받아 전문가의 심사를 통하여 우수한 과제에 한하여 지원하였다. 중간보고서의 평가와 연구 결과에 대한 평가 및 활용을 강화하여 연구 결과는 전문 학술지에 게재함을 원칙으로 하였다. 지원 액수도 연차적으로 확대하였다. 또한 1995년부터는 외국의 석학 및 유명 공동연구소와 공동 연구하는 프로젝트를 신규 사업으로 지원하였다(한국교육신문사, 1996). 아울러 지방대학의 연구 여건을 개선하기 위하여 1990년도부터 지방대학 교수에게만 별도의 연구비를 지원하는 지방대학 연구비 제도를 신설하였다(한국교육신문사, 1991).

한편 1994년부터는 국립대학 교수들 간에 경쟁적인 연구 풍토를 조성함으로써 연구 수준을 높이려는 취지 아래 교수 연구 보조비를 성과급으로 전환하여 지급하였다. 1994년 총예산 444억 원에 해당되는 연구보조비를 월정액은 직급별로 매 분기별로 지급하고 성과급은 교수들의 교육, 연구, 봉사활동 등 성과에 따라 지급하도록 하였다(한국교육신문사, 1995).

2. 고등교육과 경제성장에 관한 이론적 논의

교육이 경제성장에 기여하는 기제에 대해서 경제학계에서는 크게 세 가지로 논의하고 있다. 첫 번째는 노동력의 인적자본에 대한 투자를 증가시켜 노동생산성을 높이고 생산량을 증가시킴으로써 경제성장에 기여한다는 것이다. 두 번째는 교육이 경제의 혁신 역량을 증대시키고, 혁신 과정에서 습득한 새로운 기술과 제품, 과정에 대한 새로운 지식이 성장을 촉진한다는 것이다. 세 번째는 교육이 새로운 정보를 이해하고 처리하며 외부에서 새로이 개발된 기술을 성공적으로 추진하는 데 필요한 지식의 전수와 확산을 촉진함으로써 경제성장에 기여한다는 것이다(Hanushek &

Wößmann, 2007). 사냘과 유(Sanyal & Yoo, 1989)는 기술 발전의 필요요건으로, 첫째, 세계의 기술 진보 상태를 지속적으로 따라 잡을 수 있는 능력, 둘째, 자국의 장기적 발전에 최대한으로 기여할 수 있는 기술 유형의 선택 능력, 셋째, 기계의 각 부문을 조립할 수 있는 능력, 넷째, 자국의 노동 유형과 필요에 적합한 상품을 설계할 수 있는 능력 등을 들고 있다. 이와 같은 조건들은 다시 기술적 노동 능력, 관리 · 경영 능력, 연구개발 능력으로 집약할 수 있다.

고등교육은 한편으로 양질의 수준 높은 노동력을 산업계에 공급함으로써 사회의 평균적인 노동의 질을 향상시키며, 다른 한편으로 연구개발 인력을 공급하고 연구개발 활동을 수행하여 기술 진보를 촉진함으로써 경제 발전에 기여한다. 고등교육은 기술 진보의 핵심 역할을 담당한다는 점에서 초 · 중등교육과 근본적인 차이가 있다. 고등교육기관에서 양성된 전문 인력은 대학과 각종 연구기관, 기업체에 진출하여 연구개발 활동에 종사한다.

특히 후기산업사회에서는 지식과 기술의 생산 기관인 고등교육기관이 중추적인 역할을 담당하게 된다. 후기산업사회의 두드러진 특성은 첫째, 산업구조가 제품 생산에 주력하던 2차 산업 중심에서 서비스업을 포함한 3차 산업 중심으로 이행해 가며, 둘째, 직업구조에 있어서도 전문직 및 전문기술직 종사자의 비율이 증대된다는 점이다. 세 번째 특성으로는, 기계의 테크놀로지와 이론적 지식이 혁신의 근원을 이루게 되며, 넷째, 자본과 노동이 중심이 되었던 공업사회와 달리 지식과 정보가 중핵을 이룬다는 것이다. 인구 구성에 있어서도 기술관료의 비율이 높아지게 되며 정책 결정 내용도 대부분 기술적인 성격을 지니게 되기 때문에 기술 관료의 역할과 비중은 증대된다. 따라서 국가의 지속적인 발전을 위해서 고등교육의 중요성이 더욱 부각된다.

고등교육은 정보 기술을 생산 및 활용하고, 새로운 기술을 활용 및 조직하는 데 필요한 관리 · 경영 기술을 발전시키며, 기술 이전 과정에서 핵심적인 역할을 수행한다. 높은 수준의 과학, 의학, 수학, 특정 종류의 상품과 서비스를 생산하기 위해 필요한 경영 기술은 대학교육과 관계가 있으며, 이와 같은 능력을 가진 인구가 많은 사회는 광범위한 새로운 기술을 학습할 수 있고 기꺼이 학습하려 한다. 한편 과학에 기초한 산업이 확장되면서 대학은 연구자 및 연구 결과를 산업 현장에 응용하는 사람들의 훈련과 기초 연구가 결합하는 장이 되고 있다(Carnoy, 1995b).

교육이 생산성을 높이는 데 기여한다는 인간자본론의 대명제는 주로 교육받은 인력이 보다 많은 산출물을 생산한다는 것을 증명하려는 노력에 의해 뒷받침되었다. 그러나 기술의 발달과 함께 교육받은 인력이 많은 산출물의 생산뿐 아니라, 수익성이 높은 새로운 상품을 개발하고 생산 과정의 개선 방법을 발견하는 데 우위성을 보임으로써 생산성의 증진에 기여하는 측면이 부각되고 있다.

해리스(Harris, 1995)에 의하면 생산성은 생산 과정 자체가 새로운 지식체제로서의 교육과 훈련을 창출할 때, 새로운 지식체제로서의 교육과 훈련이 생산 과정에 투입될 때 증가하는 것으로 보았다. 즉, 생산성 증가는 새로운 지식의 생산에 연루된 특정 활동에 의존하는 자기 생산(self-generating) 과정이라는 것이다. 그는 실행과 활용에 의한 학습(learning by doing; learning by using)이 바로 생산성을 증가시키는 것으로 보았다.

생산성 증가의 '자기 생산' 속성은 한편으로 지식 산업의 발달로, 다른 한편으로 생산 과정의 내재적인 특성으로부터 가능해진다. 대학, 연구기관, 기업의 연구개발 부문 등 연구개발을 담당하는 지식 산업의 발달은 기술보고서, 특허, 전문학술지, 서적, 비디오, 컴퓨터 소프트웨어 등의 생산품을 산출함으로써 생산성 증가에 기여한다. 한편 모든 생산단위는 스스로의 지식 생산과 학습 활동을 통하여 생산성 증가를 꾀할 수 있는 능력을 지녔다. 따라서 생산단위 간의 생산성 차이는 외부 투입요인의 차이에서 비롯되기보다 생산성 증가 과정에 내재해 있는 요소에 기인한다.

한편 카노이(Carnoy, 1995b)에 의하면 경제가 농업 중심에서 2차 산업과 서비스 부문 중심으로 이행해 가고, 특히 첨단 산업과 정보통신 기술이 고도로 발달해 갈 때 고등교육에 대한 사회적 수익률이 이보다 낮은 학교급에 대한 사회적 수익률보다 상대적으로 상승한다고 하였다. 첨단 산업사회에서는 첨단 기술을 이용하고, 첨단 기술에 대해 연구 개발할 수 있는 능력이 매우 중요해지기 때문이다. 실제로 1975년경 이후 선진국과 동아시아 신흥공업국에서의 교육 수익률의 변화를 분석한 결과들은(Murphy & Welch, 1989; Ryoo et al., 1993) 고등교육의 수익률이 그 이하 학교급의 수익률보다 상대적으로 더 많이 상승했다는 것을 보여 주고 있다.

2장의 〈표 2-11〉에 의하면, 대학 졸업 노동력의 경제성장 기여도는 1980년대 들어 크게 증가하였다. 1966년에서 1970년 사이의 대졸 인력 기여도는 1.06%포인트(GDP 성장률을 100%로 할 경우 3.47%)로서 전체 노동의 기여도 3.84%포인트의 27.6%를 차지하였으며, 1970년에서 1975년 사이에 대졸 인력의 기여도는 0.85%포인트(GDP 성장률을 100%로 할 경우 2.84%)로서 전체 노동 기여도 3.36%포인트의 25.3%를 차지하였으나, 1980년에서 1994년 사이에 대졸 인력의 평균 기여도는 1.23%포인트(GDP 성장률을 100%로 할 경우 7.68%)로서 전체 노동 평균 기여도 2.49%포인트의 49.4%를 차지하였다.

이와 같은 대학 졸업 노동력의 경제성장 기여 양상은 대학교육의 한계기여도를 나타내주는 질적 기여도의 경우에도 유사하게 나타난다(2장의 〈표 2-12〉 참조). 1966년에서 1970년 사이의 대졸 노동력의 질적 기여도는 0.60%포인트(GDP 성장률을 100%로 할 경우 1.96%)였으며, 1970년에서 1975년 사이에는 감소하여 0.34%포인트(GDP 성장률을 100%로 할 경우 1.15%)에 불과하였다. 그러나 1980년에서 1994년까지는 0.55%포인트로서 GDP 성장률을 100%로 할 경우 3.42%의 기여를 하였다. 이와 같은 기여도 분석 결과는 1980년대 이후의 교육의 경제성장 기여 효과는 대부분이 대학교육에 의한 것임을 나타내 준다.

3. 한국의 고등교육과 기술 · 지식 집약적 산업화: 1980년대~1990년대 전반

1) 모방학습형 기술 개발 전략과 풍부한 연구개발 인력의 확보

기술 개발 전략의 선택은 인력 확보 전략과 일관성이 있어야 한다. 한 나라의 기술 개발 전략은 그 나라의 인력 확보 상태와 맞아 떨어질 때 성공할 수 있기 때문이다. 우리나라의 기술 통제형 모방학습형 기술 개발 전략은 고등교육을 받은 고급 인력의 풍부한 공급에 의해 성공적으로 추진되면서 1980년대 이후의 전자산업 중심 기술집약적 산업화에 기여하였다.

(1) 모방학습형 기술 개발 전략[28)]

산업화 과정에서 기술에 대한 국가의 태도는 단순화시켜 기술 의존형과 기술 통제형으로 나누어 볼 수 있다. 기술 의존형은 지식과 기술, 장비를 반복적으로 수입하는 수동적인 기술 소비자의 성격을 지닌다. 일반적으로 산업화의 정도가 낮으며, 과학기술 연구 수준도 낮다. 기술과 관련하여 선택 능력 또는 권한도 결여되어 있다. 반면 기술 통제형은 산업화 초기부터 외부 기술과 관련하여 선택 능력과 권한을 발전시킨다. 과학기술 연

28) 별도의 출처인용이 없는 한 주로 과학기술처의 『'90과학기술연감』(1990: 8~11)을 참조하였다.

구가 활성화되어 있으며, 기술 발전 조건을 국내에서 통제할 수 있다.

선진국에서 기술 이전 혁신 과정은 일반적으로 기초연구 → 응용연구 → 개발연구의 연구 주기를 거쳐서 신제품, 신공정 등의 기술 혁신이 이루어진 다음에 이들 혁신 내용이 도입기 → 성장기 → 성숙 · 포화기 → 쇠퇴기의 제품 수명 주기를 거쳐 동태적으로 더욱 발전되어 간다. 그러나 후진국의 기술 발전 단계는 선진국의 기술 혁신 과정과는 정반대로 제품 수명 주기를 역진적으로 밟아 나가는 경우가 많으며, 이와 같은 형태의 기술 발전을 가장 효과적으로 이룩할 수 있는 것이 모방학습형 전략이다.

우리나라를 비롯한 일본, 대만 등 이른바 유교문화권 또는 한자문화권의 나라들은 가장 전형적인 모방학습형의 개발 전략을 채택하였다(〈표 5-11〉 참조). 이 전략은 가능한 한 외부 또는 외국 기술에 의존하되 실패 위험이 적고 비용과 시간이 적게 드는 모방, 기술도입, 합작 등의 순서로 기술 획득 원천을 선택하려는 것이다. 따라서 모방이 주류를 이루게 되지만 핵심적 사항은 기술의 획득 원천으로서 모방이 아니라 모방 이후의 학습 과정이다. 즉, 비록 모방, 기술도입, 합작 등 외부 기술에 의존했다 하더라도 어떤 형태로든 획득한 기술을 소화, 개량하는 자체적인 학습 과정을 통해 자체적인 기술 능력을 갖추는 것을 최종 목표로 한다.

인도나 중국은 외국 기술 도입이나 합작 투자를 억제하면서 자체 개발을 추구하기 때문에 발전 속도나 기술 수준이 일반적으로 낮으나 군사 기술, 원자력 발전 등 대형 기술에서는 높은 수준을 확보하고 있는 이원적 구조를 갖고 있다. 그러나 이 국가들도 최근에는 모방학습형에 가까운 전략으로 궤도를 수정하고 있다.

한편 종속적 경제구조를 가지고 있는 남미의 여러 나라는 기술 의존형 기술 개발 형태를 채택해 왔다. 이 형태는 비공식적 모방보다 공식적 기술 도입이나 합작 기술에 주로 의존하기 때문에 구조적으로 자체 학습이나 자체 기술 능력 축적에 제약을 받는다.

표 5-11 국가별 기술 개발 전략

	모방학습형	자체개발형	기술의존형	자유방임형
국가	한국, 대만, 일본	*인도, 중국	남미제국, 홍콩, 싱가포르	타이, 말레이시아 등 자원부국과 대부분의 선진국
신기술 획득 유형	모방, 기술도입, 합작 등	토착적 개발	공식적인 기술도입과 합작기술에 의존	정형모델 없음
기술적 노력 중점	획득기술의 자체 학습과정 중시	자체기술능력 집적(축적)	지역적 능력과 자율성의 점진적 강화	특별한 기술개발 촉진시책 없음
개발동기	수입대체 및 수출증가, 고학력 동기부여	필요에 따라 자체공급, 자율공조적 민족주의	외국기술의 이용	특수사항 없음
정부의 역할	수입규제제도, 산업정책수립 및 적극적 간섭	기초 · 응용연구 적극적 육성	관료적 산업기준 제정	자유방임
문제점	원자재기술 및 핵심기술 미흡	발전속도나 기술수준 낮음	고급인력빈약, 지나친 외국의존	비경쟁적
기 타	자체적인 학습 과정을 통해 자체적인 기술 능력 확보 중시	군사기술 · 원자력발전 등 대형기술의 높은 수준	구조적인 학습이나 자체기술능력 축적 제약	선진국: 집적과 경쟁 후진 자원부국: 기술발전 저조

자료: 과학기술처(1990). '90과학기술연감, 9.

* 인도와 중국 등 자체 개발형 국가도 모방학습형에 가까운 전략으로 궤도 수정 진행 중

선진국과 태국, 말레이시아 등 자원 부국은 특별한 기술 개발 촉진 정책이 없이 각계의 기술 개발 추진체의 능력과 의지에 따라 기술 혁신을 도모하는 자유방임형 기술 발전 과정을 거쳐 왔다. 선진국은 축적과 경쟁이라는 자생적 기술 발전 원리에 따라 자유방임체제에서도 산업기술 발전이

정부의 개입 없이 이룩되었고, 군사 · 우주과학기술 등의 대형 연구는 정부의 지원으로 큰 발전을 이루어 왔다. 그러나 대부분의 후진 자원 부국의 경우 자유방임적 기술 개발형 전략으로는 뚜렷한 기술 발전을 이룩하지 못하고 있다.

우리나라의 기술 발전 과정은 산업 수준에서 볼 때 도입 · 태동 단계로 시작되어 내재화 · 토착화 단계를 거쳐 최종적으로 선진국 수준인 창출 단계로 옮겨가고 있다. 도입 단계는 후진국 상태로서 선진국의 성숙 · 포화기의 보편화된 기술이 주로 비공식 경로를 통해 이전되는 시기이다. 물론 모방이 쉬운 것은 비공식 경로로 획득되지만 복잡한 대단위 기술은 기술 도입, 합작 투자 등의 공식 경로로 이전된다. 또한 개별 단위기술의 발전은 획득기 → 소화흡수기 → 개량기의 학습 과정을 거치며, 얼마나 효율적으로 그리고 신속히 자체 기술 능력으로 변환시키는가 하는 학습 능력과 의지에 달려 있다.

내재화 단계는 도입 기술의 소화 · 흡수 · 개량이 이루어지면서 자체적인 연구 개발 활동이 왕성해져 기술적 능력이 축적되며, 이 단계에서는 생산조업기술 이외에도 설비공정기술, 설계기술이 습득된다. 이때가 신흥공업국 또는 중진국 단계이며, 우리나라 대부분의 산업 기술은 1990년대에 내재화 초기 또는 후기 단계에 속하고 있었다. 창출 단계는 자체적인 연구 개발을 통해 기술 혁신이 이루어지며, 이때에는 세계적 수준의 신제품, 신공정을 개발해 내게 되어 명실상부한 선진국 대열에 진입하게 된다.

카노이(Carnoy, 1995b)는 기술 변화와 교육의 관계를 검토하는 가운데 한국 등 동아시아 신흥공업국(대만, 홍콩, 싱가포르)의 기술 발전은 교육과 연구 개발에 대한 정부의 투자에 힘입었다고 주장하였다. 멕시코의 경우 외국업체가 내수용과 미국 수출용 생산을 위해 멕시코 내에서 첨단기술 제품을 조립하였으며, 이 때 멕시코 기술자를 고용함으로써 첨단 기술 상품과 서비스를 생산하는 국내업체를 발전시키게 되었다. 중국의 경우 광활한 국내 시장으로 외국업체를 유인하여 제조업의 현대화를 위해 필요한 대부분의 새로운 정보 기술을 수입하였다. 반면 한국은 산업화 초기 단계에 외국 기술에 의존하여 수출을 위한 조립상품을 생산해 내다가 교육과 연구개발에의 투자에 힘입어 자체 첨단 기술의 개발에 의한 생산이 가능해졌다. 즉, 수출을 위한 전자제품을 생산해 낼 수 있게 되고 이어 컴퓨터를 생산해 낼 수 있게 되었다.

모방학습형 기술 개발 전략은 이미 개발된 선진국 기술에 주로 의존하되, 획득된 기술의 소화 · 흡수 · 개량의 학습 과정을 중시하므로 혁신적인 기업가 정신과 우수한 연구개발 인력의 확보가 매우 중요하다. 한국의 기업은 훈련 가능성이 높은 대학 졸업자를 관리직과 엔지니어로 고용하여 외국의 기술 이전을 소화할 수 있도록 하는 한편 이들을 외국에 파견하여 선진 기술과 지식을 배워 오도록 하였으며, 정부도 연구기관을 설립하여 외국에서 공부한 우수한 인력을 유치하였다. 모방학습형 기술 개발 전략을 선택한 한국, 일본, 대만은 천연자원이 부족한 반면 고급 인력은 비교적 풍부하다는 공통점을 지니고 있으며, 기술 개발 전략의 선택과 풍부한 고급 인력의 확보라는 과학기술자원의 조건이 상응함으로써 1980년대 이후 반도체, 컴퓨터 등 기술 · 두뇌 집약적 첨단 기술의 발전에 큰 성과를 거두었다고 할 수 있다.

(2) 풍부한 연구개발 인력의 확보와 연구개발의 활성화

1962년에 외국 자본과 기술의 수입을 촉진시키기 위하여 '외국자본투자법'을 제정하였으며, 1967년에는 과학기술처를 설립하고 '과학기술촉진법'을 제정하여 정부가 과학 · 기술을 지원하고 정책적 리더십을 발휘할 수 있는 기반을 조성하였다. 1972년에는 세금 감면 특혜를 비롯한 제반 유인체제를 통하여 공사 기업이 과학기술 발전을 위한 노력을 지원할 수 있도록 '기술촉진법'을 제정하였다. 1973년에는 '공학서비스촉진법'

을 제정하여 지방 엔지니어링 기업의 능력을 강화시키고 이들을 이용할 수 있도록 하였으며, 같은 해 제정된 '국가기술자격법'은 시험과 자격증 제도를 통하여 기술자와 기능인력의 지위를 높이고 사회에서 이들을 적합하게 인정할 수 있도록 하였다. 역시 같은 해 '특수연구기관지원법'을 제정하여 조선, 전자공학, 통신, 기계, 재료공학, 에너지 등과 같이 우선순위가 주어진 전문 분야의 연구기관을 위해 법적, 재정적 측면에서 유인체제를 제공하였다. 1976년에는 '한국과학기술재단법'을 제정하여 순수 기초과학과 응용과학 분야에서 기초 연구를 지원하는 재단의 설립을 위한 법적 기반을 마련하였다.

이와 같은 법적, 제도적 조처를 기반으로 하여 1960년대와 1970년대에는 다양한 과학기술기관이 탄생하였다. 정부는 1966년에는 외국에 거주하는 한국 과학자를 국내에 유치하여 정부가 지원하는 기초 연구를 수행하도록 하기 위하여 '한국과학기술연구소(KIST)'를 설립하였으며, 이어 1970년대 들어서는 다양한 국가 훈련기관과 과학기술 연구기관을 설립하였다.

특별히 전자산업을 위한 법적 기반으로서 정부는 1969년에 '전자산업촉진법'을 제정하였으며, 1969~1976년에 걸친 '전자산업발전 8개년 계획'을 수립하였다. 1970년에는 '한국전자제품검사센터'가 설립되었으며, 1976년에는 전자산업을 위한 주요 연구기관으로서 '한국전자기술연구소(KIET)'가 설립되어 컴퓨터와 반도체 기술 발전에 주력하였다.

1960년대와 1970년대에 걸쳐 과학기술 발전을 위한 법적, 제도적 기반은 마련되었으나 이 시기에 자생적인 기술 발전을 위한 실질적인 연구개발 노력은 크게 뒤따르지 못했다. 대부분의 전자산업 기술은 외국, 특히 일본으로부터 수입되었으며, GNP 대비 R&D 투자 비율도 0.39%(1970)에서 0.58%(1980) 정도에 불과하여 선진국은 물론 다른 개발도상국에 비해 높지 않았다(〈표 5-12〉 참조).

표 5-12 국민총생산 대비 연구개발비 비중의 연도별 국제 비교(1970~1994)

(단위: %)

국가/ 년도	1970	1975	1980	1985	1990	1996
한국	0.39	0.42	0.58	1.48	1.88	2.42
싱가포르	–	0.2*	–	0.88*	–	1.34
일본	–	2.0*	2.2	2.8*	2.78	2.27
멕시코	–	0.2*	–	0.6*	–	0.26
아르헨티나	–	1.8*	0.9	–	–	0.42
칠레	–	0.5*	–	0.5*	–	–
베네수엘라	–	0.6*	–	0.3	–	–
인도네시아	–	0.2*	–	0.3*	–	–
말레이시아	–	–	–	–	0.1*	0.2
필리핀	–	0.3*	–	0.1*	–	–
태국	–	–	–	0.21*	–	0.12
페루	–	0.4	–	0.2*	–	0.08*
콜롬비아	0.1*	–	0.1*	–	–	0.3
브라질	–	0.2*	0.6*	0.4	–	–
우루과이	0.2*	0.2	–	–	–	0.27
터키	–	0.3	–	0.7	–	0.45
이집트	0.8*	–	0.2*	–	–	0.21
인도	0.4*	0.5*	–	0.9*	–	0.63
파키스탄	0.2*	–	0.4*	0.83*	–	0.16
미국	–	2.4*	2.3	2.8*	2.73	2.44
프랑스	–	1.8	–	2.3*	2.42	2.27
독일(서독)	–	2.2	–	2.7	2.8	2.2

자료: UNESCO. *Statistical Yearbook*, 각 연도; 1996년 자료: 유네스코 통계청 사이트 http://data.uis.unesco.org(2015. 4. 30 인출).

주: *표시된 자료의 연도(왼쪽부터 순서대로): 싱가포르 78년, 87년; 일본 76년, 86년; 멕시코 74년, 84년; 아르헨티나 76년; 칠레 78년, 87년; 베네수엘라 77년; 인도네시아 76년, 86년; 말레이시아 89년; 필리핀 76년, 84년; 태국 87년; 페루 84년, 97년; 콜롬비아 71년, 82년; 브라질 74년, 78년; 우루과이 71년; 이집트 73년, 82년; 인도 73년, 77년, 86년; 파키스탄 73년, 84년, 87년, 97년; 미국 76년, 86년; 프랑스 86년.

그러나 1980년대 들어서 정부는 기술집약적 산업으로의 재구조화를 통한 지속적인 경제성장을 이룩하기 위해 기술의 전략적 중요성을 강조하기 시작하였다. 선진국의 기술 보호 조치와 개발도상국과의 경쟁에 직면하여 노동집약적 조립 형태의 전자산업에서 제품 설계와 발전 지향적인 구조로, 가전제품 위주에서 기술집약적 산업 장비와 전자부품 생산 중심으로의 전환을 필요로 하게 되었다.

이에 따라 정부는 산업체의 연구개발 활동을 활성화시키기 위한 각종 유인 체계를 마련하였다. 연구개발 투자에 대하여 세금을 면제해주고 연구개발만을 위한 은행 대출 비율을 설정하도록 하였으며, 사기업에서 수행하는 전략적 연구사업을 정부 예산으로 보조하도록 하였다. 또한 이전에는 기술을 수입할 때 정부의 평가를 필수적으로 거쳐야 했으나, 외국의 직접 투자와 기술 수입을 자유화하여 구매자가 정부에 보고만 하면 되도록 하였다. 한국전자기술연구소를 활성화하여 반도체와 컴퓨터 분야에서 새로운 기술을 개발할 수 있도록 국가에서 풍부한 예산과 인력을 지원하였으며, 연구소는 독립적으로 또는 산업체와 협력하여 새로운 기술을 개발하고 이를 상품으로 생산할 수 있도록 사기업에 확산시키는 노력을 기울였다.

이와 같은 연구개발 지원 및 유인 체제에 부응하여 1970년대 말부터 설립되기 시작한 산업체 부설 연구 센터가 1980년대 들어서는 크게 증가하였다(〈표 5-13〉 참조). 국내의 반도체 생산자는 합작투자, 판매협정, 기술 구매 등을 통하여 외국과 협력하고자 하였으며, 삼성, 현대, 금성 등 대기업들은 미국의 실리콘 밸리 주변에 연구기업을 설치하여 고급 두뇌와 기술 정보를 활용하고자 하였다.

1980년대 이후에는 연구 개발 투자가 크게 증대되었다. 1980년에 0.58%에 불과하였던 GNP 대비 연구개발 투자 비율이 1985년에는 1.48%로, 1990년에는 1.88%로, 1996년에는 2.42%로 증가하여 다른 개

표 5-13 기업부설연구소 설립 현황(1981~1995)

	대기업	중소기업	계	누계
1981	53	0	53	53
1982	21	0	21	74
1983	29	6	35	109
1984	29	5	34	143
1985	32	10	42	185
1986	41	57	98	283
1987	64	102	166	449
1988	54	115	169	618
1989	34	106	140	758
1990	49	94	143	901
1991	72	164	236	1,137
1992	49	208	257	1,139
1993	50	246	296	1,690
1994	61	261	322	1,980
1995	51	241	292	2,272

자료: 과학기술처(1995). '95과학기술연감, 190.

발도상국들을 크게 앞지르고 있다(〈표 5-12〉 참조). 연구개발 종사 인력도 1980년대 이후 크게 증가하여 인구 만 명당 연구개발 인력이 1980년 4.8명에서 1985년에는 10.1명으로, 1990년에는 16.4명으로, 1996년에는 30.2명으로 증가하였다(〈표 5-14〉 참조). 이와 같은 증가율은 다른 개발도상국에 비해 현저하게 높은 것이며, 따라서 다른 개발도상국과의 격차도 크게 벌어졌다. 특히 산업체의 연구개발 활동이 크게 증가하여 연구개발비 총 지출액 중 산업체에서 지출한 액수의 비율이 1975년 28.9%에서 1980년에는 38.4%로, 1985년에는 65.0%로, 1990년에는 70.9%로, 1994

표 5-14 인구 만 명당 연구개발 인력의 연도별 국제 비교(1970~1994)

(단위: 명)

국가/ 연도	1970	1975	1980	1985	1990	1996
한국	0.8	2.9	4.8	10.1	16.4	30.20
싱가포르	1.7*	–	–	13.6*	-	31.16
일본	16.6	22.8	25.8	31.5	56.7*	71.46
멕시코	2.2*	–	–	2.19*	–	3.49
아르헨티나	–	–	–	3.52*	–	10.08*
칠레	–	–	–	3.63*	–	–
베네수엘라	0.34*	–	4.44*	–	2.1*	–
인도네시아	–	–	–	1.82*	–	–
말레이시아	–	–	1.83*	3.27*	–	2.09
필리핀	–	–	–	0.91*	–	–
태국	0.02*	–	–	1.56*	1.76*	1.71
페루	0.02	–	2.73*		–	–
콜롬비아	–	–	–	–	–	–
브라질	–	0.08*	3.9*	–	–	–
우루과이	–	–	–	6.88*	–	–
터키	–	–	–	–	2.1*	3.70
이집트	1.78*	–	5.82*	–	4.9*	–
인도	–	–	–	1.0*	1.55	–
파키스탄	–	–	–	–	0.59	2.75*
미국	26.7	24.4	28.6	32.0	–	–
프랑스	11.5	12.3	15.0	18.5	22.7*	55.11
독일(서독)	14.7*	16.8	20.1	24.0	28.5	54.41

자료: UNESCO. *Statistical Yearbook*. 각 연도; 1996년 자료: 유네스코 통계청 사이트 http://data.uis.unesco.org(2015. 4. 30 인출).

주: * 표시된 나라의 자료 연도 (왼쪽부터 순서대로)

싱가포르: 74년, 87년; 일본: 92년; 멕시코: 71년, 84년;

아르헨티나: 88년, 97년; 칠레: 88년; 베네수엘라: 73년, 83년, 92년;

인도네시아: 88년; 말레이시아: 83년, 88년; 필리핀: 84년;

브라질: 74년; 우루과이: 87년; 터키: 91년;

이집트: 73년, 81년, 91년; 인도: 86년; 파키스탄: 97년; 프랑스: 91년; 서독: 71년.

년에는 72.8%로 증가하였다(〈표 5-15〉 참조).

과학기술발전의 중요성은 산업화 초기 단계에서부터 강조되어 1960년대와 1970년대에 걸쳐 과학기술 발전에 필요한 제반 법적, 제도적 기반이 마련되었으며, 1980년대에는 연구개발 투자 및 활동이 급속히 성장하였다. 1970년대까지는 정부가 연구개발 활동을 주도하였으나 1970년대 말부터 산업체의 참여가 급증하였으며, 고등교육기관의 연구개발 활동은 전 기간에 거쳐 미약했다. 우리나라의 고등교육은 자체의 연구개발 활동을 통해서보다는 정부출연 연구기관 및 산업체의 연구기관에서 연구개발 활동을 수행할 연구개발 인력을 공급함으로써 기술 발전의 도약에 기여하였다고 하겠다.

표 5-15 연구개발 주체별 사용 연구개발비(1975~1994) (단위: 경상가격 백만 원, %)

연도	총연구 개발비	연구기관			고등교육 부문			기업
		계	국·공립	비영리 법인	계	국·공립	사립	
1975	42,663 (100.0)	28,139 (66.0)	16,679	11,460	2,182 (5.1)	541	1,641	12,341 (28.9)
1980	211,726 (100.0)	104,473 (49.4)	47,654	56,819	25,902 (12.2)	9,747	16,155	81,351 (38.4)
1985	1,155,156 (100.0)	280,246 (24.7)	48,845	231,401	118,801 (10.3)	33,634	85,167	751,025 (65.0)
1990	3,349,864 (100.0)	731,040 (21.8)	117,276	613,764	244,321 (7.3)	83,539	160,782	2,374,502 (70.9)
1994	7,894,746 (100.0)	1,540,615 (19.5)	260,651	1,279,964	608,851 (7.7)	247,164	361,687	5,745,280 (72.8)

자료: 과학기술처(1995). '95과학기술연감.

2) 고등교육의 확대와 전자산업 중심의 기술 · 지식 집약적 산업화

(1) 전자산업의 발전[29)]

우리나라 전자산업의 생산, 수출 및 고용 실태를 보면 (〈표 5-16〉 참조), 전자산업이 우리나라 경제 발전을 선도하는 산업 부문이라고 평가할 수 있다. 1970년대와 1980년대에 걸쳐 국내 경제에서 전자산업이 차지하는 비중은 생산에서는 1970년 2.1%에서 1989년 16.7%로 증가하였으며,

표 5-16 한국 전자산업의 생산, 수출 및 고용 실태(1970~1995)

구분		1970	1975	1980	1985	1990	1995
수출	전자수출(백만 불)	55	582	2,015	4,352	17,658	45,039
	총수출(백만 불)	835	5,081	17,505	30,283	65,016	125,058
	전자비중(%)	6.6	11.4	11.4	14.4	27.1	36.0
생산	전자산업(10억 원)(A)	12	149	674	2,322	5,932	9,768[1)]
	제조업(10억 원)	559	2,624	11,214	21,285	52,351	69,536
	전자비중(%)	2.1	5.7	6.0	10.9	11.3	14.0
고용	전자산업(천 명)	29	107	165	270	491[2)]	
	제조업(천 명)	1,268	2,175	2,955	3,504	4,841	
	전자비중(%)	2.2	4.9	5.6	7.7	10.1	
국민총생산(10억 원)(B)[3)]		-	37,143.3	52,260.8	78,088.4	119,576.7	
A/B(%)		-	0.4	1.28	2.97	5.65	

자료: 한국전자공업진흥회(1990). 전자산업 기술개발 5개년계획.
한국전자공업진흥회(1986). 전자산업의 중장기전망.
한국은행. 경제통계연보, 각 연도.

주: 1) 1994년 자료.
2) 1989년 자료.
3) 국민총생산은 1985년 불변가격으로 평가한 것임.

29) 전자신문사의 『한국전자연감』 1990년판 (25~32), 이종욱(1992)의 『한국 전자산업의 경쟁력 원천에 관한 연구』(한국경제연구원, 106~114)를 참조하였다.

표 5-17 세계 전자산업에서 한국 전자산업이 차지하는 비중(1970~1994)

(단위: 억 불)

구분	1970	1975	1980	1985	1990	1994
한국전자생산(A)	1	8.6	28.5	72.8	260	422
세계전자생산(B)	594	710	2,167	3,688	6,563	7,468
A/B(%)	0.16	1.2	1.3	2.0	4.0	5.7

자료: 한국전자공업진흥회(1990). 전자산업 기술발전 5개년 계획.
한국전자공업진흥회(1986). 전자산업의 중장기전망.
전자신문사. 한국전자연감, 1997년도 판.

수출에서는 같은 기간에 6.6%에서 26.6%로, 고용에서는 같은 기간에 2.2%에서 10.1%로 크게 증가하였다.

세계 전자 시장에서 한국의 전자산업의 지위도 크게 향상되어 왔다. 〈표 5-17〉에 의하면 세계 전자생산에서 한국 전자생산이 차지하는 비중이 1970년 0.16%에서 1980년에는 1.3%로, 1994년에는 5.7%로 증가하였으며, 특히 1985년~1989년 사이에 소위 3저 현상에 의한 급격한 수출 증대로 한국 전자부문 생산량의 비중이 크게 높아졌다. 가전산업의 경우 1989년에는 우리나라가 일본 다음으로 세계 2위를 차지하였다(〈표 5-18〉 참조).

다음에서는 우리나라 전자산업의 발전 과정을 간략하게 개관해 본다. 우리나라 전자산업은 1959년 수입 부품에 의존한 단순조립식 진공관 라디오를 생산하면서부터 출발하였다. 이후 1960년대에는 저렴하고 풍부한 노동력과 외국 기업의 직접 투자, 국내 기업의 적극적인 설비 투자와 기술 도입을 통해 전자산업의 기틀이 마련되었다. 1962년에 처음으로 라디오가 미국으로 수출되었으며, 1966년에 흑백 TV가 조립 생산되고, 비록 유치 단계이지만 컨덴서, 저항기, 스피커, 축전기 등의 부품 산업이 등장하기 시작하여 본격적인 성장 발판을 굳히게 되었다. 특히 1960년대 중반 이후에는 정부의 전자산업 육성 의지가 발표되면서 전자산업은 일대

표 5-18 세계 전자공업에서 한국 전자공업의 분야별 지위(1980~1995) (단위: 억 불)

구분	1980				1989				1995			
	가정용 기기	산업용 기기	전자 부품	전체	가정용 기기	산업용 기기	전자 부품	전체	가정용 기기	산업용 기기	전자 부품	전체
세계생산	383	1,610	622	2,615	730	4,205	1,586	6,521				7,468
한국생산	11	4	14	29	99	61	123	283	77	106	239	422
한국비중(%)	2.9	0.2	2.2	1.1	13.6	1.4	7.8	4.3				5.7
미국	106	683	254	1,043	58	1,606	439	2,103	74	1,855	686	2,645
일본	144	151	132	427	349	1,008	627	1,984	253	1,237	955	2,455
독일(서독)	36	159	51	246	38	293	91	422	31	325	102	457
영국	12	129	30	175	18	240	45	303	23	249	57	329
프랑스	14	132	29	171	12	210	46	268	18	229	56	303
이탈리아	10	63	11	84	11	148	22	181	8	161	33	202
네덜란드	4	35	14	53	1	59	18	78				
싱가포르									28	214	113	355
대만									11	168	77	256
말레이시아									77	78	97	252

자료: 1980, 1989년: *Yearbook of World Electronics Data 1990*. 한국전자공업진흥회(1990). 전자산업 기술발전 5개년 계획에서 재인용.
1995년: *Yearbook of World Electronics Data 1996*. 전자신문사. 한국전자연감, 1997년도 판에서 재구성.

전기를 맞이하였다.

전자산업은 1967년 GNP에서 차지하는 비중이 0.7% 수준에 불과하였고, 제조업에서의 비중은 3.4%에 지나지 않았으나, 1971년에는 각각 1.6%와 8.6%로 증가하였다. 수출에 있어서도 높은 실적을 나타내어 수출 초기 5개년의 평균 신장률은 69.4%를 기록하였다.

이러한 성장 추세 속에서 국내업계는 품종의 다양화와 고도화를 꾀하여 미국과 일본 등 선진국으로부터 적극적인 기술 도입과 제휴, 투자 유치를 도모하였다. 대만이나 홍콩보다 임금 수준이 저렴하고 교육 수준이 높은 노동력이 풍부하다는 좋은 조건과, 정부의 강력한 전자공업에 대한 육성 의지로, 국내 기업뿐 아니라 미국과 일본 전자업체가 경쟁적으로 진출하게 되었다.

1970년대 들어서부터는 숙련된 기술자와 저임금을 바탕으로 조립가공에 의한 전자산업이 비약적으로 발전한다. 이 시기부터 1980년대 전반기에 이르기까지는 전자산업 부문의 근로자에게서 창출된 배움의 효과가 저생산비의 달성을 가능하게 하여 저비용의 판매 전략에 이용될 수 있었다.

1970년대 전자산업의 연평균 성장률은 48%에 달하였고, 특히 임금수준이 비교적 낮았던 전반기에는 연평균 68%라는 높은 성장률을 나타내면서 경제성장을 주도해 왔다. 이로 인한 국민소득의 증대로 가전제품의 보급이 확대되어 일부 품목은 대량 생산 체제에 의해 수출 경쟁력을 높여 나갔다.

전자산업의 수입 의존율도 1970년대 10년간 44%에서 31%로 낮아졌고, 반면 국내 생산에 의한 자급 비율은 56%에서 69%로 신장되었다. 이것은 그동안 기술 수준의 향상이 반영되어 수입에 의존하던 부품 소재와 산업용 기기의 국산화가 촉진되었기 때문인 것으로 분석되고 있다.

1980년대 들어서면서 2차 오일쇼크의 영향과 내부적으로 컬러 TV 방영 지연 등으로 전자산업은 시련을 겪다가, 1981년부터는 다시 전자산업 고도화의 기반을 새롭게 다져나가기 시작하였다. 컬러 TV가 방영되었고, 전자공업 고도화 장기계획수립위원회가 관민으로 구성되어 전자산업 재도약을 위한 진흥체제가 획기적으로 강화되었다. 정보화 사회 진작을 통해 컴퓨터 등 산업용 전자기기의 개발을 촉진하고 VTR, 전자렌지, 오디오 등의 득소세에 잠정세율제를 도입해 수출 유망 품목의 기반을 다져 나아갔으며, 전자공업진흥기금 조성 지원, 시설재 및 원료 관세 감면 등의 지원책을 도입하였다. 또한 수급기업협의회를 구성해 개발 대상 품목의 전시 등을 통해 고정밀화 부품과 소재의 개발을 촉진시켜 자급률을 신장시켜 나갔다. 특히 1986년과 1987년에는 유가하락 등 소위 3저의 호기를 맞이해 수출이 급속히 증대되어 고도성장을 이룩하였다.

1988년부터는 선진국들의 수출 규제와 기술 보호가 크게 강화되고 임금의 상승, 원화 절상의 압력 등에 따라 전자산업의 고부가가치화를 통한 전자산업의 첨단화를 시도해 왔다. 이 시기에 생산은 다품종 소량생산, 생산방법은 CAD, CAE, CIM 등의 FMS(Flexible Manufacturing System)를 이용한 공장자동화, 그리고 판매전략은 제품의 차별화에 그 초점이 맞추어지게 되었다.

1980년대는 기복은 있었으나 전반적으로 전자산업이 고도의 성장을 이룩한 시기이다. 이 시기에 전자산업의 생산은 연평균 29.1%의 속도로 증가하였는데, 이와 같은 성장률은 같은 기간 우리나라 경제 성장률이나 세계 전자 시장 증가율보다 두 배 이상이나 빠른 고도성장으로 평가되고 있다. 우리나라 총 수출에 대한 전자 제품의 수출 비중은 1980년에 11.4%에서 1990년에는 27.1%로 증가하여 전 수출의 4분의 1 이상을 차지하게 되었으며, 제조업 부가가치 생산에서 차지하는 비중도 1980년 6%에서 1990년 11.3%로, 그리고 고용에서 차지하는 비중도 같은 기간에 5.6%에서 10.1%로 증가하였다(〈표 5-16〉 참조). 또한 이 시기에 우리나라 전자공업은 국제적 지위도 크게 향상되어 1980년에 우리나라 전자 공업 생산은 세계 14위에 불과하였으나, 1989년에는 미국, 일본, 독일(서독), 프랑스, 영국에 이어 6위로까지 부상하였으며, 특히 가정용 기기와 전자부품 생산은 세계 2~3위의 위치에 오르게 되었다(〈표 5-18〉 참조).

1980년대 들어 추진된 품목 구조의 고도화는 가정용 기기 내에서 상당한 정도로 성공을 거두었으나, 기술집약적인 산업용 기기의 생산 비중이 큰 향상을 보이지 못했다는 점(1980년 13%에서 1989년 21.5%)에서 기대에 미치지 못하였다. 이 시기에 전전자식 교환기 개발, 광통신 및 컴퓨터의 산업화 등으로 전자공업의 구조 고도화에 큰 진전을 보이기는 했지만 선진국들의 경우 이 비중이 당시 70%를 상회하였고, 우리나라와 경쟁 관계에 있는 대만과 싱가포르도 이 비중이 40%를 넘어 우리 전자산업의 구조가 매우 취약했음을 알 수 있다.

한편 1980년대에는 고정밀화 부품과 소재 산업의 개발이 활발해짐으로써 부품·소재의 자급률을 획기적으로 향상시켜 왔다. 1980년 부품·소재의 자급률은 55%였으나 1988년에는 65%까지 향상되었다. 1980년대에 개발된 주요 품목을 유형별로 보면(〈표 5-19〉 참조) 가장 큰 성과는 고집적 기억소자의 개발이며, 다음은 1980년대 성장 유망 품목에 대한 핵심부품의 개발로서 CPT, 마그네트론, VTR헤드, 전자튜너 등이 대표적인 사례들이다. 다음은 가정용 기기에 주로 사용되던 범용 부품들이 산업용 기기 중심으로 발달해 나가면서 부품의 고정밀화를 이루어 나가기도 했는데 그 예로는 다층 PCB, Pin커넥터, Chip화 부품, SMT화 부품들이 있다. 또한 부품 수요가 증가하면서 전자재료 및 소재의 개발도 본격화되어 갔는데, CPT용 밸브, 실리콘웨이퍼, 리드 프레임, 섀도우 마스크, 페라이트 및 알니코 자성재료, ABS 등의 수지류, 폴리에스터 필름, 인공 수정 등이 이에 속한다.

우리나라 전자공업의 발달을 기술 수준으로 나누어 보면 네 단계로 구

표 5-19 한국 전자산업의 성장 선도 품목의 변화

구분	1970년대	1980년대
가정용기기	라디오, 흑백TV, 카세트 녹음기 등	VCR, 전자렌지, CDP 등
산업용기기	다이얼식 녹음기, 기계식 교환기, 전자탁상 계산기 등	코드레스폰, 광통신, 전자교환기, 컴퓨터 등
전자부품	트랜지스터(조립), 흑백브라운관, 단층PCB, 스피커, 오디오테이프 등	VLSI반도체, 칼라브라운관용 유리, 다층PCB, 스피커용 자성재료, 비디오 테이프 및 컴퓨터디스켓

자료: 한국전자공업진흥회(1990). 전자산업 기술발전 5개년계획.

분할 수 있다. 1960년대는 유아기, 1970년대는 제품조립 생산기, 1980년대는 제조기술 개발기, 1990년대는 원천기술개발에 의한 부품 및 제품생산기술 확보의 시기이다. 전자공업 기술 수준의 발달에 따라 이 분야에서 중심이 되었던 인력의 성격도 변화해 왔다. 초기의 단순조립 노동력에서 숙련 기능공으로, 기술자로, 다시 연구개발에 종사하는 과학자와 공학자로 인력의 핵심이 변화해 왔다. 1970년대 중엽부터 이공계 중심으로 부분적으로 팽창하다가 1970년대 말부터 대폭적으로 팽창하였던 우리나라 고등교육은 이와 같은 인력 수요의 변화에 부합하는 풍부한 고급 인력의 공급에 기여했다.

(2) 고등교육의 전자공학 분야 확대 과정

정부의 과학기술진흥을 위한 제반 법적, 제도적 조처에 힘입어 고등교육에서도 전자공학 분야는 급속한 확대 과정을 거쳐 왔다. 1965년에 전자공학과를 개설하고 있었던 고등교육기관은 대학(전문대학 포함)이 7개, 대학원이 3개에 불과하였고(〈표 5-20〉 참조), 학생 수는 대학에서 605명에 불과하였다(〈표 5-21〉 참조).

그러나 과학기술발전 관련법의 제정과 함께 전자공학과 개설 대학 수와 등록 학생 수는 크게 증가하였다. 1973년에 기술공학 촉진, 연구기관 발전, 국가기술자격 인정을 위한 관련법이 제정되면서 전자공학과 개설 고등교육기관 수가 대학(전문대학 포함)의 경우 1965년 7개에서 1975년 50개로, 대학원의 경우 같은 기간 3개에서 21개로 증가하였다. 다시 1976년 '한국과학기술재단법'의 제정 이후 대학(전문대학 포함)은 1980년 147개로, 대학원은 37개로 증가하였다. 1980년 '한국과학기술발전연구소법'이 제정되고 1981년 '특수연구기관발전법'이 개정되자 전자공학과 개설 기관 수는 대학(전문대학 포함)이 1984년 216개로, 대학원이 75개로 증가하였다. 1965년과 비교할 때 1984년에 전문대학은 38.7배, 4년

표 5-20 고등교육기관 전자공학과 수 추이(1965~1984) (단위: 개, 배, %)

연도	전자공학과 수*						
	전문대학 (1)	4년제 대학 (2)	대학원 (3)	(1) + (2) (4)	고등교육기관 수 (5)	(4)/(5)×100(%) (6)	(3)/(5)×100(%) (7)
1965	3 (1.0)	4 (1.0)	3 (1.0)	7 (1.0)	199(1.0)	3.5	1.5
1970	1 (0.3)	25 (6.3)	3 (1.0)	26 (3.7)	232(1.2)	12.1	1.3
1975	14 (4.7)	36 (9.0)	21 (7.0)	50 (7.1)	287(1.4)	19.9	7.3
1980	70(23.3)	77(19.9)	37(12.3)	147(21.0)	357(1.8)	31.9	10.4
1984	116(38.7)	100(25.0)	75(25.0)	216(30.9)	441(2.2)	39.7	17.0

자료: 문교부. 문교통계연보, 각 연도.

Sanyal. B. C. & Yoo, H. S.(1989). *Technological development in the micro-electronics industry and its implications for educational planning in the Republic of Korea*. Paris: IIEP, 95에서 재구성.

주: 전자공학과 수는 관련학과를 포함한 것임.

( ): 증가율(1965=1, 배)

재 대학과 대학원은 각각 25배 증가한 셈이다.

전자공학과 등록 학생 수의 증가율을 살펴보면(〈표 5-21〉 참조), 1965년 등록 학생 수를 기준으로 할 때 4년제 대학은 1970년, 1975년, 1980년, 1985년에 각각 6.7배, 15.9배, 42.5배, 94.7배 증가하였으며, 2년제 대학은 각각 0.8배, 8.5배, 55.6배, 98.6배, 그리고 대학원의 경우 2.8배, 31.2배, 189.5배, 424.8배로 증가하였음을 알 수 있다. 고등교육기관 전체 학생 수의 증가율이 각 연도에 1.4배, 2.1배, 4.3배, 8.4배에 불과하였던 것이 비추어 보면 전자공학분야의 확대가 얼마나 급격히 이루어졌는가를 알 수 있다. 공과대학만 국한시켜 보더라도 전체 공과대학 증가율에 비해 전자공학 분야의 증가율이 월등히 높았다.

이와 같은 전자공학 분야의 성장은 1980년대 이후 급성장한 전자산업 분야에서 요구되는 기술 인력과 1970년대 말부터 급증해 온 산업체의

표 5-21 고등교육기관 전자공학 분야 학생 수 추이(1965~1984) (단위: 명, 배)

연도	전자공학과 학생 수				고등교육기관 전체 학생 수 증가율
	전문대학 (1)	4년제 대학 (2)	대학원 (3)	(1)+(2) (4)	
1965	226(1.0)	379(1.0)	4(1.0)	605(1.0)	1.0
1970	178(0.8)	2,551(6.7)	11(2.8)	2,729(4.5)	1.4
1975	1,932(8.5)	6,042(15.9)	125(31.2)	7,974(13.2)	2.1
1980	12,569(55.6)	16,104(42.5)	758(189.5)	28,673(47.4)	4.3
1984	22,278(98.6)	35,873(94.7)	1,699(424.8)	58,151(96.1)	8.4

자료: 교육부. 『교육통계연보』. 각 연도.
Sanyal, B. C. & Yoo, H. S.(1989). *Technological development in the micro-electronics industry and its implications for educational planning in the Republic of Korea*. Paris: IIEP, 98-99에서 재구성.
주: 전자공학과 수는 관련학과를 포함한 것임.
( ): 증가율(1965=1, 배)

연구개발 활동에 필요한 연구개발 인력을 공급하였다. 특히 연구개발 인력의 중심이 되는 대학원 학생 수의 증가가 1970년대 후반 이후 매우 급속히 이루어졌다는 것은 고등교육기관이 산업체의 급증하는 연구개발 활동에 필요한 인력 수요를 충족시켜 주었다는 것을 시사한다.

3) 대졸 인력의 풍부한 공급과 효율적인 관료제 운영

생산 조직과 기술의 통제는 노동력의 기술적 능력이나 연구개발 능력뿐 아니라 채택된 조직 형태와 수준 및 생산의 관리 방식의 영향을 받는다. 서구 산업국가와 달리 후발 국가들은 일반적으로 산업화 초기부터 정부와 민간 기업 모두에서 관료제가 발달하였으며, 따라서 피고용 관리자의 수요가 컸다. 서구의 초기 산업화 과정에서는 생산 현장에서 기술을 축적한 생산직 근로자가 관리자로 승진하였던 반면, 후발 국가에서는 대졸

수준의 관리자를 고용하는 경향이 강하다. 즉, 대학 졸업자가 관리직을 차지하는 현상은 초기 산업화 과정에서는 찾아 볼 수 없었고, 선진 산업국에서는 19세기 말부터 시작된 경향으로 관리자는 한 기업에서 승진을 통하여 성장하지만 첫 출발점은 생산직이 아닌 관리직 또는 사무직이다. 이와 같은 경향은 공학이 과학으로 인정받아 대학교육과정에 포함되었던 학계의 동향과, 산업체가 경험이 있는 사람 대신 교육받은 사람을 고용하여 연구개발을 통한 혁신의 모태를 마련하려는 새로운 움직임에서 비롯되었다(Amsden, 1989).

자본집약적 산업 분야에 종사하는 세계에서 가장 큰 기업들의 경우 그 활동은 작은 팀, 또는 개인에 의해 감독, 조정되는데, 이 작은 팀 또는 개인은 간부 임원들로서 개개 생산 단위와 기업 전체에 자원을 계획, 배정한다. 한국도 가족자본주의의 중요성이 감소하고 피고용 관리자에 의한 의사 결정의 중요성이 증대하는 세계적인 추세를 따라가고 있다. 회장직을 맡고 있는 기업 창업자이며 소유자가 기업을 강하게 통제하여 최고층의 결정은 소유자가 독단적으로(관료적이 아니라) 내리지만 생산, 연구개발, 판매 등 대부분의 의사 결정은 피고용 관리자들이 내린다. 즉, 전략적인 결정은 개인 또는 가족(소유자)이 내리지만, 그 외에는 분권화된 의사 결정 체제를 갖는다. 따라서 피고용 관리자들은 협상, 탐구, 경영, 개발, 대화 기술과 같은 경영에 관련된 능력을 필요로 한다. 적절한 기술을 선택하려면 기술적 지식뿐 아니라 적절한 결정과 협상 능력이 필요한 것이다. 따라서 관리자의 자질은 기업의 성장에 결정적인 영향을 미친다.

특히 우리나라에서는 대기업 중심의 산업화 전략을 채택하였기 때문에 기업에서 관료조직이 발달하였고 피고용 관리자의 수요가 컸다. 대졸 인력의 풍부한 공급은 이와 같은 수요를 충족시키는 데 기여하였다. 한국의 관리직과 엔지지어는 대부분 대학 졸업자로서 다른 나라에 비해 상대적으로 높은 수준의 교육을 받았다(Amsden, 1989). 전문기술직 종사자

중 고등교육 이수자의 비율은 1980년 70.7%, 1985년 72.5%에 달하였으며, 행정관리직 중 고등교육 이수자의 비율은 각각 60.6%와 57.6%에 달하였다. 건축기술자, 공학기술자 및 관련 기술공중 고등교육 이수자의 비율은 1980년 62.7%, 1985년 62.6%에 달하였고, 사무직인 사무원 감독자의 경우에도 각 시기에 67.3%, 59.7%가 고등교육 이수자였다(김윤태, 1991).

또한 한국은 대기업과 중소기업의 하청 관계가 발달해 있어 관리직이 모기업에서 하청기업으로 이동하는 경향이 높고, 이와 같은 이동은 한국 기업계의 일반적 교육 수준을 높여 놓았다. 한국에서는 중소기업의 관리직도 교육 수준이 높으며, 교육 수준이 높은 관리자로 충원된 피고용 관리 체제의 효율성은 한국 경쟁력 우위 중의 하나로 꼽히고 있다(Amsden, 1989).

1980년대에는 사회간접자본 및 기타 서비스업 등 3차 산업이 크게 성장하였다. 산업별 소득 구성비를 살펴보면 3차 산업이 1975년 47.5%를 차지하였으나, 1980년에는 55.5%, 1990년에는 61.9%로 증가하였으며(1장의 〈표 1-6〉 참조), 취업구성비도 1975년 35.0%에서 1980년 43.4%, 1990년 54.4%로 증가하였다(1장의 〈표 1-8〉 참조). 고등교육의 확대는 3차 산업에 종사하는 화이트칼라층의 원활한 공급을 가능하게 하였다.

1970년대 말부터 확대되기 시작한 고등교육은 관리자를 풍부하게 공급함으로써 공사 부문의 관료제를 효율적으로 운영할 수 있도록 하였고, 이것은 강력한 정부의 관여와 대기업을 기반으로 한 산업화 전략에 부응하였다. 또한 3차 산업의 확대에 따라 증가하는 화이트칼라층의 수요에 대응하여 원활한 공급을 가능하게 하였다.

* * * * *

[그림 5-1]은 한국의 고등교육과 경제성장을 연결하는 메커니즘을 요약하여 제시하였다.

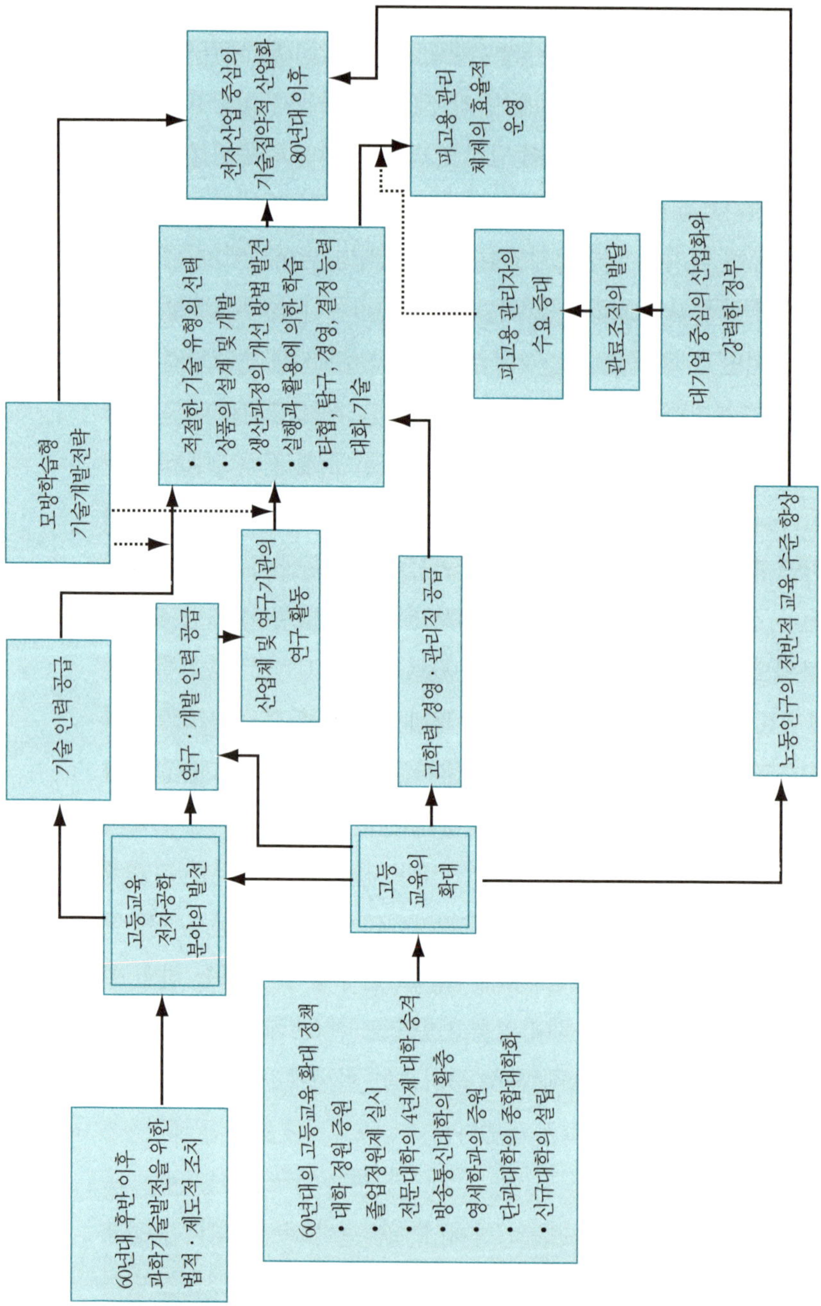

[그림 5-1] 한국 고등교육과 경제성장의 관계

제6장

교육투자와 경제성장

이 장에서는 우리나라 교육투자의 특징을 살펴보고, 이러한 특징이 경제성장과 어떠한 관련이 있는지를 검토한다.

1. 낮은 수준의 공공부문 교육투자

국민총생산(GNP) 대비 공교육비의 비율과 정부 예산 대비 공교육비 비율은 정부가 교육에 대해 어느 정도 가치를 두고 노력하고 있는가를 보여주는 대표적인 지표이다. 유네스코가 100개국을 대상으로 1960년부터 1976년까지 17년간을 조사 분석한 연구에 따르면, GNP와 공교육비 간의 관계는 0.90을 상회할 만큼 매우 높다. 즉, 높은 소득수준의 국가는 경제성장에 따라 더 많은 숙련된 노동력과 더욱 새로운 신기술을 필요로 하게 되고, 따라서 높은 수준의 교육이 요구되며 그 결과 교육에 대해 더욱 많은 투자를 하게 된다는 것이다(Hong & Crampton, 1990).

〈표 6-1〉에서 볼 수 있듯이, 우리나라의 GNP 대비 교육예산은 1960년 이후 다소의 등락을 보이면서도 꾸준히 증가해 오고 있다. GNP에 대한 교육예산의 비율은 1965년 1.8%에서 1994년에는 3.4%로 증가하였다. 정부예산 대비 교육비의 비율도 1960년 14.8%에서 1994년에는 21.5%로 꾸준히 증가해 왔다.

전반적으로 GNP와 정부예산보다 교육예산이 더 큰 폭으로 증가하고 있다. 1960년을 기준으로 교육비는 1965년에 2.4배, 1975년에 35.5배, 1985년에 379.7배, 그리고 1994년에는 1,650.6배가 증가하였던 반면, GNP와 정부예산은 1960년에 비해 1994년에 각각 1,060배와 1,133배 증가하여 교육예산 증가 폭보다 낮은 것으로 나타난다.

표 6-1 국민총생산 및 중앙정부 예산과 교육비 추이(1960~1994) (단위: 십억 원)

구분	1960	1965	1970	1975	1980	1985	1990	1994
교육비(A)	6.2	14.8	75.7	220.0	1,001.5	2,354.3	4,802.3	10,233.6
증가 (배)	1.0	2.4	12.2	35.5	161.5	379.7	774.6	1,650.6
GNP (B)	244.9	805.7	2,788.4	10,129.2	36,857.0	79,301.1	178,262.1	302,867.0
증가 (배)	1.0	2.1	11.6	29.5	131.6	299.5	508.0	1,060.4
정부예산(C)	42.0	94.7	446.3	1,586.9	5,804.1	12,532.4	22,689.4	47,593.9
증가 (배)	1.0	2.3	10.6	37.8	138.2	298.4	540.2	1,133.2
A/B(%)	2.5	1.8	2.7	2.2	2.7	3.0	2.7	3.4
A/C(%)	14.8	15.6	17.0	13.9	17.3	18.8	21.2	21.5

자료: 통계청(1995). 통계로 본 한국의 발자취, 469.

1965년에서 1992년까지 27년간 5년 단위로 GNP에 대한 교육비 투자 정도를 국제 비교해 본 결과가 〈표 6-2〉에 제시되어 있다. 전반적으로 세계 여러 나라들의 GNP 대비 교육비 비중이 5% 내외의 일정 수준 범위 내에서 안정감을 보여 주는 반면, 한국은 전 기간에 걸쳐 개발도상국의 평균치에도 미치지 못하고 있었다. GNP에 대한 경상 교육비 비중은 전 세계적으로 5.0%~5.7% 사이에서 변화해 왔다. 개발국은 시기에 따라 5.2%~6.0% 정도를 차지하고 있는 반면, 개발도상국은 이보다 낮은 3.0%~4.1% 정도를 차지하고 있다. 1980년대 들어 대부분의 개발도상국에서 GNP 대비 공교육비의 비중이 증가하거나 안정을 유지하였으며, 특히 아프리카에서는 크게 증가하여 1990년 5.3%에 이르렀으며, 다른 개발도상국을 훨씬 앞지르고 있다. 한국의 경우 꾸준히 증가해 오고 있기는 하나 1992년 현재 3.3%에 불과하였다.

1960년에서 1985년까지 세계 각국의 GNP에 대한 공교육비 투자 정도를 조사 분석한 결과에 의하면(정두용, 1994), 선진 5개국(미국, 일본,

표 6-2 국가군별 GNP 대비 교육비[1] 비중 추이(1965~1993) (단위: %)

국가군/연도	1965	1970	1975	1980	1985	1990	1993
한국	1.8	3.7	2.4	3.7	4.8	3.5	4.2
세계 전체	4.9	5.4	5.7	5.5	5.6	5.0	5.1
오세아니아	3.6	4.5	6.3	5.9	5.8	5.6	6.0
구소련	7.3	6.9	7.6	–	–	–	–
아프리카 (아랍국 제외)	2.8	3.7	4.4	4.7	4.3	5.3	6.2
유럽	4.4	4.6	5.3	5.1	5.1	5.0	5.2
북미	5.4	6.6	6.4	6.7	6.7	5.5	5.4
남미	3.1	3.3	3.0	3.8	3.9	4.1	4.6
아시아 (아랍국 제외)	3.5	3.5	4.7	4.6	4.3	4.1	4.3
아랍국	4.1	4.6	5.9	4.4	6.2	5.4	5.8
개발국	5.2	5.7	6.0	6.0	6.0	5.3	5.3
개도국	3.0	3.3	4.0	3.8	4.0	3.9	4.1

자료: UNESCO. *Statistical Yearbook*, 1977(65~75년도 자료), 1989(80~85년도 자료), 1995(90~93년도 자료).

주: 1) 여기에서 교육비는 공교육비로서 인건비와 물건비를 합한 경상비를 의미한다.

독일, 프랑스, 영국)의 GNP에 대한 공교육비 비율은 전체 지정 연도에서 5%선 내외를 유지한 적이 많으며, 미국의 경우만 1965년의 5.3%를 제외하고 6.5% 이상을 유지하고 있어 상대적으로 다른 국가들에 비해 우위를 점하고 있었다. 한편 1989년의 경우, 세계 95개국 중 GNP에 대한 공교육비 비율에 있어 5% 이상 되는 국가만도 33개국이 넘어 한국은 낮은 수준의 교육투자를 하고 있는 나라에 속했다.

〈표 6-3〉은 비교대상 국가별로 GNP 대비 공교육비의 비중을 제시한 것이다. 한국의 GNP 대비 공교육비 비율은 비교된 멕시코, 아르헨티나,

표 6-3 국가별 GNP 대비 공교육비 비중 추이(1965~1992) (단위: %)

국가/연도	1965	1970	1975	1980	1985	1990	1992
한국	1.8	3.7	2.4/1.6	3.2	3.6	3.2	3.5
홍콩	2.5	2.9	3.3/2.5	2.2	2.5('81)	-	-
싱가포르	4.3	3.1	2.9/2.5	2.4	3.1('82)	-	-
일본	4.3	3.9	5.5/3.9	3.9	4.8	-	-
멕시코	2.4	2.6	4.0/2.4	3.0	2.7	2.5	3.3
아르헨티나	2.9	1.9	2.7/2.4	3.1	1.8	1.1	1.1
칠레	3.4	5.1	3.7/3.9	4.4	4.4	2.7	2.8
베네수엘라	4.0	4.8	5.4/4.3	4.2	5.0	-	-
태국	2.6	3.5	3.6/2.6	2.4	3.3	3.0	2.9('91)
말레이시아	4.7	4.8	5.8/5.1	5.0	5.7	4.2	4.8
인도네시아	-	2.8	3.3/2.1	-	-	-	1.4
필리핀	2.6	2.8	1.6/1.5	1.5	1.2	2.7	2.6('91)
페루	5.1	3.8	3.9/3.2	2.9	2.6	-	-
콜롬비아	2.3	3.3	1.9	1.7	2.7	-	-
브라질	2.4	2.8	3.7	-	-	-	-
우루과이	3.7	3.6	-	2.2	2.7	2.8	2.6
터키	3.7	2.9	5.3	2.3	1.9	2.7	3.6
이집트	4.8	4.8	5.7/4.4	4.5('81)	5.9	3.4	4.3
모로코	3.8	4.2	5.4/4.4	5.2	6.4	4.9	5.1
인도	2.5	2.8	2.8	2.7	3.3	3.9	3.8('91)
파키스탄	1.8	1.7	2.3/1.6	1.5	1.7	2.2	2.3('91)

자료: UNESCO. *Statistical Yearbook*. 1977(65~75년도 자료), 1989(80~85년도 자료), 1994(90~92년도 자료). 산출방식이 중도에 바뀌어 자료의 발행연도에 따라 다르게 보고된 1975년의 경우 두 수치를 모두 제시하였음.

콜롬비아, 파키스탄, 태국보다는 높지만 일본, 말레이시아, 이집트, 모로코, 베네수엘라, 칠레보다 낮았다. 아르헨티나를 위시한 남미 국가들은 1970년대까지는 비교적 교육투자가 다른 국가군에 비해 높았으나, 1980년대 이후 다른 국가군에 비해 투자가 저조한 것으로 나타났다. 반면에 아시아 국가들과 아랍권 국가들은 교육투자를 지속적으로 확대해 왔다.

1960년 당시 1인당 GNP가 한국과 유사한 태국($985), 이집트($557), 모로코($854) 및 필리핀($1,183)과 비교해 본 결과는 국가마다 양상이 달라 일반적 추세를 찾아보기 힘들었고, 다만 모로코와 이집트는 꾸준히 비율이 증가하여 1985년에는 GNP에 대한 공교육비의 비율이 각각 6.4%와 5.9%로 나타났다. 1970년 당시 GNP에 대한 공교육비의 비중이 한국과 유사한 태국(3.5%), 일본(3.9%), 페루(3.4%) 및 우루과이(3.6%)와 그 이후의 추이를 한국(3.5%)과 비교해 본 결과, 일본만 교육투자 비율이 크게 상승했을 뿐 여타의 국가들은 기준 연도인 1970년과 비슷한 수준을 유지했다.

전 세계적으로 GNP 대비 공교육비 투자 규모를 분석해보면, 1960년 이후부터 현재에 이르기까지 사우디아라비아가 10.3%로 가장 많이 투자한 적이 있고 그 다음으로 1989년 리비아가 10.1%로서, 이들 두 국가만이 자국 GNP의 10%선을 넘는 공교육비를 투자하고 있었다. 그 외에 상위권에 속하는 국가들은 6.3%(1965년의 네덜란드)에서 9.0%(1980년의 스웨덴)에 두루 분포되어 있다. 한국은 1965년에 1.8%로서 90개국 중 81위를 기록해 최하위권의 수준을 유지한 적이 있으며 가장 높았던 때는 1985년의 3.6%로서 중위권에 진입한 적이 있었으나(정두용, 1994), 1990년대 중엽 현재 전 세계의 평균치에 훨씬 뒤떨어져 있었다.

〈표 6-4〉는 정부지출 대비 교육비 비중을 비교한 것이다. 국가군별로 뚜렷한 특징을 보이고 있지는 않으나, 대체적으로 I군과 III군의 아시아 국가들의 경우 정부지출 대비 교육비 비중이 지속적으로 높아지고 있음을

표 6-4 정부지출 대비 교육비 비중 추이(1965~1992) (단위: %)

국가/연도	1965	1970	1975	1980	1985	1990	1992
한국	15.6	17.0	13.9	17.3	18.8	21.2	21.5
홍콩	14.8	22.8	20.7/25.7	25.5	23.0('84)	-	-
싱가포르	-	11.7	8.6	10.3	10.8('82)	-	-
일본	22.7	20.4	22.6	-	-	-	-
멕시코	8.2	8.5	11.1	-	-	-	-
아르헨티나	23.4	14.4	10.9	18.8	8.9	8.8	12.4
칠레	15.1	22.0	12.0	-	-	-	15.0
베네수엘라	18.0	22.9	-	24.3	29.3	-	-
인도네시아	-	-	12.5	-	-	-	10.5
말레이시아	18.5	18.6	17.0/23.6	18.4	-	19.3	19.6
필리핀	-	-	9.4/13.8	-	-	11.1	11.1('91)
태국	19.8	16.7	18.9	19.1	19.2	21.0	19.9('91)
페루	18.1	20.3	16.6/23.2	18.5	17.9	-	-
콜롬비아	13.9	18.9	25.0	19.9	-	-	-
브라질	11.9	10.8	21.1('74)	-	-	-	-
우루과이	-	26.1	-	2.1	2.5	16.7	15.5
터키	18.9	-	20.6	-	-	-	-
이집트	12.9	15.8	-	10.1	10.8	-	-
모로코	-	16.8	14.3/20.4	23.3	33.5	33.6	32.0
인도	9.2	10.7	11.6/15.1	-	13.0	13.7	13.4('91)
파키스탄	5.3	4.2	5.2/1.6	1.5	1.7	-	-

자료: UNESCO. *Statistical Yearbook*. 1977(65~75년도 자료), 1989(80~85년도 자료), 1994(90~92년도 자료). 산출방식이 중도에 바뀌어 자료의 발행연도에 따라 다르게 보고된 1975년의 경우 두 수치를 모두 제시하였음.

알 수 있으며, II군과 IV군의 남미 국가군들은 투자가 위축되고 있는 경향을 보이고 있다.

1965년~1989년 사이 한국 고등교육기관 학생 1인당 공교육비의 추이를 국제 비교한 결과(정두용, 1994), 한국 고등교육기관 학생 1인당 공교육비의 절대 액수는 증가 추세를 유지하고 있었지만 1인당 GNP에 대한 비율은 감소 추세를 나타내고 있었다. 즉, 1965년에는 1인당 GNP에 대한 고등교육기관 학생 1인당 공교육비의 비율이 36%이던 것이 1975년에는 13%로 감소하였으며, 1989년에는 6%까지 낮아졌다. 이 연구 결과에 의하면, 선·후진국을 막론하고 1인당 GNP에 대한 고등교육기관 학생 1인당 공교육비의 비율이 6%정도로 낮은 국가는 단 한 국가도 없었다. 한국의 고등교육투자는 그 절대 액수의 증가에도 불구하고 경제발전 수준에 비하면 상대적으로 1989년까지 계속 퇴보해 온 셈이다.

일반적으로 GNP 수준이 높은 나라에서는 공교육투자 비중도 높지만 공교육비 비중이 높다 해서 반드시 교육이 발전한 것은 아니며, 아울러 경제성장 속도가 빠른 것도 아니다. 그 대표적인 사례가 한국을 비롯한 동아시아 국가들과 아랍 및 아프리카 국가들 간의 차이이다. 1990년을 기준으로 중동과 북아프리카의 GNP 대비 공교육비 비중은 5.2%였으며, 아프리카가 4.2%, 라틴아메리카가 3.7%, 동아시아국가가 3.4%를 기록하여 아프리카 국가들이 가장 높은 수준의 교육투자를, 동아시아 국가들이 가장 낮은 수준의 교육투자를 하였으나, 취학률에 있어서는 반대로 전자가 가장 낮은 취학률을, 후자가 가장 높은 취학률을 나타내었다(Work Bank, 1995).

중요한 것은 공교육투자 수준보다 교육비를 어떻게 배분하고 활용하느냐 하는 것이다. 기초교육이 보편화되지 않은 개발도상국에서는 한정된 교육재정을 낮은 학교급에 우선적으로 투자하고, 교육투자의 내적 효율성을 극대화시키는 것이 교육 발전을 꾀하는 최선의 전략이다(World Bank, 1995). 한국의 경우 공공부문의 교육투자는 국제적 수준에 비추어 볼 때 낮은 수준을 유지해 왔음에도 불구하고 교육이 급속히 성장할 수 있었던 것은 바로 교육투자 배분이 적절했고, 교육비 활용의 내적 효율성을 극대화시켰기 때문이다.

2. 교육투자의 효율성

1) 학교급별 투자 배분의 적절성

세계은행(World Bank, 1995)은 교육투자 효율성과 형평성을 제고시킬 수 있는 정책 원칙을 일곱 가지로 제시하고 있다. 첫째, 무상 기초교육을 확립한다. 둘째, 후기 중등교육은 수업료를 부담시키되 장학금 제도를 활용한다. 셋째, 고등교육도 수업료를 부담시키되 장학금과 대출 제도를 적극 활용한다. 넷째, 모든 아동에게 질 높은 초등교육을 제공하는 데 투자 최우선 순위를 부여한다. 다섯째, 질 높은 일반계 중등교육기회를 확대시킨다. 여섯째, 학교 및 기관 차원에서 지출을 효율화한다.

세계은행은 한국을 이중 대부분의 원칙을 정책에 반영한 대표적인 나라로 꼽고 있다. 수업료(육성회비 포함)가 경상비에서 차지하는 비중이 초등교육은 2%, 중학교는 41%, 고등학교는 73%, 대학은 77%에 달했다. 전체적으로 사부담 공교육비가 전체 경상비의 50% 정도를 차지하였다 (Adams & Gottlieb, 1993).

기초교육이 보편화되지 않은 저개발국이나 신흥국에서는 일반적으로 고등교육보다 기초교육에 투자하는 것이 수익률이 높기 때문에 기초교육에 우선적으로 투자해야 한다. 3장에서 검토하였듯이 한국 정부는 해방 직후부터 한정된 재정을 초등교육의 확대에 집중적으로 투자하였다. 정부는 휴전 이후 중단될 수밖에 없었던 의무교육완성 6개년 계획을 본격적으로 추진하기 위하여, 문교예산 대비 의무교육비의 비율을 1953년 62.8%에서 1960년에는 80.9%로 높였다.

우리나라 정부가 초등교육에 우선순위를 두어 투자하였다는 것은 외국의 교육투자 배분 양상과 비교해보면 더욱 두드러지게 나타난다. 유네스코 자료에 의하면(〈표 6-5〉 참조), 우리나라 정부는 1965년에서 1975년에 이르기까지 초등교육에 전체 교육비의 65% 전후를 투입하였으며 중등교육에는 20%~25%, 고등교육에는 10% 전후를 투입하였다. 우리나라에서는 초등교육의 의무화가 완성 단계에 이른 1970년대를 지나고 1980년대에 들어서면서 초등교육에의 투자 비중이 크게 낮아지고, 대신 중등교육의 투자 비중이 높아지기 시작하였다.

반면 남미의 여러 나라들은 1965년에서 1975년 사이에 초등교육에 20%~50% 정도 투자하였으며, 중등교육과 고등교육에는 우리나라보다 훨씬 많이 투자하였다. 칠레와 같은 나라는 1965년과 1970년에 초등교육에는 각각 35.7%와 33.7%를 투자했던 반면, 고등교육에는 각각 25.6%와 37.9%를 투자하였다. 우리나라에서는 초등교육과 중등교육의 투자 비중이 일관성 있게 증감하였던 반면, 남미의 나라들은 시기에 따라 증감을 되풀이하는 양상을 나타내었다. 남미의 나라들은 1980년대에 이르러서도 초등교육 투자 비중은 크게 감소하였던 반면, 고등교육 투자 비중은 다른 개발도상국에 비해 가장 많이 증가하였다.

경제성장이 매우 뒤떨어진 인도의 경우 1965년과 1975년에 초등교육에 각각 23.3%와 22.4%를 투자하였고, 중등교육에 각각 42.1%와 42.5%를, 고등교육에 각각 23.1%와 24.6%를 투자하여 초등교육에 절대적인 비중을 두었던 우리나라의 투자 양상과 매우 큰 차이가 있음을 알 수 있다. 즉, 인도는 초등교육보다 중등교육에 더 큰 비중을 두다가 차차 초등교육에의 투자 비중을 높여 왔다.

아프리카 국가들의 경우 동아시아 국가에 비해 교육투자를 많이 하

표 6-5 개발도상국의 총 교육비 중 학교급별 교육비 비중 추이(1965~1992) (단위: %)

국가/연도		1965	1970	1975	1980	1985	1990	1992
한국	초	66.4	64.3	62.4	48.9	46.7	44.3	42.2
	중	22.2	23.1	25.5	33.2	36.7	34.1	39.4
	고	11.2	8.3	7.3	8.7	10.9	7.4	6.9
홍콩	초	57.4	54.9	48.7	33.7	31.4('84)	26.3('91)	-
	중	25.0	21.2	26.3	35.7	37.9('84)	39.3('91)	-
	고	12.1	19.2	20.6	24.6	25.1('84)	30.0('81)	-
싱가포르	초	57.7	44.2	38.1	35.8	28.7('87)	-	-
	중	24.6	33.5	34.3	41.1	36.5('87)	-	-
	고	13.1	14.7	17.6	17.1	30.7('87)	-	-
일본	초	38.6	38.5	40.3	38.2	27.8	26.0('88)	-
	중	39.7	37.3	37.2	34.6	32.2	32.2('88)	-
	고	11.0	12.7	10.2	11.1	21.4	22.5('88)	-
멕시코	초	42.2	50.9	45.2	39.7	27.4	26.7	28.6
	중	12.5	27.2	31.1	18.8	26.8	29.6	26.6
	고	12.7	10.4	12.6	26.5	17.6	10.5	14.7
아르헨티나	초	49.8	30.4	27.0	40.1	5.5('86)	3.4	50.5
	중	23.9	30.3	40.8	25.6	43.3('86)	44.9	26.1
	고	16.9	21.0	30.2	22.7	30.8('86)	46.7	17.6
칠레	초	35.7	33.7('69)	34.9	42.7	19.5	52.2	49.4
	중	17.9	14.9	13.5	18.0	13.7	17.3	14.9
	고	25.6	37.9	25.2	33.2	20.3	20.3	20.6
베네수엘라	초	43.2	38.3	22.1	17.5	24.5('84)	20.2	-
	중	18.2	20.6	18.4	15.0	6.5('84)	4.5	-
	고	19.7	25.5	37.0	39.2	43.4('84)	40.7	-
인도네시아	초	-	47.8('71)	-	-	-	-	-
	중	-	33.6	-	-	-	-	-
	고	-	7.9	-	-	-	-	-
말레이시아	초	-	41.1('71)	38.6	35.0	38.2('86)	34.3	38.5
	중	-	27.2	28.5	34.0	37.6('86)	34.4	37.4
	고	-	9.5	4.9	12.4	14.4('86)	19.9	16.1

국가/연도		1965	1970	1975	1980	1985	1990	1992
필리핀	초	–	83.2	80.0	61.4	63.9	73.1	–
	중	–	3.9	8.0	15.7	10.1	↑	–
	고	–	6.6	5.4	22.1	22.5	15.1('88)	–
태국	초	67.2	54.0	64.5	55.1('81)	58.4	56.0	53.9('91)
	중	16.7	19.5	16.6	28.3('81)	21.1	21.6	21.2('91)
	고	9.3	13.8	11.3	13.3('81)	13.2	14.6	16.3('91)
페루	초	41.8	41.4('71)	40.0('74)	45.1	35.6	–	–
	중	18.1	24.0	21.5	19.9	20.5	–	–
	고	13.5	15.7	15.7	3.1	2.7	–	–
콜롬비아	초	39.6	36.6	44.2('73)	44.4	39.2	32.1	43.6
	중	18.1	24.0	21.5	27.0	30.8	27.6	37.3
	고	24.5	23.9	10.5	24.1	22.2	20.6	19.1
브라질	초	–	–	45.5('73)	44.8	45.9	48.8('89)	–
	중	–	–	16.9	7.1	7.7	6.9('89)	–
	고	–	–	23.6	18.9	19.6	25.6('89)	–
우루과이	초	44.9	45.1	–	48.4	37.7	37.5	35.7
	중	39.8	30.4	–	33.2	28.4	30.3	29.9
	고	15.3	19.0	–	16.1	22.4	22.6	24.6
이집트	초	76.9	79.6	70.0	–	67.3('82)	–	*
	중	↑	↑	↑	69.1	–	–	62.9('91)
	고	19.2	20.4	30.0	30.9	32.7('82)	–	37.1('91)
모로코	초	61.5	44.8	43.1('73)	35.4	35.3	34.8	33.0
	중	31.9	44.7	48.9	46.3	47.6	48.9	50.7
	고	10.6	10.6	8.0	18.3	17.1	16.2	16.3
인도	초	23.3	22.4	40.0	36.9	44.6	38.1	38.0('91)
	중	42.1	42.5	26.6	24.2	30.3	25.5	27.0('91)
	고	23.1	24.6	12.1	13.5	18.7	14.9	14.7('91)
파키스탄	초	–	39.7	41.8	39.4	40.2	43.2('88)	–
	중	–	32.5	31.0	31.0	26.0	28.4('88)	–
	고	–	16.4	17.3	19.7	24.4	18.2('88)	–

자료: UNESCO. *Statistical Yearbook*, 1977(65~75년도 자료), 1989(80~85년도 자료), 1994(90~92년도 자료)에서 계산.

주: ↑표시는 초등에 포함된 수치임

* 표시는 전체 수치에 포함됨

고 있음에도 불구하고, 기초교육에 비해 고등교육에 상대적으로 많은 비중을 두어 왔기 때문에 취학률이 저조하다는 것을 앞서 살펴보았다. 케냐의 경우 정부 예산 중 교육 예산 비율이 1980년에 30%에서 1990년에 40%로 증가하였으나, 이 증가는 국 · 공립대학의 정원이 네 배 증가하여 고등교육비 지출이 증가하였기 때문이다(World Bank, 1995).

한편 홍콩, 싱가포르, 태국 등 우리나라와 함께 동아시아의 신흥공업국으로 불리는 나라들의 경우 우리나라와 유사한 투자 양상을 보이고 있다. 즉, 홍콩과 싱가포르는 1965년에 초등교육에 각각 57.4%, 57.7%를 투자하였고 태국은 67.2%를 투자하였다. 이 나라들도 초등교육에 우선적으로 투자하다가 차차 중등교육과 고등교육에의 투자 비중을 높여 나갔다(〈표 6-5〉 참조). 상술하였듯이 1980년대 들어 남미 여러 나라들은 고등교육 투자 비중을 크게 증가시켰던 반면, 동아시아 태평양연안국의 경우 중등교육 투자 비중이 증가하고 고등교육 투자 비중은 다소 증가했을 뿐이다(World Bank, 1995). 이와 같은 여러 나라의 투자 배분 양상은 기초교육에의 우선적 투자가 경제성장과 긍정적인 관련이 있음을 시사한다.

2) 교육재정의 효율적 활용

우리나라는 다른 개발도상국에 비해 한정된 재정을 효율적으로 활용하는 교육재정의 고효율 구조를 유지하였다. 우선 우리나라는 해방 직후부터 다인수 학급을 유지함으로써 취학 연령 인구를 최대한으로 학교체제에 수용하고자 하였다는 점에서 교육투자의 효율성을 극대화시켰다고 하겠다. 세계은행은 교육재정이 부족한 개발도상국에서는 학급당 학생 수 또는 교사 대 학생 비율을 높게 유지시키면서, 이로 인해 생겨난 재정의 여유분을 교재나 교원의 현직교육 등에 투입하는 것이 효율적이라고 분석하였다. 일반적으로 교사 비용이 교육비의 3분의 2 정도를 차지하기 때문에 교사 대 학생 비율을 증가시킴으로써 향상되는 효율성은 막대하다. 그러나 아프리카와 같은 저개발국은 취학을 보편화시키기 이전에 교사 대 학생 비율을 감소시키려는 전략을 취하였다. 예컨대 이 나라들의 경우 1985년~1990년 사이에 취학생 수는 3% 증가한 데 그쳤던 반면, 교사 수는 24%나 증가하여 교육투자의 저효율 구조를 나타내고 있었다(World Bank, 1995).

또한 세계은행은 건물도 학습에 매우 중요한 것은 아니기 때문에 건물에 많은 투자를 할 필요가 없다고 진단하고 있다. 그러나 식민지 전통을 지닌 아프리카의 많은 나라들은 고비용이 드는 설계를 하고 수입 건축 재료를 사용함으로써 건축비에 많은 투자를 하였다. 예컨대 중등 이하 교육수준에서 기숙사당 총 건축 비용을 보면, 서아프리카의 경우 남아시아의 2배에 달하며 동아시아보다 50% 높은 것으로 나타났다. 일부 아프리카 국가에서는 연간 새로운 학교 시설을 위한 자본 비용이 경상비의 80%에 달하는 것으로 나타났다(World Bank, 1995).

우리나라는 가능한 한 대규모 학교를 유지함으로써 건축 · 시설비를 최소화할 수 있었다. 1991년도 우리나라 초등학교의 학교당 평균 학생 수는 762.0명(중학교는 893.6명)으로, 특수한 도시 국가인 싱가포르(1,049.5명)와 홍콩(712.1명)을 제외한 다른 나라보다 훨씬 많았다. 특히 프랑스, 서독, 이태리, 캐나다 등 서구 여러 나라의 초등학교 평균 학생 수는 89.5명(프랑스)에서 146.1명(캐나다)정도로 우리나라의 1/5~1/9 정도에 불과하였다. 뿐만 아니라, 우리나라에 비해서 경제적으로 훨씬 뒤떨어지는 나라들인 에티오피아, 케냐, 세네갈, 네팔, 방글라데시, 페루, 인도네시아 등도 152.2명~363.5명 정도로 우리나라의 절반도 되지 않았다(한국교육개발원, 1992). 인구밀도나 교육환경에 있어서 우리나라와 비교적 유사하다는 일본도 학교규모를 줄이려는 노력이 꾸준히 계속되어 1990년의 초등학교 평균 학생 수는 378.5명, 중학교 평균 학생 수는

476.2명에 불과하였다.

이와 관련하여 세계은행은 교육재원이 부족한 개발도상국에게 다부제 수업을 권장하고 있다. 자메이카를 예로 들면, 학생 1인당 건축·시설비가 1부제일 때 J$ 1,500이 드는 반면 2부제를 실시할 때 J$ 1,139, 3부제를 실시할 때 J$ 1,027로 감소한다. 다부제 수업으로 인한 수업 시수의 감축은 수업일수를 늘리는 것으로 보상한다. 세계은행은 다부제 수업제도를 한국, 말레이시아 등 동아시아 국가들이 적극적으로 활용하여 성공한 전략으로 평가하고 있다.

한국의 단위 교육비용은 1965년과 1973년 자료를 기준으로 비슷한 소득수준의 다른 국가에 비해 훨씬 낮은데, 초등학생 1인당 교육비는 70개국 중 53위였고, 중·고등교육기관에서 학생 1인당 교육비 비중은 다른 나라에 비해 더욱 낮았다. 이와 같이 한국의 단위 공교육 비용이 다른 나라에 비해 낮은 것은 학교급을 막론하고 교원들의 봉급이 낮은 수준을 유지했고, 대규모 학급을 운영함으로써 비용을 절감할 수 있었기 때문으로 논의되고 있다(김영봉 외, 1980).

3. 활발한 민간부문의 교육투자

한국 교육이 경이적인 속도로 확대될 수 있었던 것은 한편으로 민간부문이 학교의 설립에 적극적으로 참여하였기 때문이며, 다른 한편으로 학생·학부모가 교육비의 상당 부분을 부담하였기 때문이다. 우리나라 정부는 기본적으로 기초교육만을 재정 지원하고, 고등교육은 일관되게 수익자 부담 원칙을 적용하였으며, 사립학교에 대해서는 설립자 부담 원칙을 적용하였다.

우리나라 학교교육에서 사립학교가 차지하는 비중은 매우 크다(〈표

6-6〉 참조). 유치원의 경우 사립 유치원 학생 수 비율은 1970년 99.6%였다가 1994년에 77.8%로 감소하기는 하였으나 여전히 매우 높은 비중을 차지하고 있었다. 초등교육은 정부의 중점적 투자로 사립학교 비율이 매우 낮은 편이며, 중학교 단계도 1970년 48.6%를 차지하던 것이 점차 감소하여 1994년에는 24.4%를 기록하였다. 그러나 고등학교 단계에서는 사학의 비중이 오히려 증가하는 경향을 나타내어 1994년 현재 사학이 60.8%를 차지하고 있었다. 전문대학은 초기부터 사립이 대다수를 차지하고 있었으며 1960년에는 92.1%를 차지하였다. 그러나 1960년대 초반(1965년)부터 국립 전문대가 설립되기 시작하여 사학의 비율은 1965년 79.7%에서 1970년에는 56.9%로 낮아졌다가, 다시 1970년대 들어서부터 계속 증가하여 1994년 현재 96.0%에 달한다. 한편 대학교의 사학 비율은 꾸준히 증가하여 1994년 현재 74.8%를 차지하고 있었다.

한국에서 사학은 독특한 특징을 지니고 있다. 사실 해방 이후의 급속한 교육 팽창은 사학 없이는 가능하지 않았을 것이다. 달리 표현하자면 정부가 교육재정을 전적으로 부담하려 했다면 경제성장에 앞서는 교육성장은 가능하지 않았을 것이고, 교육성장이 가능하지 않았다면 경제성장도 어려웠을 것이다. 한국에서 사학은 정부가 보편적 취학을 달성하기 위해 초등교육에 집중적으로 투자하고 있는 동안 중등 및 고등교육을 담당하여 교육비가 정부예산에 구속받지 않을 수 있도록 했다. 또한 해방 이후 폭발적인 교육수요를 정부와 분담하여 소화해냄으로써 정부부담 교육비 지출을 늘리지 않을 수 있게 하였다. 이처럼 사학은 재정적인 측면에서 한국 교육기회 확대에 지대한 기여를 하였다.

낮은 수준의 공교육비에도 불구하고 교육의 급속한 확대가 가능하였던 또 하나의 중요한 이유는 학부모들이 막대한 교육비를 부담했기 때문이다. 한국 학부모들은 해방 직후부터 기부금과 사친회비 형태로 학교 운영비를 부담했다. 미군정 당시 학교세입의 약 38%는 각급학교 사친회원

표 6-6 학교단계별 학생 수와 사립학교 학생 수의 비율 추이(1960~1994) (단위: 천 명, %)

	유치원		초등학교		중학교		고등학교		전문대		대학교[1]	
	학생 수	비율	학생 수	비율	학생 수	비율	학생 수	비율	학생 수	비율	학생 수	비율
1960	–	–	3,623	0.2	529	40.8[2]	273	42.9[3]	5	92.1	103	59.5
1965	20	98.6	4,941	0.5	751	44.4	427	50.7	23	79.7	112	71.4
1970	22	99.6	5,749	1.1	1,319	48.6	590	54.7	33	56.9	159	69.6
1975	32	100.0	5,599	1.2	2,027	40.6	1,123	57.0	63	69.8	218	70.0
1980	66	96.5	5,658	1.3	2,472	38.8	1,697	59.4	165	83.7	413	69.7
1985	315	54.1	4,857	1.5	2,782	31.8	2,153	60.5	242	90.5	950	72.5
1990	415	69.3	4,869	1.4	2,275	28.6	2,284	61.7	324	91.7	1,056	74.4
1994	510	77.8	4,099	1.6	2,509	24.4	2,509	60.8	507	96.0	1,132	74.8

자료: 한국교육개발원. 한국의 교육지표. 1994년도판, 160~165, 430~443.

주: 1) 교육대학(교) 포함.

2) 1962년

3) 1963년

들이 매월 적립한 회비로 충당하였고, 중등학교 세입의 약 54%는 자발적인 기부금으로 마련하였던 것으로 보고되고 있다(김영봉 외, 1980). 학교와 학생이 계속 증가하기 때문에 정부는 학교재정을 충분히 지원하기 어려웠고, 따라서 대체로 학교장이 스스로 재정 문제를 해결할 수밖에 없었으며, 기부금과 사친회비 징수는 이 때 초등학교와 중등학교에서 주로 실시되었던 재정조달 방식이었다. 학교에서는 아동이 학교에 입학하기 전에 일정액의 기부금을 부모에게 부담시켰는데, 자발적 기부를 원칙으로 하였지만 실제 부모가 기부금을 기꺼이 부담할 의사가 없거나 부담할 수 없을 때 그 아동은 학교에 입학되지 않았다(Nam, 1962. 김영봉 외, 1980: 78에서 재인용).

정부수립 이후에도 학부모들은 세금을 제외하고도 학교와 교사를 지원하기 위해 교육비를 부담하였으며, 일부 가정은 중 · 고등학교 수업료 지불을 부담스러워 했다(Barnes, 1960). 또한 1970년대에도 초등학교 학생의 28%만이 교과서를 무상으로 지급받았으며, 29%만이 무상급식의 혜택을 받는 형편이었기 때문에 학부모들은 교과서대와 급식비는 물론 교복, 교통비, 학교지정용품 및 기타 사교육비를 부담해야 했다(Chang, 1976). 이러한 비용을 국민이 부담함으로써 정부는 상당한 부분의 교육비 지출 부담을 줄일 수 있었다.

공교육비와 함께 사교육비 또한 꾸준히 증가하였는데, 그 증가 비율은 공교육비 증가율을 앞질러서, 공교육비 대비 사교육비의 비율은 1977년 48.6%에서 1994년 104.2%로 크게 증가하였다(〈표 6-7〉 참조). 이와 같이 사교육비 비율이 증가한 것은 한편으로 소득 수준의 향상에 따라 사교육비의 지출이 전반적으로 증대되었기 때문이기도 하고, 다른 한편으로는 사교육비의 증가 수준에 비해 공교육비의 증가 수준이 미치지 못하였기 때문이다.

〈표 6-7〉을 통하여 총 공교육비 중에서 사부담 공교육비가 차지하는 비율(9)을 보면, 전체적으로 감소하는 추세를 나타내고 있으나 1994년 현재 35.9%에 달하며, 총 교육비 중에서 사교육비가 차지하는 비율(7)은 1977년 31.3%에서 1994년 40.5%로 증가하였다. GNP 대비 정부에서 투자하는 공부담 공교육비 비중(3)은 분석 기간 중 2.6%~3.7%에서 변화하였으며 1994년 현재 3.7%에 불과하나, GNP 대비 사부담 공교육비와 사교육비를 합한 사부담 교육비 비중(6)은 4.5%~8.7% 사이에서 변화하였으며 1994년 현재 8.1%나 된다. 총교육비 중에서 사부담 교육비의 비중(8)은 분석 기간 중 53.8%~63.5% 사이에서 변화하여 계속해서 정부와 공교육기관(학교법인의 전입금)의 공교육투자보다 높았으며, 1994년 현재 54.4%를 차지하였다. 즉, 학부모가 직접적으로 투자하는 교육비가 정부와 공교육기관이 투자하는 교육비보다 더 많았다.

막대한 사교육비는 학부모의 부담을 가중시켜 많은 사회적 문제를 야기시켜 온 것도 사실이다. 최근에는 사교육비 가운데 과도한 과외 · 학

표 6-7 총 교육비의 규모 및 공 · 사 부담 교육비 비중 추이(1977~1994)

(단위: 십억 원, %)

	1977	1982	1985	1990	1994
GNP	17,807	52,182	78,068	171,488	289,500
총 교육비 (A)=(B)+(E)	1,312	6,946	10,726	20,818	43,102
공교육비 (B)=(C)+(D)	846	3,496	4,660	8,697	16,784
공부담 공교육비 (C)	466	1,897	2,543	5,310	10,759
사부담 공교육비 (D)	380	1,599	2,117	3,387	6,025
사교육비 (E)	411	2,138	4,696	9,427	17,438
사부담 교육비 (F)=(D)+(E)	791	3,737	6,813	12,814	23,463
(1) A/GNP×100	7.1	13.3	13.7	12.1	14.9
(2) B/GNP×100	4.8	6.7	6.0	5.1	5.8
(3) C/GNP×100	2.6	3.6	3.3	3.1	3.7
(4) D/GNP×100	2.2	3.1	2.7	2.0	2.1
(5) E/GNP×100	2.3	4.1	6.0	5.5	6.0
(6) F/GNP×100	4.5	7.2	8.7	7.5	8.1
(7) E/A×100	31.3	30.8	43.8	45.3	40.5
(8) F/A×100	62.3	53.8	63.5	61.6	54.4
(9) D/B×100	44.9	45.7	46.7	38.9	35.9
(10)E/B×100	48.6	61.2	100.8	108.4	103.9

자료: 공은배 · 백성준(1994). 교육투자규모와 수익률 분석. 한국교육개발원, 136에서 재구성.

주: 총교육비는 유치원, 초 · 중 · 고, 전문대, 교육대, 대학의 교육비만 합산하였고 기회경비는 제외하였음.

원비 지출은 국가와 가계 경제를 왜곡시켜 오히려 경제 발전을 저해한다는 주장도 드물지 않다. 사교육비는 생산에 투자되어야 할 돈을 비생산적인 영역으로 빠져나가도록 함으로써 국가 생산력을 저하시킨다는 것이다. 기업인들은 우리나라 기업의 임금 수준이 높은 것이 산업 경쟁력을 약화시키는 주요한 요인이며, 임금 수준이 높은 것은 과다한 사교육비 지출에 따른 상승 압력 때문이라고 주장하기도 한다. 또한 학과 과외는 기본적으로 선행학습과 반복학습이기 때문에 학교교육과 과외 수업이 중복되는 경향이 강하며, 이것은 사교육비가 상당 부분 공교육비와 중복적으로 지출된다는 것을 의미하고, 따라서 국가의 가용 재원이 낭비적으로 지출되고 있다는 것을 의미한다.

그러나 학부모들이 막대한 사교육비를 부담하지 않았다면 한국교육은 이와 같이 급격히 성장할 수 없었을 것이다. 학부모의 높은 교육열에 의해 뒷받침된 막대한 사부담 교육비의 지출과 학교 설립을 위한 사부문의 투자는 우리나라 교육의 빠른 성장에 큰 역할을 담당하였으며, 결과적으로 경제성장의 촉진에 큰 몫을 담당하였다고 하겠다.

4. 국제 원조의 효율적 활용

우리나라 교육의 급속한 성장의 동인으로서 국제 원조를 간과할 수 없다. 우리나라 교육에 대한 국제사회의 원조는 해방 직후 대한민국 교육의 기본 골격을 수립하는 과정에서 이루어진 미국의 원조와 지원으로부터 시작되었다. 미군정기에 미군당국은 연간 약 500만 달러를 지출한 것으로 추정되며, 이들로부터의 물자와 시설 및 노동의 기부도 간과할 수 없다(김영봉 외, 1980). 이후 미국의 원조는 피바디(Peabody) 사범대학 자문단 및 미국대외원조기관(United States Operations Mission: USOM)/미국제개발처(United States Agency for International Development: USAID) 지원금 그리고 미국 유학생 초청사업 등을 통해 이어졌다. 한편 유네스코 등 국제기구는 교과서 인쇄기와 종이를 지원함으로써 문맹퇴치와 초등학교 의무교육 완성에 기여하였다(천세영, 2009).

1952~1966년 기간 동안 한국에 지원된 외국 보조금은 총 약 1억 달

러에 달하였으며, 이것은 교실의 신·증설, 중등교육 및 실업교육과 고등교육 지원, 교원교육 등에 지출되었다. 학교건물에 충당된 미국의 시설원조에 의해 정부의 학생 1인당 공교육비 지출액은 적어도 16% 증대될 수 있었고, 연간 6달러 수준에서 7달러 수준으로 증가할 수 있었던 것으로 추정된다(김영봉 외, 1980).

1960년대 말부터는 교육재정의 상당 부분을 교육차관[30)]을 도입하여 충당하였다. 교육차관의 도입은 1969년에 시작하여 1999년에 종료되었는데, 〈표 6-8〉에 의하면 전체 공적 교육원조의 거의 절반에 가까운 47.7%가 1980년대에 집행되었다. 흥미로운 것은 모든 분야를 합한 공적개발원조의 경우 1990년대에 집중되어 이 시기에 49.2%가 집행되었던 반면, 교육부문 공적개발원조는 1980년대에 집중되었다는 것이다. 이것은 한국 정부가 교육부문 원조를 다른 부문 원조에 비해 시기적으로 빨리 도입했다는 것을 의미한다.

이 시기 교육부문의 공적원조는 정부의 전체 교육비 지출의 상당 부분을 차지하였다. 교육차관 도입 초기인 1969년에는 교육차관사업 집행액이 총 공교육비의 10% 미만이었으나, 이후 크게 증가하여 1980~1985년

표 6-8 연대별 공적개발원조 집행률 분포 (단위: %)

	1950년대	1960년대	1970년대	1980년대	1990년대	총계
교육분야	0.00	1.20	21.63	47.74	29.43	100.00
모든분야	0.01	2.09	21.62	27.05	49.23	100.00

자료: 한국국제협력단(2004). 한국에 대한 개발원조와 협력: 우리나라의 수원규모와 분야, 효과사례 등에 관한 연구조사. 이계우·민유주아나(2010), 7에서 재인용.

30) 한국이 교육분야에서 수원한 대부분의 교육원조는 교육차관이다. 한국이 교육분야에서 수원한 공적원조 1억 2천 5백 2십만 달러 중에서 교육차관은 92%에 해당하는 1억 천 5백 십만 달러였다(이계우·민유주아나, 2010).

사이에는 35~45%에 달하였다.[31)]

교육차관의 도입은 그 목적과 내용면에서 한국 정부의 경제개발정책 및 교육정책과 밀접하게 연계되어 있었던 것으로 평가되고 있다(이계우 · 민유주아나, 2010). 예를 들어, 세계은행으로부터 도입한 교육차관 사업을 보면 제1차부터 4차(1969~1977)에 이르는 제1단계 교육차관 사업의 경우 제조업에서 요구하는 숙련 기능 · 기술 인력의 공급에 역점을 두었다. 제1, 2차 교육차관은 실업계 고등학교와 전문대학의 실험 · 실습 기자재와 시설을 확충하고 교사의 실기지도능력을 향상시키는 데 투입되었으며, 제3, 4차 교육차관은 공공직업훈련원의 신설 및 중앙직업훈련원의 실습기자재 확충을 통한 교사훈련과 산업인력 양성훈련에 투입되었다. 한편 제5차에서 12차(1980~1994)에 이르는 제 2단계 교육차관 중 제1단계 교육차관의 연장선상에서 기능인력을 양성하기 위한 제8차와 10차 교육차관을 제외하면, 6개의 교육차관은 모두 고급 과학기술인력과 연구인력 양성을 위한 고등 과학기술교육 향상과 확충에 투입되었다. 교육차관 도입 전 기간에 걸쳐 교육차관의 90% 이상을 국내에서 생산되지 않던 실험실습용 기자재의 구매에, 그리고 나머지 10% 미만은 교사훈련 및 전문가 초빙에 사용하여, 당시 외화부족으로 인한 장애를 극복하고 선진국의 기술을 효율적으로 따라잡을 수 있었던 것으로 평가되고 있다(이계우 · 민유주아나, 2010).

이러한 교육차관의 목적과 용도는 더 이상 단순 노동력에 기초한 저렴한 수출상품이 아니라, 부가가치가 높은 수출상품의 개발을 가능하게 하여 선진공업국으로 진입하겠다는 경제발전계획 및 인력양성계획에 부합하였다고 하겠다(이계우 · 민유주아나 2010). 2005년 파리선언에서 원

31) 1990년대에는 교육차관액이 여전히 높았지만, 총 공교육비의 증가로 인해 그 상대적 비중은 줄어들었다.

조효과성을 높이기 위해서는 수원국이 먼저 국가발전전략이나 경제개발 전략을 명료하게 수립해야 하며, 원조는 이러한 전략이나 계획과 일관성이 있어야 한다고 확인하였는데(OECD, 2005), 한국의 교육차관 도입 목적과 내용은 이러한 원조의 요건에 맞았던 것으로 보인다.

뿐만 아니라 두 단계의 차관사업은 목적과 내용이 비교적 단순하고 명료하여 효율적으로 집행될 수 있었다. 정부의 여러 기관이 협력하여 수행해야 하는 사업이 아니라 주로 교육부 또는 노동부가 단독으로 수행할 수 있는 사업이었고, 국내의 정치 · 사회 사정에 민감하거나 복잡한 정책이나 제도의 수립을 위한 사업이 아니라 기자재의 구입이나 교사 훈련이 주된 내용이었기 때문에 기간 내에 집행 완료하기 용이하였다. 또한 세계은행이라는 하나의 원조 공여기구에서 지속적으로 차관을 도입하여[32] 한국 내에서 교육차관 수원에 대한 노하우를 축적할 수 있었고, 차관 도입 초기에 발생하는 시행착오 비용을 절감할 수 있었다(이계우 · 민유주아나, 2010).

32) 한국의 교육차관은 일부 시기(1979~1980년; 1981~1982; 1986~1988)에 다른 차관선을 이용하였지만, 1969~1999년 30년 전 기간에 세계은행으로부터 지속적으로 12개의 교육차관을 도입하였다(이계우 · 민유주아나, 2010).

제7장

학교체제, 교육과정 및 교육계획과 경제성장

1. 낮은 중도탈락률과 학교 내적 효과의 극대화
2. 국가공통교육과정의 효율적 운영
3. 교육계획과 경제개발계획의 연계

이 장에서는 우리나라의 학교 체제, 학교 문화, 교육과정 운영 및 교육계획이 우리나라의 경제성장과 어떻게 관련을 맺고 있는지를 검토한다.

1. 낮은 중도탈락률과 학교 내적 효과의 극대화

우리나라 교육의 두드러진 특징 가운데 하나는 학생들의 중도탈락률이 매우 낮다는 것이다. 탈락률이 중학교의 경우 줄곧 3% 미만, 고등학교의 경우 4%로 미만이었으며(〈표 7-1〉 참조), 초등학교는 이보다 훨씬 낮다. 즉, 학생들은 일단 학교에 입학하면 대부분이 졸업해 나간다. 초·중·고등학교의 졸업률은 90%를 상회하였고 1996년 기준으로 초등학교는 98.6%, 중학교는 97.8%, 고등학교는 94.5%의 졸업률을 나타내었다. 고등교육의 경우 이보다는 낮지만 시기에 따라 80~90%의 높은 졸업률을 나타내고 있다(〈표 7-2〉 참조).

이와 같은 높은 교육 완성률은 다른 개발도상국의 경우와 대조적이다. 일반적으로 개발도상국에서는 중퇴율이 매우 높으며, 6학년을 마치기

표 7-1 학교급별 중도탈락률 추이(1970~1995) (단위: %)

구분	중학교	고등학교	전문대학	대학(교)
1970	2.5	3.7	8.8	14.7
1975	2.2	2.3	9.0	11.6
1980	2.7	2.1	5.6	10.0
1985	1.2	3.0	15.0	13.1
1990	1.0	2.3	16.1	15.3
1995	0.8	2.1	16.1	16.6

자료: 한국교육개발원. 한국의 교육지표, 1995년판.

표 7-2 학교급별 졸업률 추이(1970~1995) (단위: %)

구분	초등학교	중학교	고등학교	전문대학	대학(교)
1970	86.1	93.2	90.9	-	90.7
1975	90.8	92.7	94.8	85.7	88.2
1980	94.1	97.0	94.4	83.7	87.3
1985	96.8	96.9	91.9	73.4	65.2
1990	98.7	97.6	94.1	80.8	84.4
1995	98.5	97.9	94.3	81.8	89.9

자료: 한국교육개발원. 한국의 교육지표, 1995년판.

전에 1학년 입학자의 반 이상이 탈락한다. 중도탈락은 1학년에서 가장 보편화되어 있고, 상급학년에서는 적어지지만 취업의 기회가 많아지는 연령에 해당하는 고학년에는 다시 높아진다.

1980년대 초의 자료에 의하면, 파키스탄의 경우 초등학생들은 입학 후 5학년까지 절반 정도의 학생이 중도에 탈락하였다(Bray, 1983). 멕시코를 비롯한 남미의 여러 나라도 중도탈락률이 매우 높다. 유급률이 브라질은 45%, 그 밖의 남미 여러 나라들이 36.3%, 중미와 파나마가 39.5%, 멕시코만의 나라들이 38.6%, 앵글로카리비안 나라들이 18.7%로서 남미의 전체적인 평균 유급률은 41.2%에 달한다. 멕시코의 경우 1980년과 1986년 사이에 초등학생의 52%만이 학교를 끝마쳤고, 중도탈락률은 1976년 10.3%에서 1986년 10.6%로 상승하였다(Morales-Gomez, 1989). 정부는 1986년까지 초등교육 완성률을 75%까지 끌어 올리려 노력하였으나, 1989년 현재 초등교육 완성률은 여전히 52%에 불과하였다. 7~10세 아동의 취학률은 100%에 달하지만, 11~14세 아동의 경우 50% 정도로 떨어진다(Izquierdo & Schmelkes, 1992).

Bray(1983)는 파키스탄에서 중도탈락이 높은 원인을 분석하면서 이와 같이 학교에 대해 냉담한 태도를 갖는 것을 학교 요인과 학교 외 요인으로 나누어 설명하고 있다. 학교 요인으로서는 학교 시설 및 교재의 열악성, 교사의 부족과 낮은 질, 교육과정의 현실 적합성 결여(학문중심적) 등으로 학교에 대한 학생들의 경험이 흥미롭지 못하고, 유쾌하지 못하며, 학교에 다님으로 해서 얻는 이익이 거의 없다고 느낀다는 것이다. 또한 이와 같은 학교 요인보다 더 중요한 것은 학교 외 요인으로서 학교를 다님으로 해서 감수해야 할 기회비용이다. 이 나라에서 교육은 일반적으로 부적 수익률을 가져 오는 것으로 간주되고 있으며, 초등교육과 심지어 중등교육 졸업장도 취업에 별로 중요한 영향을 미치지 않는다. 더욱이 성인 인구의 85%가 문맹인 상태이므로 대부분의 일터에서 문해는 필수 요건이 되지 않으며, 따라서 문해와 학교교육에 대한 동기 유발이 되지 않는다.

우리나라에서 중도탈락률이 낮은 이유는 파키스탄과 같은 다른 개발도상국에 비해 학교의 교육 여건이 더 나아서 학생들을 학교로 끌어들일 수 있었기 때문은 아닌 것으로 추론된다. 우리나라도 여전히 과밀학급과 과대 학교, 교사의 낮은 질, 이론 중심적 교육과정 등 대부분의 개발도상국이 직면했던 일반적인 문제를 안고 있었다. 특히 짧은 기간에 교육기회를 급격히 팽창시켜야 했기 때문에 교육 여건의 열악성은 다른 어느 나라 못지않게 심각하였다.

우리나라에서 중도탈락률을 낮게 유지할 수 있었던 중요한 이유 중의 하나는 학생의 능력에 관계없이 모든 학생들을 자동적으로 진급시키는 자동진급제도를 채택했다는 것이다. 유럽의 식민통치를 받았던 대부분의 개발도상국들이 유급제도를 적용하였던 것과는 달리, 우리나라는 일제하에서부터 학생들의 능력이나 학력 분포상 최하위에 속하는 학생들을 선별하여 탈락 또는 유급시킬 수 없도록 하였다. 따라서 과령 학생이 적고 중도탈락이 낮다.

중도탈락이 낮은 또 하나의 이유로 사회적 상승 이동 기제로서 교육의 역할에 대한 강한 믿음과 높은 교육열을 들 수 있다. 경직된 계급구조를 유지하고 있던 대부분의 개발도상국에서 소외 계층은 브레이(Bray, 1983)가 지적하였듯이, 자신들이 받은 교육이 기회비용만 높여 놓은 채, 사회경제적 가치로 환원되지 않기 때문에 학교에 대해 냉담한 태도를 갖게 된다. 그러나 사회계층이 미분화되어 있고, 비교적 평등했던 우리 사회에서는 교육만 받으면 누구든지 높은 지위를 획득할 수 있다는 능력주의적 사고가 강하게 지배하고 있었기 때문에 기회비용을 치르면서까지 학교에 머물러 졸업장을 받으려는 욕구가 강했다.

학교의 중도탈락이 낮고 완성률이 높다는 것은 학교교육의 효율성이 높다는 것을 의미한다. 모든 학생들이 학교가 제공하는 동질적인 교육 경험을 내면화함으로써 근대화에 필요한 지식과 기술, 가치관과 태도를 효율적으로 함양할 수 있었던 것으로 보인다.

2. 국가공통교육과정의 효율적 운영

1) 중앙집중식 교육과정의 운영과 교육 내용의 획일화, 전국화

우리나라의 교육과정은 오랫동안 국가 수준에서 방침과 내용이 결정되고 구체화되는 중앙집중식 교육과정의 양식을 채택하고 있었다. 이와는 대조적으로 국가 수준의 개입이나 통제 없이 지방이나 학교 수준에서 교육과정이 결정되고 구체화되는 방식은 분산식이다. 교육과정 정책 결정의 측면, 교육과정 개발의 측면, 교육과정 구체화의 정도, 교육과정 운영의 통제 정도 등에 있어서 일률적으로 중앙집중형과 분산형으로 구분되는 것은 아니며, 교육과정의 양식과 일반 행정의 양식이 일치하지 않는 경우도 있다. 한국의 경우 중앙집중형 교육과정 양식을 채택하고 있는 국가 중에서도 국정교과서 제도와 전국적 평가제도를 채택하고 있는 나라로서, 교육내용의 획일화 정도가 가장 심한 편이었다.

이러한 중앙집권적 체제에서 정부 당국자가 항상 많은 관심을 기울이는 것이 교과서이다. 교육부는 교육과정의 일반 지침 기준과 교육목표, 교과목, 시간배당, 교수자료와 모든 교과서를 결정하여 왔는데, 이를 통하여 교육내용의 강력한 전국화와 동시에 획일화가 가능하였다. 한국과 같은 상황에서는 교육과정의 개정은 교과서의 개편과 동일하다고 보아도 무방하며, 단일 교과서 제도일 경우 그것이 학교교육에 미치는 영향은 엄청나다. 중앙집권적인 교육과정과 교과서 제도의 운영은 교과서 내 출제 원칙이 지켜지는 상대평가 제도와 함께 우리나라 학교의 수업을 획일화시키는 요인이 되어 왔다.

나라마다 정도의 차이는 있지만 서구 학교에서는 일반적으로 교사가 수업 내용과 수업 방법에 가장 큰 영향력을 행사한다고 할 수 있다. 서구 학교의 경우 대부분 일부 과목에서는(특히 예체능, 때로는 사회 · 과학 교과도) 교과서를 선정하지 않고 있으며, 교사가 교육과정을 바탕으로 자유롭게 수업 내용을 결정한다. 미국에서 학교 수업 시간에 무엇을 가르치는가를 결정하는 것은 교육과정, 교과서, 교사이지만 이중에서도 교사가 교육과정의 해석자인 동시에 교과서의 사용자이므로 가장 큰 영향력을 행사한다.

그러나 우리나라에서는 학교나 교사의 차이와 상관없이 수업내용이나 방법이 놀라울 정도로 유사하다. 즉 우리나라 교사의 수업에 대한 영향력의 정도는 서구 학교 교사에 비하면 매우 미미하다. 국정 교과서를 사용하는 초등학교와 중등학교의 일부 과목은 전국의 수업내용이 단일교과서로 통일되었다. 검인정 교과서를 사용하는 중등학교의 나머지 과목(수학, 영어, 과학 등)에서도 5종(중학교) 또는 8종(고등학교)의 교과서중 한 가지가 학교에 따라 선택되었지만, 이러한 검인정 교과서 간의 차이가 거의 없다고 할 정도로 내용이나 구성이 유사하다는 것은 여러 연구자들에 의해서 반복적으로 지적되었다. 또한 교사면담 및 수업관찰 결과, 대학입시에 대비해야 하는 인문계 고등학교에서는 학교에서 선택하지 않은, 다른 검인정 교과서에 실린 내용 중 사소하게나마 다른 부분들을 찾아서 함께 가르치고 있었다. 따라서 학생에게 주어지는 교육내용은 그들의 능력이나 거주지나 교사에 관계없이 거의 대동소이하므로, 일정한 수준의 일정량의 지식이 다수의 학생들에게 습득될 확률이 높았다고 할 수 있다(이용숙 외, 1985; 이용숙 외, 1994).

서구에서는 교사들이 다양한 자료와 평가 문항을 자유롭게 사용하여 학생을 평가할 수 있는 평가권을 행사한다. 때로는 별도의 시험 없이 평소의 학습 태도에 대한 관찰만이 평가 자료가 되기도 한다. 즉 학급에 따라서 평가 방법이나 문항이 다르기 때문에 학급 간의 성적 비교는 하지도 않고 할 수도 없다. 또한 학교 규모가 우리나라보다 훨씬 작아서, 교과전담제를 실시하는 중등학교에서도 같은 과목을 여러 명의 교사가 가르치는 일은 드물다. 초등학교에서 한 학년이 여러 학급으로 구성되는 경우에는 교사들이 자신의 전문성을 근거로 주로 교환 수업을 실시한다. 즉, 어떤 경우에도 같은 과목의 학급평균 성적을 어느 교사가 더 높게 내는가를 비교할 여지는 없다.

이에 비해서 우리나라에서는 모든 공식적 평가는 학교 단위로 이루어지며, 같은 학년의 모든 학생들이 똑같은 시험을 본 후에는 학급 평균이 비교되는 것이 관행이다. 이러한 시험에 대비하여 학생들을 준비시키기 위해서 우리나라 교사들은 교과서의 내용을 반드시 모두 다 순서대로 가르쳐야 한다. 시험문제는 교과서 내에서 출제한다는 원칙이 지켜지기 때문이다.

이러한 상황에서 다양한 학습자료를 사용하여 교수 학습이 이루어진 경우보다 학습자들이 풍부한 경험을 제공 받지는 못하나, 다수의 학생들이 제한된 경험을 공유하여 의식의 통합과 최소한의 성취가 보장될 수 있었다. 이와 같은 교수 학습 양태는 양질의 단순 노동자를 배출하는 데 기여하였던 것으로 보인다. 특히 1960~1970년대 한국 정부 당국에서 강력히 추진하고자 했던 어떻게든 '잘 살아보세' 정책을 효율적으로 시행하는 데 편리하였으며, 이러한 측면이 결과적으로 경제성장에 도움을 주었다고 할 수 있다. 영국의 교육시찰단은 1993년 한국 교육 전반을 살펴본 후, 한국에서 교육의 고속 성장을 계획하는 데 쓰인 전략은 학교에서 가르칠 교육과정의 내용과 거의 유일한 교수자료라고 할 수 있는 교과서를 중앙에서 결정하는 것이라고(OFSTED, 1994a) 보고한 바 있다.[33)]

2) 동질적인 인구 구성과 교육 내용의 효율적인 전수

우리나라의 인구 구성이 동질적이며, 계급 구조의 경직성이 약하다는 사실은 우리나라 교육에 매우 의미 있는 영향을 미쳤다. 인구 구성이 동질적이며, 계급 구조의 경직성이 약하다는 것은 동시에 문화의 이질성과 계층성이 약하다는 것을 의미하며, 이 경우 주류 문화와 비주류 문화, 계층 간 문화의 차이가 미미하여 국가 공통 교육과정의 운영이 용이하다. 어느 특정 집단의 문화만을 우월한 문화로 간주하여 교육내용으로 선택하지 않기 때문에 모든 사회 집단들에게 비교적 저항감 없이 교육내용을 전수시킬 수 있었으며, 국가의 근대화 작업에 요구되는 지식과 기술, 태도와 가치관을 모든 아동들에게 비교적 저항없이 효율적으로 내면화시킬 수 있

33) 전통적으로 분산형을 유지하고 있던 영국에서는 학교현장에서 교사 나름의 철학에 의해 교육과정이 해석되고 구성되어 시행됨에 따라 학생들의 기초기능이 저하되고 과학교육이 소홀히 취급된다는 칙임장학관팀의 실태보고서가 발간되었고, 이에 따라 중앙집중식의 교육과정이 교육과정에 대한 평가와 통제를 가능하게 하여 국가경쟁력 제고에 기여한다는 판단 하에 1980년대 말 교육개혁을 단행하기도 하였다.

도록 하였다.

멕시코와 같은 나라는 1940년대 이래 국민 통합을 위하여 초등학교에서 국가 공통교육과정을 적용하고 있으며, 학교력, 교과서, 입학 절차 등도 공통적으로 운영하고 있다. 그러나 이와 같은 공통교육과정은 농촌과 도시 간의 격차, 56개의 언어문화가 존재하는 토착민 간의 격차, 토착민과 메스티조 간의 격차를 반영하지 못하기 때문에 교육과정의 부적합성 문제가 멕시코 교육의 가장 중요한 문제 중 하나로 지적되어 왔다. 학생들의 중도탈락이 높은 이유도 학교에서 배우는 내용이 자신들의 실생활과 유리되어 있고, 소외 계층은 자신들의 문화를 열등하게 보아야 하기 때문이다(Izquierdo & Schmelkes, 1992)

한편 우리나라에서는 단일 언어를 사용한다는 사실도 교육 내용을 효율적으로 전수하는 데 크게 기여해 왔다. 대부분의 신생독립국들은 독립 후에도 식민 모국의 언어를 공식 언어로 사용해 왔던 반면, 우리나라에서는 해방 이후 곧바로 공사부문에서 모두 한국어를 사용하였다. 많은 신생독립국들의 경우 인종과 종족이 다양하고 따라서 언어도 다양하여 어느 한 언어로 통일하여 사용하기가 어려웠다는 점이 식민 모국의 언어를 계속 유지시켰던 중요한 원인이 되었던 데 반해, 우리나라에서는 하나의 언어만이 통용되고 있었기 때문에 곧바로 모국어로 환원할 수 있었다.

학교에서 사용하는 언어와 학교 밖에서 사용하는 언어가 다를 때 학습 능률이 떨어지며, 최초의 교수 언어가 모국어일 때 학습이 가장 효과적으로 이루어질 수 있다(World Bank, 1995). 또한 이중 언어의 사용은 교육의 대중화를 어렵게 한다. 예를 들면, 스리랑카에서 과학교육은 1870년에 실론 의과대학의 설립되면서 시작되었는데, 이 의과대학의 교육 기회는 수업료를 내고 영어교육을 받을 수 있었던 소수에게 제한되어 있었다. 영어교육과 과학교육의 혜택을 받지 못한 대다수 국민들에게는 어떠한 효과도 미치지 못했다. 이렇게 대다수의 국민을 소외시킴으로써 정치 · 경제적 갈등이 야기되고 국가 문화와 언어 재건에도 문제가 생겼다. 이후 모국어로 교수 언어를 전환함으로써 양적이고 질적인 측면에서 효과가 있었다. 양적인 측면에서는 번역된 교수자료가 많이 생산되었을 뿐 아니라, 국가 재건에 많은 영향을 미쳤다. 영어교육을 받은 특권 계층과 소외 계층 간의, 과학교육을 받은 엘리트와 교육받지 못한 대중 간의, 그리고 과학 자체와 국민 간의 벽을 깨는 데도 도움이 되었다. 즉, 일반인들에게 과학에의 접근이 용이하다는 생각과 교사와 학생들에게 영어가 과학학습의 전제가 아니라는 확신을 심어주었다(Imam, 2005).

말레이시아, 인도네시아, 베트남에서도 중등교육까지는 모국어를 사용하고 고등교육에서는 국가공통어인 영어를 사용하다가, 고등교육에서도 모국어를 사용할 것을 결정하였다. 학생들이 하급 학교 단계에서 제각기 다른 언어를 사용하다가 고등교육에서 공통어 사용에 적응하기 어려워하였기 때문이다. 인도의 경우에도 대부분의 학교 시험은 지역 언어로 치루어지는 데 빈하여, 취업 시 면접은 영어로 실시되기 때문에 학생들의 취업 적응 능력이 떨어진다(Imam, 2005).

3) 집단주의적 국민 형성을 위한 국가주의 교육

대한민국 정부 수립 후 1950년대에 정부가 가장 대대적으로 추진한 교육정책은 도의교육이었다. 도의교육은 미군정기 새교육 운동에 대한 반발의 의미도 함의하고 있었으며, 전시라는 급박한 상황 속에서 집단주의적 훈육의 필요성이 대두되었기 때문인 것으로 논의되고 있다. 즉, 도의교육은 미국식 자유주의 교육 대신 집단주의적 국민 형성을 위한 기획으로서 집단주의적 윤리교육을 중시한 것이다(황병주, 2015).

도의교육의 구체적인 방법으로 문교부는 우선 미군정기에 사회생활과에 통합되어 있던 도덕을 독립적인 교과로 분리시켰다. 도의교과의 특설 문제는 교과과정 논의에서 핵심 쟁점이었으며, 많은 논란을 거쳐 1953년 12월 도의교과 개설이 결정되었다. 1956년에 고등학교 도덕과정을 문교부 훈령으로 제정하였으며, '도의교육요령'을 제정하여 도의교육의 제도적 기반을 조성하였다. 1957년에는 초등학교와 중학교용 도의교과서를 국정으로 발간하여 본격적인 학교 도의교육을 실시하기 시작하였다(이동헌, 2008).

도의교육의 목표는 명시적으로 '민주적인 국민의 양성'이었는데, 여기서 민주주의는 민족주의와 집단주의 윤리로 재규정되었다(황병주, 2015). 즉 국민은 권리의 주체이기보다 의무의 주체로 규정되었고, 국민들 간 강력한 연대의식이 강조되었다. 1957년 문교부가 발행한 고등학교 2학년 『국가와 도덕』에는 국민들의 연대책임과 연대의식을 다음과 같이 강조하였다.

> "권리와 의무를 밝히는 중에 국가와 국민은 일체가 되며, 국민 전체는 일치단결하게 된다. 여기에서 국민 각자는 하나하나의 개인이면서, 동시에 국민 전체를 대표하고, 이에 따라서 국민의 연대책임이라는 관념이 생긴다. 그러므로 국민 한 사람이 불행하면 국민 전체가 불행한 것이 되고, 국민 한 사람이 착하면 국민 전체가 착한 것이 된다(문교부, 1957: 6-7. 이동헌, 2008: 200에서 재인용)."

이와 같은 집단주의적 국민 형성을 위한 기획은 학교교육만을 대상으로 추진된 것이 아니라 전체 국민에게까지 확장되기에 이른다. 비록 실제로 제정되지는 않았지만, '국민윤리강령'의 초안이 마련되었고, 이 초안에는 개인 윤리, 가족 윤리, 정치적 가치 등이 포함되어 있었다(황병주, 2015). 집단주의적 국민 형성 작업은 1960년대 이후에도 지속되어 1968년 국민교육헌장의 제정으로 정점을 이룬다. 1960년대 전반에는 경제성장을 위한 교육정책이 강조되었으나 1960년대 후반에 들어서면서 경제 제일주의 교육에 대한 반성이 일어났고, 1967년 말 박정희 대통령에 의해 추진된 일종의 정신개조운동인 제2경제운동에 발맞추어 경제성장보다는 '가치관 형성'을 위한 국민교육으로 강조점을 이행시키게 된다(오성철, 2003).

'국민교육헌장'은 이러한 교육정책의 전환점에서 제정되었는데, 국가주의와 민족주의에 입각한 교육정책의 가장 전형적인 사례로서 1994년 폐기되기까지 4반세기 동안 국민교육의 기본 지침으로 광범위한 영향력을 행사하였다. 헌장 선포 이후 대대적인 보급 활동이 전개되었고, 주요 의례에서 헌장의 낭독과 암송은 의무화되었다. 헌장의 반포와 동시에 문교부는 『국민교육헌장 독본』을 발간하여 각급 학교와 기관에 배포하고, 초등학생을 위한 헌장그림책도 발간하여 배포하였으며, 헌장의 이념을 담은 영화와 음반도 제작·보급하였다. 또한 전국의 학생과 공무원들에게 국민교육헌장을 암송하게 하고 행사에서 반드시 그 전문을 낭독하게 했다(교육50년사편찬위원회, 1998). 이러한 의례와 실천을 통해 헌장은 "국민형성의 규율화(황병주, 2015: 336)" 기능을 수행하였다.

황병주(2015)는 이러한 제2경제운동과 정신개조운동이 "생산적, 순종적 국민의 구성(333)"을 지향했다고 본다. 1960년대 중반까지 정신개조의 내용은 주로 근대화를 수행할 생산적 주체의 구성에 더 큰 비중을 두었다고 할 수 있으나, 1960년대 말과 1970년대 초반에 들어서면 '근대적 효율성'에서 '전통적 협조정신'으로 강조점을 이행시켰다는 것이다. 예를 들어, 1970년 국민교육헌장 선포 2주년 기념사에서 박정희대통령은 '사적 이익의 추구'와 '국가관 정립의 소홀'을 비판하며, "개인과 국가 간에 벌어진 이 윤리적 격차가 좁혀지고, 그 균형과 조화 속에 싹트고 굳어지는 우리들의 공동 운명과 유대의식에 1970년대의 국운이 달려 있다는 것(대통령 비서실, 1973: 878. 황병주, 2015: 334에서 재인용)"을 강조하였다.

정부 수립 이후 교육과정과 교과서가 정부 주도로 8~10년 주기로 개편되었는데, 과학과 수학 등 경제성장에 영향을 미친다고 알려진 교과의 내용과 교수법의 개선에 중점이 두어지지는 않았다. 특히 1960년대 중반에 이르러서는 경제성장을 위한 교육을 펴겠다는 정책 의지가 표명되기 시작하였으나, 실질적으로 교육과정 개정과 교과서 내용의 개정에 반영되지는 않았다. 코울(Cole, 1975)은 초등학교의 사회, 국어, 도덕 교과서의 단원별 주제를 분석한 결과 경제성장에 대한 단원이나 경제성장을 촉진하는 단원의 비율이 1957, 1965, 1974년 사이에 별로 변하지 않았음을 보여 주었다.

대신 사회교과와 도덕교육의 방향이 개정에서 중요하게 취급되었다. 1957년에 편찬된 도덕교과서에서는 개인의 행위를 강조하였는데, 1965년에는 사회윤리와 집단 속에서 개인의 조화 내지는 융화를 중점적으로 다루었고, 1974년에는 국가 번영과 복지에 대한 개인의 기여를 강조하였다. 사회와 국어 교과서에서도 유사한 경향이 발견되었다(김영봉 외, 1980). 이 시기의 교육과정 개정에서 정부는 공식적으로 개인의 주도권이나 학습 조정권보다는 반공, 국가주의, 애국심에 강조를 둔다고 천명하였다(Adams & Gottlieb, 1993).

한국의 교육과정이 경제발전을 이루지 못한 다른 나라의 교육과정과 구별될 만큼 과학과 기술에 중점을 두었다고 보기는 어렵다. 따라서 학교에서 전수되는 정규 교육 내용이 경제적 기적을 낳은 산업노동력의 기능 증진에 밑거름이 되었다고는 보기 어렵다. 즉, 한국의 교육이 질 높은 기능 및 기술교육을 통해 인적자원을 형성함으로써 경제성장을 가져왔다고 결론짓기에는 실증적 증거가 미흡하다(김영봉 외, 1980).

대신 산업화 초기 단계에 맞는 획일적 기초 공통 교육과 사회 통합을 강조하는 국가주의 교육 문화 속에서 길러진 태도 등이 경제성장에 기여하였던 것으로 보인다. 산업화 시기 우리나라 교육과정은 국가의 발전주의 정책에도 불구하고, 근대 자본주의가 요구하는 합리적 경제주체보다는 국가주의와 민족주의를 내면화한 "규율화된 국민(황병주, 2015: 345)"을 양성하는 데에 강조점을 두었다고 할 수 있다. 산업화로 인해 새로이 등장한 사회적 갈등을 억누르면서 지속적 경제성장을 위한 동의를 창출하는 것이 중요했고, 이를 위해서는 집단주의적 연대의식을 갖춘 국민 형성이 국가의 필수불가결한 과업이었다. 이러한 국가 과업을 성공적으로 달성함으로써 양질의 유순하고 순종적인 노동력이 배출될 수 있었다고 하겠다.

특히 교육과정을 중앙에서 결정하는 체제로 인하여 국가의 경제발전에 대한 정책적 의지가 효율적으로 교육내용에 반영될 수 있었다. 뿐만 아니라, 국정교과서 제도 하에서 교과서 중심의 기초교육으로 인하여 국가가 의도하는 교육내용이 잘 보급될 수 있었으며, 학생의 소질이나 능력에 관계없이 획일적인 기본적 기초교육에 주력하여 상황에 따라 달리 요구되는 저급 기술을 습득하는 데 용이하였다고 할 수 있다.

3. 교육계획과 경제개발계획의 연계

일본 등 선진 산업국가들은 국가 재원이 허용하기 때문에 학생·학부모의 사회적 수요에 부응하여 교육계획을 추진하여 왔다. 반면, 홍콩, 싱가포르, 한국 등 신흥공업국가들과 중국은 산업화 기간 동안 인력수요에 맞추어 교육계획을 추진하였다(Cheng, 1990).

교육계획은 국가에 따라서는 교육정책 결정의 부수적인 활동이라고 보는 경우도 있지만, 교육계획을 교육정책에 있어 핵심적인 과제로 규정하고 있기도 하다. 전자의 경우 교육계획은 정부 부처 내의 하나의 국이나 실 단위에서 수립되고, 후자의 경우 교육정책에 책임과 권한을 가진 기관에서 수행하게 된다.

한국에서 국가계획의 개념이 도입된 것은 1948년 중앙행정기구의 하나로 국무총리 산하에 기획처를 두면서부터이다. 교육 분야에서는 전쟁 후 손실된 교육시설과 교원의 복구 문제에 봉착했을 때 처음으로 교육계획이 시도되었다. 전후 문교부는 유엔재건단으로부터 지원을 받아 의무교육완성 6개년 계획(1954~1959)을 수립하였다. 이 계획은 3만 개의 교실을 증축하여 계획 기간 중 국민학교 적령인구의 취학률을 96%까지 높이는 데 목표를 두고 이에 따른 재정 소요도 추정하였다. 그러나 시행 초기부터 재원 부족에 직면하여 재정소요액의 38% 정도만을 확보했을 뿐이고, 따라서 전 계획 기간 중 취학률은 80% 정도에 머물렀다(김영봉 외, 1980).

한국에서 본격적으로 국가계획의 개념이 도입된 것은 5 · 16 군사정부 이후이다. 당시 정부에서는 경제기획원과 기획조정위원회를 설치하여 국가 경제발전을 목표로 국가계획을 수립하였다. 제3공화국에서 제1차 경제개발 5개년 계획(1962~1966)을 수립한 것이 국가계획의 출발점이라고 할 수 있다.

1961년의 군사정부 하에서 문교부는 제1차 경제개발계획의 일환으로서 교육재건 5개년 계획(1962~1966)을 수립하였다. 이 계획은 의무교육과 중 · 고등교육을 포괄한 것으로서, 종합화된 교육계획으로는 첫 번째로 시도된 것이다. 이 계획에서는 교육받은 실업자 문제에 특별한 관심을 기울였는데, 이는 당시 일만 오천 명의 대졸자 중 약 60%가 졸업 후 3개월 안에 취업하지 못한 것으로 추정되었기 때문이다. 이 계획에서는 고등교육기관에의 진학률을 적령 인구의 자연 증가만을 허용하여 고정시켰으며, 특히 대학생 수는 인력 수급에 균형을 이루도록 감축하여 계획하였다(김영봉 외, 1980).[34] 이 계획은 기존의 교육계획에 비해 목표 설정이 명확하

34) 그러나 제1차 계획 기간 5년 동안 6명의 장관이 경질되는 과정을 겪으면서 대학생 수는 약 40% 증가하였다(중앙교육연구소, 1967).

였는데, 한 예로 고등학교 인문계와 실업계 비율이 1961년에 6대 4에서 목표 연도인 1966년에 3대 7로 조정되도록 설정하는 등 현실적인 계획을 수립하기 위해 노력하였다(김영화 · 박인종, 1990).

이어 제2차 경제개발 5개년 계획과 함께 초 · 중등교육발전 5개년 계획(1967~1971)이 수립되었다. 이 계획은 이부제 수업 해소를 위한 시설 확충에 역점을 두었으며, 교실 신축 투자계획은 경제계획에 반영하였다. 초등학교 취학률은 1971년에 98.1%에 도달하여 목표의 95% 이상이 달성되었다. 중등교육 부문에서는 중학교 진학률을 51%까지, 고등학교 진학률을 75%까지 향상시키는 것으로 계획하였다. 중학입시제의 폐지로 취학자 수는 계획 목표를 초과하게 되었지만 그에 상응하는 교원과 시설의 확충은 이루어지지 못하였다(김영봉 외, 1980).

제1차, 제2차 경제개발 5개년 계획의 성공적인 추진과 함께 교육 부문에서도 장기 계획의 필요성이 고조됨에 따라 1969년 이를 전담하는 장기종합교육계획심의회가 국무총리를 위원장으로 하여 구성되었으며, 그 산하에 전문위원단을 두고 교육계획의 수립을 책임지게 되었다. 이 전문위원단은 행정당국과 사회 각계의 광범한 참여를 토대로 15년간의 장기종합교육계획(1972~1986) 시안을 만들었으며, 그 최종안을 1970년 말에 완성하였다. 이 계획은 장기적인 국가 발전 과제 분석과 이것이 시사하는 장기 교육 발전 방향 및 현재의 교육 문제 파악 등으로 구성되었다. 학생 수, 교원 수요, 물적 · 재정적 소요 등을 최소와 최대 수준으로 구분하여 수량적으로 전망하였고, 각급 교육의 우선순위는 대학원 교육의 획기적 확충을 포함하는 중등 · 고등교육의 확대 발전에 두었다(김영봉 외, 1980).

장기종합교육계획은 외국전문가를 포함한 550명의 전문가가 2년 동안 연구한 결과로서 수립되었으나, 1971년 7월 장기종합교육계획심의회의 해체와 문교부 장관 자문기구인 교육정책심의회의 발족을 기하여 교육

계획에 관한 사항을 교육정책심의회에 이관하였다. 교육정책심의회는 비교적 단기 정책 과제에 대하여 조언하는 데 치중하였고, 장기적인 교육계획에 대한 관심은 다소 미약하였다. 또한 예산 당국으로부터의 부적절한 재정 지원은 교육정책 시행에 심각한 제약 조건이 되었다(김영봉 외, 1980).

문교부는 1960년대 후반기에 제3차 경제개발5개년계획의 수립과 더불어 교육부문의 투자 등 구체적인 계획의 수립에 착수하였고, 교육발전계획(1972~1976)을 수립하였다. 그러나 이 계획은 장기종합교육계획과 마찬가지로 문교부의 안으로 확정되지 못하고 교육행정의 참고자료로 이용하게 되었다.

1972년에 중 · 장기 교육계획에 관한 연구는 새로 설립된 한국교육개발원에 위임되었다. 한국교육개발원은 전문적인 연구 역량을 동원하여 그 전에 이미 수립된 교육발전계획(1972~1976)에 대해 검토, 연구하여 1974년 7월에 교육발전계획(1972~1976)의 수정 · 보완안을 제출하였다. 그 수정안의 주요 내용은 계획의 중점 방향, 영역별 교육계획, 계획의 지원체제 등으로 구성되었다. 계획의 중점 방향으로는 ① 교육내용의 개선(민족중흥과 국가관의 함양을 위한 한국적 교육이념 정립), ② 중등교육의 확충 및 질적 평준화, ③ 고등교육의 개혁(연구, 면학을 위한 여건 정비), ④ 실업교육의 확충 · 강화, ⑤ 교육력 강화를 위한 연구 · 개발, ⑥ 비정규 교육체제의 확충 등을 제시하였다(김신복 외, 1974).

정부는 매 5개년 경제개발 계획마다 늘어나는 경제활동인구를 고용으로 흡수하기 위한 성장목표를 먼저 세우고 그에 필요한 재원을 조달하는 전략을 세워 왔으며, 특히 4차 계획에서는 고용효과가 큰 사업에의 투자를 유도하였다. 제4차 경제개발계획(1977~1981) 중 교육부문은 3차와 같이 장기종합교육계획의 틀 안에서 그 방향과 정책이 수립되어 시행되었으나, 시행 중반에 정치적인 변혁을 거치면서 1980년 7 · 30 교육개혁을 맞게 되었다. 3차 계획 이후 교육계획에서 학급 규모 및 교사당 학생 수 같은 질적 교육 지표들이 심각하게 고려되기 시작하였다.

제5차 경제사회발전 5개년 계획(1982~1986) 중 교육부문의 기본 방향은 첫째, 유아교육 기회의 확대, 의무교육 연한 연장, 초·중등교육 시설의 확충으로 국민 기초 교육의 여건 개선 및 균형 발전을 기하고 고등교육 및 과학기술 교육을 강화하며, 둘째, 교육과정, 교육방법을 개선하고 교사 양성체제와 대우 개선을 위한 투자의 확대로 교육의 질적 향상을 기한다는 것이었다(대한민국정부, 1981).

이를 실현시키기 위한 주요 정책 수단은 유아교육기회의 확대, 유아교육기관에 대한 지원확대(유아교육), 초등학교의 신설, 2부제의 해소, 과대학교의 분리, 교육여건의 개선(초등교육), 중학교와 고등학교의 진학률 제고, 중등교육의 보편화, 교육여건 개선, 의무교육을 중학교까지 단계적으로 연장(중등교육), 고등교육에 있어서 다양한 교육기회의 창출, 교육여건 개선(고등교육), 실험실과 실험 기자재의 확보, 대학의 기초과학연구에 대한 지원의 확대, 중학교 교육 이상에서의 프로그램의 강화, 산학 협력의 강화(과학기술교육의 내실화) 등의 시책을 실시한다는 것이다. 또한 교육의 균형 발전을 위하여 사학육성기금을 조성하여 사학 재정을 지원하며, 장학금 수혜율을 확대하여 경제적 부담 능력이 적은 학생들의 취학 기회를 늘리고 우수한 교원을 확보하기 위하여 교원 대우를 개선하고 교육대학을 1984년까지 4년제로 개편한다는 것 등이었다.

제6차 경제사회발전 5개년 계획 중의 교육 관련 부문(1987~1991)은 계획 기간 중 창의적인 인력 양성을 뒷받침할 교육환경의 질적 개선을 위하여 투자를 확대해 나가는 한편, 서울과 지방 간, 공립과 사립 간의 교육환경 격차 해소에 주력하려는 것이었다. 구체적으로 ① 교육의 균형발전과 교육기회의 형평 제고, ② 초·중등교육 여건의 개선, ③ 대학교육의 질적 개선, ④ 과학기술교육의 강화, ⑤ 평생교육의 진흥과 교육제도의 개선 등에 역점을 두었다(대한민국정부, 1986).

정부는 한국의 경제 사회 구조가 기술 집약적 산업 사회로 변모하고 있고 정보화, 국제화 시대로 이행하고 있는 변화의 추이에 맞추어 미래의 국가 발전을 주도할 우수 인력을 양성하는 것도 한국의 교육이 당면하고 있는 중요한 과제라고 인식하여 제6차 경제사회발전 5개년 계획 수정 계획 중의 교육부문(1989～1991)을 수립하였다. 계획 기간에는 1987년 12월 교육개혁심의회가 건의한 장기적인 교육개혁 과제 중에서 교육시설 환경 개선과 우수 인력 양성을 위한 과학기술교육의 질을 향상하는 데 중점을 두어 투자하면서, 지역 간 및 공사립 간의 교육 환경 격차의 해소와 취약계층에 대한 교육기회의 확충에 노력할 것이며, 이를 뒷받침할 재정이 효율적으로 확보되도록 할 것이라는 방침을 확정하였다.

제7차 경제사회발전 5개년 계획 교육부문계획(1992～1996)은 2000년대를 향한 선진국으로의 진입과 통일을 지향하면서 20세기 말을 설계하는 정부의 제7차 경제사회발전 5개년 계획 중 교육부문에 관한 중기 계획이다. 7차 계획 중에 교육 및 인력 정책의 기본 방향은 다음과 같다. 즉, ① 교육제도를 인문 위주 · 학력 위주에서 기술 위주 · 자격 위주로 점차 개선시켜 나가고, ② 사회의 민주화, 자율화, 국제화 추세에 맞춰 교육기관의 경영 합리화와 자율 경영 여건을 확대하며, ③ 산업구조의 개편과 기술 · 기능 수준의 급격한 변화 추세에 맞추어 직업 훈련의 내용과 방식을 개선하고, ④ 일할 수 있는 의욕과 능력을 갖추고도 일자리를 갖지 못하고 있는 유휴 인력의 경제활동 참여를 촉진할 것이라는 방향을 설정하였다(대한민국정부, 1992).[35)]

35) 신경제 5개년 계획(1993～1997)의 마지막 해인 1997년에 금융위기를 맞이하여 국가부도 사태가 일어나자, 정부는 IMF가 권고한 민간 경제활동 자유 보장과 시장경제질서 편입 재정 안정화를 근거로 1998년 경제사회발전 계획을 폐기하기에 이른다. 교육 부문의 주기적인 종합적 계획도 이 시기에 종료되었다.

* * * * *

1962년 이래로 한국에서 교육계획은 경제개발계획과 밀접히 연결되어 입안되었다. 교육의 각 부문 계획은 한국개발연구원이나 한국교육개발원 같은 정부출연연구기관의 연구 및 기술적인 지원을 받아 교육부와 경제기획원에 의해 정리되어 수립되었다. 특히 경제개발정책과 인력개발계획은 부총리의 지휘 하에 경제기획원의 책임이었으며 다만 이때 교육부, 과학기술처, 노동부 등 관련부처 및 정부출연기관과 연계하여 경제개발 전체의 전략 하에서 장기 교육 및 인력개발계획을 추진하였다.

한국은 1962년에 제1차 경제개발 5개년 계획을 착수한 이래 1997년까지 지속적으로 경제개발계획을 수립 · 시행해 왔다. 1960년대 이후 본격화된 한국 산업화 과정에서 정부가 수립한 경제개발계획의 역할은 누구도 부정할 수 없는 사실이다. 교육은 국가 사회 발전, 그리고 경제성장의 원동력으로서 한국의 경제개발 5개년 계획 중 중요한 위치를 차지해 왔다. 경제개발 5개년 계획에서 교육이 차지하는 비중은 최근으로 올수록 점점 커졌다. 제7차 5개년 계획 10대 정책과제의 첫 번째가 바로 교육 및 인력제도의 개편이었다는 것은 이러한 점을 잘 보여주고 있다.

경제개발 5개년 계획은 개별 지표면에서는 계획과 실적 간에 상당한 차이를 나타냈으나 전체적으로 볼 때는 우리 경제의 성장과 구조 변화 경로를 설정하고 유도하는 데 성공적이었다고 평가되고 있다(Jones & SaKong, 1980). 국가계획은 두 가지 측면에서 중요한 기여를 하였다고 할 수 있는데, 그 하나는 계획 과정을 통해서 관료층을 교육하여 경제정책 결정을 보다 현명하게 할 수 있게 하였다는 점이고, 다른 하나는 계획이 정부 결정을 널리 알리는 주요 발표 효과로 인하여 민간 기업 활동에 주요한 지침으로 활용할 수 있게 한 점이다(Jones & SaKong, 1980). 교육계획도 비록 양적인 측면에 국한되기는 하지만, 교육의 구조 변화를 경제 구조 변화와 연계시켜 설정하고 유도하는 데 기여했다고 볼 수 있으며, 경제개발계획과 유사하게 계획의 과정을 거치는 동안 교육에 대한 관료층의 의식 수준을 높임으로써 보다 타당한 교육 정책 결정을 내릴 수 있게 하였고, 정부 결정을 널리 알리는 주요 발표 효과로 인하여 각계의 교육 활동에 주요한 지침으로 활용할 수 있게 하였을 것으로 보인다.

제8장

글로벌 지식기반경제에서 한국교육의 재구조화

1. 글로벌 지식기반경제 · 사회에서 한국 발전모델의 한계와 전환
2. 교육경쟁력 신장을 위한 교육 재구조화: 1990년대 후반~
3. 한국 교육체제 재구조화의 한계와 과제

1990년대 들어 한국 경제가 산업화 개발 경제에서 글로벌 지식기반 경제로 이행해 감에 따라 개발시대의 교육모델은 한계에 직면하게 되었고, 이에 대응하여 교육체제의 재구조화가 이루어져 왔다. 이 장에서는 한국 발전모델의 전환 배경, 1990년대 후반 이후 시도되어 왔던 교육경쟁력 신장을 위한 교육체제 재구조화, 한국 교육체제 재구조화의 한계와 과제 등을 검토한다.[36)]

1. 글로벌 지식기반경제 · 사회에서 한국 발전 모델의 한계와 전환

1) 국가 주도 경제발전의 한계와 시장 및 민간 주도 교육개혁

1990년대 중엽 아시아 외환위기를 전후로 하여 한국을 포함한 동아시아 국가들의 발전모델과 그 한계에 대해 재검토가 필요하다는 분위기가 확산되었다. 서구의 관련 학자들은 그간 서구에서 이루어진 동아시아 발전에 대한 논의가 지나치게 낙관적이라는 점을 비판하면서, 국가 주도의 동원체제, 획일적이고 권위적인 인적자원 훈련 관행들이 장기적으로 국가경쟁력을 약화시키는 요인으로 작용할 수 있다는 점을 지적하였다(Krugman, 1995). 이와 더불어 일부 환경론적 관점의 논의들은 이 지역에서 진행되어 온 발전이 노동생활의 질을 무시하고 있을 뿐 아니라 환경적, 생태학적 관점에서도 재검토되어야 한다는 점을 지적하였다(Lipietz, 1994).

---

36) 이 장은 김영화(2015). 교육과 경제성장(오성철 외, 대한민국교육 70년. 대한민국역사박물관, 189~251) 3절을 참조하였다.

국내에서는 1980년대 후반 민주화운동 시기를 거치면서 시민사회가 성장하고 시민들의 정치적 자유와 참여에 대한 사회적 요구가 증대되었다. 또한 급성장한 대기업들을 중심으로 산업계의 정치적 영향력이 강화되면서 시장적 자유주의가 빠르게 확산되었다. 국제적으로도 WTO체제의 출범과 함께 세계적으로 확산되고 있던 신자유주의의 영향으로 경제적 개방 압력이 커졌다. 따라서 국가 형성과 경제적 근대화를 명분으로 정치적 자유와 참여를 억압하고 산업계를 통제하는 것이 점점 어려워지고, 국가에 의한 거시경제적 기획과 통제가 갈수록 제한되게 되었다. 이와 같은 국내외 상황 변화 속에서 1990년대 초반 집권한 문민정부는 정부의 경제발전계획을 주도하던 경제기획원을 폐지하기에 이른다(최상덕 외, 2010).

교육 부문에 있어서 정부의 역할도 경제사회 발전 수준에 따라 달라진다. 경제적, 사회적 인프라가 구축되어 있지 못하고 필요한 인력도 상당히 표준화되어 있는 경제사회 발전 초기 단계에는 정부가 교육에 적극적으로 관여할 필요가 있다. 반면 경제사회 발전이 어느 정도 이루어진 시기에는 인프라도 구축되고, 필요한 인력의 성격을 비롯하여 교육에 대한 수요가 다양해지기 때문에 정부의 역할은 적극적인 개입보다는 시장의 규칙을 정하는 시장 친화적 개입의 성격으로 전환하게 된다(최상덕 외, 2010). 우리나라에서도 1990년대 초반 집권한 문민정부는 정부 주도의 개발국가형 인적자본 형성체제로부터 글로벌 지식기반 경제 · 사회에 적합한 분권적이며 시장 친화적 인적자본 형성체제로의 전환을 시도하였으며, 이후 집권한 정부도 이러한 기조를 유지하면서 교육재구조화를 추진하였다.

2) 양적 교육성장의 한계와 수월성, 다양성, 창의성을 신장하는 교육 강화

교육 여건 및 질과 관계없이 초등교육 학령인구를 학교에 최대한으로 수용할 수 있도록 하는 제반 제도 및 정책은 초기의 노동집약적 산업화에 요구되는 양질의 단순 노동력을 공급하는 데 효율적이었다. 그러나 이와 같은 최소 단위 비용의 값싼 교육은 산업 구조가 고도화되고, 더 나아가 지식기반경제체제로 이행한 사회에서는 오히려 지속적인 경제 발전에 저해 요인으로 작용한다.

지식기반경제에서는 풍부한 자연 자원이나 값싸고 풍부한 노동력보다는 고급 기술 인력에 대한 수요가 증가하고, 특히 지식을 습득 · 창출 · 공유 · 확산시키는 '지식근로자'에 대한 수요가 늘어난다. 국가 경제는 빠르게 변화하는 경제여건에 적응하는 능력에 달려 있으므로 유연성과 새로운 일을 배울 수 있는 학습능력 및 정보를 활용할 수 있는 능력이 중요해지며, 사실을 조작하고 재생산하는 능력보다 문제 해결 능력과 비판적 사고력이 중요해진다(Carnoy, 1995b).

이미 지식기반경제에 진입한 우리나라에서도 중앙집권적 통제와 획일화로 특징지어져 왔던 한국의 교육은 지식기반경제에서 필요한 인력을 양성해 내기 어렵다는 문제의식이 확산되었다. 질서와 복종, 규율 준수, 인내심 등 집단 규범에 충실한 순종적인 태도를 습득하기에 적합한 학교사회화는 노동집약적 산업 분야에서 기계적인 조립 등 단순 작업을 수행하던 미숙련 노동력이 노동세계에 잘 적응할 수 있도록 하는 데는 기여할 수 있었지만, 새로운 지식을 생산해 내고 새로운 기술을 개발해 내야만이 경제성장을 지속해 갈 수 있는 지식기반 경제체제에 적합한 인적자원을 양성하기에는 적합하지 않다는 것이다. 더욱이 우리나라는 후발도상국의 추격으로 경쟁력을 상실해 가면서 외국 기술의 이전과 모방, 개량에 의한 경제 성장의 한계에 직면하게 되어 새로운 지식과 지식을 창출할 수 있는 창의적인 인재의 필요성이 크게 부각되었다(김영화, 1997).

이와 같은 현실에서 1990년대 이래 역대 정부는 교육의 양적 팽창보다는 교육의 질적 향상에, 초 · 중등교육보다는 상대적으로 고등교육에 강조점을 두는 교육 재구조화를 추진하였다. 창의성과 탐구력을 개발할 수 있는 교육, 21세기를 대비하는 첨단 과학기술교육, 세계 수준의 교육의 질을 강조하였으며, 특히 대학 평가를 통한 질 관리, 차등적 행 · 재정 지원을 통한 경쟁 유도, 대학의 특성화와 다양화, 대학 연구 여건의 개선 등 지식과 기술의 산실인 대학 교육의 경쟁력을 강화하려는 노력을 경주해 오고 있다.

3) 학교교육 중심 교육체제의 한계와 평생교육 · 훈련체제 구축

교육 정책이 국가 경제에 가져오는 효과를 극대화하기 위해서는 우선 인재에 대한 산업계의 수요를 정확히 예측하는 것이 매우 중요하다. 그러나 변화 속도가 가속화되고 있는 현대사회에서 미래의 환경 변화와 경제 및 산업구조의 변화를 정확히 예측한다는 것은 결코 쉬운 일이 아니다. 따라서 개인들이 변화하는 산업계의 변화에 맞추어 항상 새로운 교육을 받을 수 있도록 평생교육 · 훈련체제를 구축하는 것이 필요하다. 특히 과학기술의 급속한 발전으로 지식과 기술개발 주기가 단축되고 노동시장의 유연화와 고령화 현상이 가속화되고 있어, 성인근로자들은 노동시장 진입 이후에도 지속적으로 직무능력을 향상시켜야 할 필요성이 증대되었다.

문민정부와 이후 역대 정부는 평생학습사회의 관점에서 교육 · 훈련체제를 재구조화하려는 노력을 기울여 왔다. 정규 학교교육 중심의 교육체제로부터 평생교육체제로의 전환을 위해 다양한 법적, 제도적 인프라를 구축해 오고 있다.

2. 교육경쟁력 신장을 위한 교육 재구조화: 1990년대 후반~

1) 문민정부의 교육 수요자 중심 평생교육체세 구축

김영삼 대통령의 문민정부에서 대통령 자문기구로 설치된 교육개혁위원회가 개발, 제안한 교육개혁안은 이후 우리나라 교육개혁의 근간이 되면서 개발국가형 인적자본형성체제로부터 탈피하는 데 기여했다고 할 수 있다(최상덕 외, 2010). 교육개혁위원회는 1995년 5월 31일 『세계화·정보화 시대를 주도하는 신교육체제 수립을 위한 교육개혁방안』(일명 5·31 교육개혁안)으로부터 시작하여 3년간 네 차례에 걸쳐 한국교육에 대한 종합적이고도 구체적인 개혁안을 발표하였다.

교육개혁안의 주요 내용을 보면(교육개혁위원회, 1998) 유치원·초등·중등 분야에서는 ① 유치원의 유아학교 체제로의 전환과 재정지원 강화, ② 초등학교 3학년부터 영어교육 실시, ③ 학교운영위원회 설치, ④ 교과별·수준별 이동 수업과 선택 교과 확대 실시를 위한 교육과정 개편, ⑤ 방과 후 교육활동 확대, ⑥ 학교평가와 재정지원의 연계 강화, ⑦ 고등학교 유형의 다양화 추진, ⑧ 교육 규제의 대폭적 완화, ⑨ 교과 내용의 30% 정선 감축 등이 있다.

고등교육 분야에서는 ① 대학설립준칙주의 도입, ② 단설 전문대학원 설치, ③ 대학정원 확대 자율화, ④ 학생 선발 방법 다양화, ⑤ 복수전공 및 전·편입학 기회 확대, ⑥ 대학평가와 재정지원 연계 강화, ⑦ 세계 수준의 연구 중심 대학 및 지방대학 육성, ⑧ 9월 신학기제로의 전환을 제안하였다.

평생·직업교육 분야에서는 ① 평생학습 사회 구축을 위하여 사회교육법을 평생학습법으로 확대 개편, ② 학점은행제 및 시간제 학생 등록제 실시, ③ 현장 중심의 직업교육을 위한 신(기술)대학 설립, ④ 전문 직업 분야 학위 제도 도입, ⑤ 자격과 학력의 연계를 도모하기 위한 관련 법령 제정과 기구 신설을 제안하였다.

기타 분야로 ① 1949년 제정된 '교육법'을 '교육기본법', '초·중등교육법', '고등교육법'으로 전반적인 체제 개편, ② 교육의 내실화·첨단화를 위하여 첨단학술정보센터, 멀티미디어교육지원센터, 한국직업능력개발원, 한국교육과정평가원 설치, ③ 정보화 교육의 내실화를 위한 대폭적 재정 투자 및 교육과정 개선, ④ 교육위원회의 합의제 집행기관화 및 시·도지사에게 교육위원 1/3 추천권 부여, ⑤ 교원 양성기관에 대한 평가인정제 도입 등이 제안되었다.

이와 같은 교육개혁안을 관통하고 있는 기본 방향은 교육의 질 제고, 교육 수요자 중심의 교육, 교육의 다양성 신장, 교육운영의 자율성과 책무성 제고, 교육발전을 의한 지원 체제 강화 등으로서 당시 영미권 국가를 중심으로 확산되고 있던 신자유주의 사조의 영향을 받은 것으로 평가되고 있다(박부권 외, 1999). 자율과 경쟁을 바탕으로 교육 공급체제의 효율성을 제고하는 한편, 교육 공급자 중심으로부터 교육 수요자 중심 체제로, 학교교육 독점 체제로부터 평생학습 체제로의 전환을 모색함으로써 세계화·정보화 시대를 주도하기 위한 한국 교육운영 체제의 재정비를 시도하였다고 할 수 있다.

특히 고등교육에 있어서는 '자율화와 경쟁을 통한 교육의 수월성 제고와 대학의 특성화'를 강조하는 가운데, 대학 설립 및 정원 등 대학 전반에 대하여 그동안 정부가 강력하게 통제해 왔던 정책으로부터 각 대학의 자율성과 책무성을 강조하는 정책으로 선회하였으며, 대학설립준칙주의 제도는 그 대표적인 사례이다. 대학설립준칙주의는 5·31 교육개혁안에서 첫 번째로 제안된 개혁안으로서, 그 도입 배경은 "설립 기준을 구체화,

명료화하여 인가 과정의 투명성과 일관성을 확보하고, 고등교육의 질에 대한 판단을 소비자인 학생, 학부모, 기업 및 일반 국민에게 맡겨 시장원리에 의한 대학 간 경쟁을 유도하고, 정치적 판단에 의하여 대학 설립이 좌지우지 되는 것을 막고자하는 것(이무근, 2004: 53)"이었다. 대학설립요건과 기준을 최소화하고, 준칙 설정에 있어서 계열별 특성을 최대화함으로써 종전의 대학설치기준령에 의한 인가주의 하에서는 불가능했던 소규모 특성화된 대학들을 자유롭게 설립할 수 있도록 길을 열어놓은 것이다. 이 제도는 1996년에 도입되어 1997년부터 시행되어 오고 있으며, 대학설립 · 운영기준은 여러 차례 개정되었다.

직업교육 분야에서도 패러다임의 전환이 이루어졌다. 경제성장을 촉진하기 위해 경제계획을 수립하고, 이의 추진에 요구되는 인력을 직업교육 · 훈련을 통해 양성하려는 국가 주도적이면서 경제성장 종속적인 직업교육 정책은 산업수요 예측이 점차 어려워짐에 따라 더 이상 유효하지 않게 되었다. 따라서 산업계 수요에 대응하는 교육훈련체제로부터 개인들에게 다양한 진로 경로를 제공할 수 있는 개인 수요자 위주의 교육훈련체제로의 전환을 꾀하였다. 또한 경제구조가 고도화됨에 따라 직업교육의 중심을 고등학교 단계에서 고등교육 단계로 상향 조정하였다.[37] 노동시장의 급속한 변화 및 유연화와 불확실성 증가에 대응하여 평생학습 차원에서 직업교육과 직업능력개발의 개념을 도입하였다(진미석, 2010).

최상덕 등(2010)은 개발국가 인적자본 형성체제와 5 · 31 신교육체제를 〈표 8-1〉과 같이 비교하였다.

37) 직업교육 재정 배분의 변화를 살펴보면, 1995년까지 전문계 고등학교(구 실업계 고등학교) 교육에 대한 예산 지원이 전체 직업교육 예산의 51.7%을 차지하였고, 전문대학에 대한 예산 비중이 48.3%을 차지하였으나 1996년 이후 이 비율이 역전되어 2000년에는 전문계고 18.4%, 전문대학 61.7%를 점하게 되었다(진미석, 2010).

표 8-1 개발국가 인적자본형성체제와 5 · 31 신교육체제 비교

	개발국가 인적자본형성체제	5 · 31 신교육체제
교육체제의 성격	국가주도, 공급자 중심	시장의 역할 강조, 수요자 중심
경제와의 관계	경제발전계획에 의한 인력수급 계획 수립으로 직접적 연계	시장 및 민간 주도의 자율적 인력수급 지향
교육행정체제	중앙통제	분권/교육자치
교육적 가치관	사회화, 도덕 · 사회적 규율	다양화, 자율, 책무성
교육정책 목표	교육 수요 확대에 따른 양적 확대 지향	질적 수월성과 경쟁력 제고 지향

출처: 최상덕 외(2010). 지속가능한 성장을 위한 교육 · 인재 정책방향 연구. 한국교육개발원, 70.

2) 문민정부 이후의 교육 재구조화

1990년대 말 외환위기를 겪었던 한국은 정치 · 경제 · 사회 모든 분야에서 국가 경쟁력을 신장시켜야 한다는 과제를 안고 있었다. 또한 산업사회로부터 지식기반경제 · 사회로의 전환과정에서 지식의 창출과 활용을 촉진할 수 있는 인적자원개발과 연구개발 체제를 구축할 필요가 있었다.

문민정부 이후 집권한 국민의 정부(1998~2003)와 참여정부(2003~2008), 이명박 정부(2008~2013), 박근혜 정부(2013~)는 이와 같은 국가적 과제를 염두에 두고 한국 교육의 재구조화로 이어지는 다양한 제도 개혁과 정책들을 추진하였다. 국민의 정부는 2001년 교육부를 교육인적자원부로 개칭하고, 장관을 국가인적자원개발을 총괄하는 부총리급으로 격상시켜 인적자원개발 정책을 조정하는 책임을 부여하는 등(교육인적자원부, 2003) 교육을 국가경제의 필요에 긴밀히 연계시키려는 접근을 시도하였다.

글로벌 지식기반 경제 · 사회에서 주도적 역할을 할 수 있는 인재 양성을 염두에 둔 문민정부의 교육개혁안은 이후 정치철학에서 차이를 보인 국민의 정부와 참여정부를 거치면서 그 정체성이 다소 모호해지긴 했지

만, 그럼에도 불구하고 최근에 이르기까지 교육개혁 추진의 청사진 역할을 해 왔다(이종재 외, 2010).

먼저 초 · 중등교육 분야에서는 고교 평준화의 근간을 유지하면서 다양한 교육 수요를 충족시키고, 교육의 수월성을 높일 수 있는 교육 다양화 정책 및 창의적 인재양성을 위한 공교육의 내실화 정책들이 추진되었다. 이명박 정부가 추진했던 고등학교 다양화 300 프로젝트는 자율과 경쟁을 통해 공교육 다양화와 내실화를 실현하려 했던 대표적인 정책이다. 학생과 학부모의 요구에 맞도록 고등학교를 다양화, 특성화하기 위해 자율형 사립학교 100개, 기숙형 공립학교 150개, 마이스터고등학교(전문계 특성화고교) 50개 설립을 추진하였다. 박근혜 정부에 들어서는 '꿈과 끼를 살리는 자유학기제'를 도입하여 시범 운영하고 있다. 자유학기제는 중학교 과정 중 한 학기를 자유학기로 운영하여 중간 · 기말고사 등 시험을 실시하지 않고 진로탐색 활동을 포함한 다양한 체험 활동이 가능하도록 교육과정을 유연하게 운영함으로써, 학생들에게 입시와 경쟁 위주의 교육에서 벗어나 소질과 적성에 맞는 진로를 설계할 수 있는 기회를 제공하려는 시도이다. 2013년 2학기부터 전국 42개 연구학교에서 시범 운영하고 있으며, 적용 대상학교를 점진적으로 확대하여 2016년에는 전국의 중학교에 전면 시행할 계획이다.

고등교육의 경우 대학설립준칙주의와 대학정원 자율화에 따라 고등교육이 급속히 팽창하였고, 이로 인해 발생한 문제에 대응하려는 정책이 추진되었다. 5 · 31 교육개혁안이 발표된 1995년부터 2000년 사이에 고등교육 진학률은 51.4%에서 68%로 급증하였고(한국교육개발원, 2009), 고등교육의 질 저하와 청년실업의 문제가 대두되었다. 이후 고등교육정책은 대학의 자율화와 특성화 기조를 유지하는 가운데, 고등교육의 질 제고를 위한 구조개혁의 본격적 추진으로 특징지어진다. 정부는 학술연구비의 대폭적 확충, 두뇌한국 21(Brain Korea 21: BK 21), 지역혁신을 위한 신대학(New University for Regional Innovation: NURI) 등과 같은 사업을 추진하여 대학의 연구역량을 제고시키는 한편, 지역 혁신을 선도할 수 있는 인재를 양성할 수 있도록 유도하는 대학지원체제를 구축하였다(이종재 외, 2010). 특히 국민의 정부는 문민정부에 비해 고등교육 개혁에 더 많은 관심을 가지고 각종 사업을 전개하였으며, 교육복지보다는 대학 경쟁력 강화 차원에 더 큰 비중을 두었다. 국제통화기금(International Monetary Fund: IMF) 관리체제를 극복해야 한다는 부담감과 21세기를 맞이하면서 지식기반사회에 대비하여 국가적 과업을 완수해야 한다는 부담감을 안고 출범한 국민의 정부는 시장경쟁과 효율을 강조하며 구조조정을 단행하였다(반상진, 2003).

직업교육 · 훈련 분야에서도 문민정부 교육개혁안의 개혁 방향을 유지하는 가운데 질적 변화를 모색하였다. 산업구조의 고도화와 평생직업능력개발을 요구하는 노동시장의 변화에 부응하여 실업계고교 중심 직업교육 · 훈련 체제로부터 고등교육단계인 전문대학 중심 체제로의 전환을 추진하였으며, 최근에 이르러서는 재직 근로자들의 직업능력개발로 중심축을 이동시키는 추세이다. 직업교육 · 훈련에서 각 유형이 차지하는 비중을 직업교육 · 훈련 이수자 수를 기준으로 살펴보면, 1965년 당시 실업계고교 교육이 차지하는 비중이 약 84%, 전문대학교육이 차지하는 비중이 약 11%, 직업훈련이 차지하는 비중이 5%였던 반면, 2008년에는 이 비중이 각각 10%, 15%, 75%로 크게 변화되었다(진미석, 2010).

3. 한국 교육체제 재구조화의 한계와 과제

한국은 여러 차례의 경제 위기에도 불구하고, 2012년 현재 세계 8대 교역국가로 성장했다. 한국 대표 제품인 디스플레이 및 반도체의 시장 점유율 상승이 시사해주듯이[38] 한국 제품의 경쟁력이 높아지고 있다는 증거들도 축적되고 있으며, 연구개발의 양적, 질적 수준도 높은 평가를 받고 있다. 우리나라 전체 GDP 대비 R&D 투자 비중(2009년 기준 3.36%)은 OECD 가입 국가 중 이스라엘, 핀란드, 스웨덴에 이어 4위를 차지하였으며, 2000~2010년 기간 정보통신 · 전자 5대 기술 분야에서 특허의 질(patent quality index)은 1위, 전반적인 특허의 기술적용범위(patent generality index)는 일본에 이어 2위를 차지하였다(최상덕 외, 2013).

한국 경제의 위상 제고에도 불구하고, 이러한 긍정적인 상황이 지속되기는 쉽지 않을 것으로 전망되고 있다(최상덕 외, 2013). 각국 정부가 자국의 경제를 보호하기 위해 다양한 조치들을 취해가고 있으며, 핵심 기술을 선점한 글로벌 기업들의 견제가 심해지고 있는 가운데, 중국과 같은 후발국의 추격도 빨라지고 있기 때문이다. 한국의 교육은 이와 같은 세계 경제 전망 속에서 한국의 지속적인 경제성장에 기여할 수 있는가?

1) 한국 교육경쟁력의 현주소

세계 경제는 부가가치의 창출 요소가 노동과 자본으로부터 지식과 정보로, 다시 혁신적 기술과 창의적 아이디어로 이동하고 있으며, 한국 경제 역시 지속적 성장을 위해서는 혁신과 고부가가치화를 핵심 경쟁력으로 하여 새로운 기술과 상품, 서비스를 창출할 수 있어야 한다. 노무현 정부의 주요 국정 키워드 중 하나였던 '혁신'과 박근혜 정부의 핵심 국정 방향인 '창조경제'는 바로 이러한 한국 경제의 과제를 반영한 용어라고 할 수 있다.

창조경제라는 개념을 학문적으로 처음 제시한 것으로 알려진 호킨스(Howkins, 2001. 최상덕 외, 2013: 15에서 재인용)에 의하면, 창조경제

38) 반도체 시장점유율은 2000년 7.4%에서 2012년 14.3%로, 디스플레이 시장점유율은 같은 기간 21.8%에서 48.4%로 크게 증가하였다(최상덕 외, 2013).

의 특징은 "창의적 아이디어가 경제와 결합하면서 새로운 가치와 부를 창출하는 핵심 요소로 작용하는 것" 이다. 유엔무역원조개발위원회(United Nations Conference on Trade and Development: UNCTAD)는 2008년에 발간한 『창조경제보고서』에서 세계 경제의 패러다임이 창조성과 경제가 결합된 창조경제로 전환되고 있음을 언급하였다. 또한 21세기에는 선진국일수록 직무역량으로 창의성을 포함한 고차적 (사고)역량의 비중이 커질 것이라는 연구 결과들이 누적되고 있다(최상덕 외, 2013). 미래창조과학부(2013)에서 발표한 『창조경제 실현계획』에서도 국가의 지속적 발전을 위한 필수 요소로 창의성 존중을 제시하였다. 뿐만 아니라, 새로운 제품과 서비스를 개발하고 새로운 시장을 개척해야 하는 선도자는 높은 수준의 불확실성을 극복해야 하며, 이를 위해서는 기성의 규칙과 기준에 얽매이지 않고 사고하고 행동할 수 있는 도전적인 인재가 필요하다(최상덕 외, 2013). 우리나라 교육은 과연 창의성과 같은 고차적 사고 역량을 함양하고, 자기주도적으로 사고하고 행동하는 도전적인 인재를 길러내는데 적합한가?

OECD에서 15세 중등학교 학생들을 대상으로 수학, 과학, 읽기 영역에 대하여 3년 주기로 실시하고 있는 PISA에서 한국은 핀란드와 함께 최상위권을 유지해 오고 있다. 미국 오바마 대통령으로부터 여러 차례 한국교육에 대해 칭찬을 듣기도 하였다.

그러나 한국 교육경쟁력에 대한 국제적 평가는 긍정적이지만은 않다. 스위스 로잔에 있는 국제경영대학원(International Institute for Management Development: IMD)이 발표한 국가경쟁력 지표(〈표 8-2〉 참조)[39]에 의하면 한국은 교육 관련 경쟁력 지표 가운데 중등학교 취학률,

39) IMD는 1989년부터 세계경쟁력연감(*World Competitiveness Yearbook*: WYC)을 출간하여 OECD 국가를 포함한 주요 국가들의 경쟁력 순위를 발표해 오고 있다.

표 8-2 IMD 교육 부문 국가경쟁력 지표(2011~2014)

	2011(59개국)		2012(59개국)		2013(59개국)		2014(60개국)	
	순위	지표값	순위	지표값	순위	지표값	순위	지표값
GDP 대비 교육관련 공공지출(%)	33	4.6	31	4.6	32	4.6	33	4.5
1인당 교육관련 공공지출($)	32	793.3	31	785.1	33	785.0	27	1,002.4
초등학교 교사 1인당 학생 수(명)	51	24.1	50	22.4	51	20.9	50	19.6
중·고교 교사 1인당 학생 수(명)	53	18.2	53	18.0	52	17.6	52	17.2
영어숙달도	46	81.0	46	81.0	46	82.0	43	85.0
중등학교 취학률(%)	6	98.0	8	95.7	10	96.0	14	96.0
25~34세 인구의 고등교육 이수율(%)	2	58.0	2	63.0	2	65.0	2	64.0
PISA 수학성적(점)	4	546.2	4	546.2	4	546.0	5	554.0
PISA 과학성적(점)	6	538.0	6	538.0	6	538.0	7	538.0
15세 이상 문맹률(%)	33	1.7	34	1.7	34	1.7	34	34.0
인구 천 명당 고등교육 외국인 학생 수(명)	33	0.8	34	1.0	32	1.2	33	1.3
인구 천 명당 고등교육 유학생 수(명)	11	2.3	11	2.5	11	2.6	13	2.6
교육제도	20	6.0	27	5.6	27	5.7	29	5.5
대학교육	39	5.0	42	4.6	41	4.9	53	4.3
언어능력	31	5.6	32	5.6	28	5.9	30	5.9
경영교육	35	5.4	43	5.0	41	5.2	47	4.8
과학교육	20	5.4	37	4.6	23	5.3	33	4.7

출처: IMD. *World Competitiveness Yearbook*. 각 연도.

고등교육 이수율, PISA 성취도에 있어서만 상위권을 차지하고 있으며, 교육재정, 교사 1인당 학생 수, 교육제도, 대학교육, 언어능력, 경영교육, 글로벌화 등에 있어서는 중하위권을 기록하고 있다. 특히 대학교육은 2014년 기준으로 60개국 가운데 53위를 차지하였다.

2) 지속적 경제성장을 위한 기초교육의 역량

국제학력평가에서 나타나고 있는 한국 청소년들의 학업성취도는 매우 높은 편이다. OECD에서 실시하고 있는 PISA에서 한국은 핀란드와 함께 최상위권을 차지해 왔다(〈표 8-3〉 참조). 2012년 평가를 보면 한국은 OECD 회원국 34개국 중에서 수학 1위, 읽기 1～2위, 과학 2～4위, 문제해결력 1위를 차지하였으며, 전체 65개 참여국(도시) 중에서는 수학 3～5위, 읽기 3～5위, 과학 5～8위를, 그 중 44개국이 참여한 컴퓨터 기반 문제해결력 평가에서는 1～2위를 차지하여 매우 우수한 성취수준을 나타내었다. 우리나라에서는 학생들 간 성취도 편차도 낮은 수준이어서 대부분의

표 8-3 PISA 주기별 한국 학생의 학업성취도 순위

분야	대상국 \ 주기	PISA 2000 (41개국)	PISA 2003 (40개국)	PISA 2006 (57개국)	PISA 2009 (75개국)	PISA 2012 (65개국)
수학	OECD회원국	2	2	1~2	1~2	1
	전체	3	3	1~4	3~6	3~5
읽기	OECD회원국	6	2	1	1~2	1~2
	전체	7	2	1	2~4	3~5
과학	OECD회원국	1	3	5~9	2~4	2~4
	전체	1	4	7~13	4~7	5~8

출처: 송미영 외(2013). OECD 국제학업성취도 평가연구: PISA 2012 결과보고서. 한국교육과정평가원, 46, 118, 179에서 재구성.

학생들이 고르게 높은 성취를 나타내고 있음을 알 수 있다.

그러나 이와 같은 높은 성취도가 공교육의 우수성을 반영하는지에 대해서는 논란의 여지가 많다. 한국 학생들의 학습시간은 참여국들 중에서 가장 많은 편에 속한다. 주당 공부시간이 OECD 평균은 34시간, 핀란드는 30시간 미만인 데 비해 한국은 50시간을 기록했다. 학교의 정규 수업시간을 제외한 개인 공부시간만 비교해보면, 이 격차는 더 크게 벌어져 핀란드 학생(주당 8.5시간)에 비해 우리나라 학생들은 두 배 이상(주당 19.5시간) 공부하는 시간이 많다. 즉, 학습시간은 적으면서도 높은 학업 성취도를 보이고 있는 핀란드에 비하면 학습 효율성이 매우 떨어진다는 것을 의미한다. OECD 회원국을 대상으로 학습효율화지수(PISA 점수를 학습시간으로 나눈 수치)를 비교해보면 핀란드는 1위, 한국은 24위에 머물러 있다.

더욱 우려스러운 것은 일단 대학에 진학하면 학업 시간이 크게 하락한다는 것이다. 우리나라 대학생(1학년 기준)의 주당 평균 자습시간(5.4시간)은 고등학생(1학년 기준)의 자습시간(10.3시간)의 절반 수준에 그친다. 미국 대학생들의 주당 평균 자습시간(9.5시간)은 고등학생의 자습시간(4.9시간)보다 거의 두 배 많다. 특히 수능성적 상위 분위의 학생들일수록 학습시간의 하락 폭이 유난히 커진다. 수능 10분위에 속한 학생들의 하락폭은 주당 7.45시간에 달한다. 즉, 상위권 대학에 입학하기 위해 치열하게 공부하지만, 일단 대학에 들어오면 진학한 대학의 서열에 안주하여 이전만큼 노력을 기울이지 않는다는 것을 시사한다(최상덕 외, 2013).

또한 인지적 측면에서는 높은 성취도를 보이지만 교과에 대한 정의적 측면에서는 매우 낮은 수준을 나타내고 있다(〈표 8-4〉 참조). 학교에 대한 학생의 참여, 동기, 자아 신념에 대한 특성을 조사한 결과, 우리나라는 '수학 불안감'과 '수학 관련 활동 참여'의 두 항목을 제외한 모든 항목의 지수가 OECD 평균보다 낮았고, 특히 여학생의 지수가 남학생보다 더

표 8-4 2012 주 영역 수학 학습에 대한 정의적 특성 지수

항목	세부항목		지수 평균		
			전체	남학생	여학생
학교에 대한 참여	소속감		-0.32	-0.28	-0.36
	학교에 대한 태도		-0.38	-0.41	-0.35
동인과 동기	끈기		-0.09	0.03	-0.22
	문제해결에 대한 개방성		-0.37	-0.26	-0.50
	통제 위치 중 실패에 대한 자아 책임감		-0.33	-0.30	-0.36
	동기	내적 동기	-0.20	-0.12	-0.30
		도구적 동기	-0.39	-0.31	-0.48
수학에 대한 자아 신념, 성향, 수학 활동에의 참여	자아효능감		-0.36	-0.22	-0.52
	자아 개념		-0.38	-0.25	-0.54
	수학 불안감		0.31	0.20	0.42
	수학 관련 활동 참여		0.17	0.28	0.05
	수학 학습 계획		-0.21	-0.16	-0.28
	중요한 사람들의 수학적 견해 인식		-0.21	-0.13	-0.29

자료: OECD(2013a). *PISA 2012 Results: Ready to learn: Students' engagement, drive and self-beliefs(Vol. III). Preliminary version*. Paris: OECD, 252~328에서 재구성. 임해미(2014: 47)에서 재인용.

낮았다. 내적 동기 58위, 도구적 동기 62위, 자아효능감 62위, 자아개념은 63위를 기록했다. 즉, 우리나라 학생들은 수학 성취도는 높고 수학 관련 활동에 참여는 많이 하지만, 수학에 대한 자신감이 부족하고 수학에 대해 불안해하며 흥미가 있거나 즐겁다는 인식도 부족한 편이라는 것을 의미한다.

지식기반 경제 · 사회에서는 많은 지식과 기술의 습득에 그치는 것이 아니라 고차원적인 인지적 역량, 자신을 주도해 나갈 수 있는 정의적 역량, 타인과 원만하게 상호작용할 수 있는 사회적 역량을 모두 갖춘 전인적

인 인재가 필요하다. 우리나라 기초교육의 당면 과제는 이러한 핵심역량과 도덕적 품성을 갖춘 창의적인 인재를 양성하는 것이다. 정부의 교육 재구조화의 방향은 이와 같은 인재의 양성에 맞추어져 있으나 과도한 사교육과 지식 습득 위주의 대학입시준비 교육, 획일화된 경쟁 등 우리나라 교육의 해묵은 문제들은 여전히 해결되지 않고 있어 교과의 인지적 성취는 높으나, 공부에 대한 자신감과 열의는 부족하고 공부를 즐거워하지 않는 청소년을 길러내고 있는 실정이다.

3) 선도형 성장모델로의 전환과 고등교육의 경쟁력

정부가 추진해 온 다양한 고등교육 지원 정책에도 불구하고, 우리나라 대학교육의 국제경쟁력은 앞의 〈표 8-2〉가 제시하고 있듯이 60개국 가운데 53위를 기록할 정도로 낮은 수준이다. OECD 국가 중 한국의 명목 GDP 순위는 11위(2012년)를 기록하였고, 교육훈련비 지출도 상위권에 속하지만, 고등교육 부문에서 대학생 1인당 지출액은 OECD 평균의 3분의 2 수준으로 20위(2010)에 불과하였고 정부 지출은 훨씬 더 낮아 GDP 대비 고등교육기관 교육비 중 공공재원 순위는 26위(2010)를 기록하였다(OECD, 2013b).

또한 학생·학부모의 수요에 부응하는 공급 주도의 고등교육 확대는 인력수급 불일치 현상을 심화시켜 왔다. 1995년 5·31 교육개혁안에 따라 추진된 대학설립준칙주의와 대학정원 자율화 정책에 따라 고등교육은 급속하게 팽창하였던 반면, 외환위기 이후 경제성장률이 저하되고 고용 없는 성장이 지속되면서 대학졸업자의 일자리는 늘어나지 않아, 대졸 고학력실업이 우리사회의 심각한 문제로 대두되었다.

2장의 〈표 2-13〉에 의하면 우리나라에서는 우리나라 여건을 고려한 예측 취학률에 비해 실제 취학률이 높은 교육의 선행투자가 이루어졌는

데, 예측치와 실제치 간 취학률 격차가 초등교육과 중등교육은 10%포인트에서 20%포인트 정도였던 데 비해, 대학교육은 45%포인트까지 상승하여 대학교육의 경우 선행투자를 넘어 과잉투자하고 있을 가능성이 높다는 것을 시사하였다(최상덕 외, 2010). 이것은 곧 고등교육에 대한 과잉투자가 경제성장에 걸림돌로 작용할 가능성이 있다는 것을 시사한다.

한편 향후 학령인구 감소에 따라 대학입학자원 규모가 급격히 감소할 것이며, 대학들이 대규모의 입학정원 미충원 사태에 직면하게 될 전망이다. 현재의 대학정원을 유지한다면 2018년부터 입학자원이 부족해지기 시작하여 2023년에는 16만여 명의 정원 미달 사태가 발생할 것으로 예상된다.

글로벌 지식기반 경제에서 고등교육은 국가 경쟁력의 핵심적인 요소가 된다. 경제구조가 고도화될수록 공적 투자 비중이 기초교육으로부터 고등교육으로 이행해 가는 경향이 있다. 따라서 대학에 대한 공적 투자의 규모와 효율성을 높이는 것이 매우 중요하다. 현재 OECD 국가 중 하위를 기록하고 있는 고등교육기관에 대한 정부지원을 지속적으로 확대시켜야 하는 것은 틀림없다. 그러나 현재와 같이 대학이 팽창되어 있는 상태에서 정부의 재정지원이 확대된다면 '밑 빠진 독에 물 붓기' 격이 될 수 있다. 대학의 구조개혁과 대학에 대한 정부의 재정지원 간 균형을 통하여 투자의 효율성을 제고시켜야 할 것이다.

고등교육은 한편으로 산업계의 즉각적인 수요에 탄력적으로 대응함으로써 졸업생들의 고용가능성을 높여 이들이 노동시장에 원활하게 이행할 수 있도록 하면서도, 다른 한편으로는 보다 장기적 관점에서 한국 사회의 지속적 발전을 목표로 대학의 경쟁력을 제고시키는 데 역점을 기울여야 할 것이다. 먼저 대학의 팽창을 억제하고 산학협력을 활성화하여 대학교육과 노동시장 간 연계를 강화해야 할 것이다. 대학설립을 억제하고 부실 대학에 대하여 엄격한 조치를 취하는 한편, 급격한 학령인구 감소에 대비하여 각 대학이 자율적으로 구조개혁을 추진할 수 있는 기반을 마련할 필요가 있다. 한편 숙련 수요가 매우 빠르게 변하고 있어 정부 주도의 수급 계획으로는 인력수급 불일치 문제를 해결하기 어렵기 때문에 산업체와 대학 간 네트워크와 파트너십을 강화해야 한다. 또한 내실 있는 교양교육과 전문교육을 병행하고 융복합 교육과정을 강화함으로써 창의적 인재 양성을 위한 교육 역량을 제고시켜야 하며, 대학원 교육의 질적 수준을 높여 혁신적 가치를 창출할 수 있는 연구 역량을 제고시킬 필요가 있다. 이 모든 과제를 효율적으로 이행하기 위해서 각 대학은 자신의 강점을 기반으로 특성화해 나가야 한다.

4) 평생학습사회의 실현

전 세계적으로 평생학습사회의 실현이 주요 정책 과제가 되고 있음에도 불구하고, 우리나라는 여전히 학교교육 중심의 교육훈련 체제로부터 크게 벗어나지 못하고 있는 실정이다. 지식과 기술의 폭발적 증가와 노화 속도가 가속화됨에 따라 근로자들에게 지속적인 직업능력 개발이 요구되고 있다. 또한 노동시장의 유연화로 직장이동이 많아지고 고령화가 빠른 속도로 진행되고 있어 근로자들은 평생에 걸쳐 고용가능성을 향상시켜야 할 필요에 직면하게 되었다.

특히 국제적인 맥락에서 볼 때 우리나라 중장년층 성인들의 역량은 낮은 편에 속한다. 16~65세 성인을 대상으로 언어능력, 수리력, 컴퓨터 기반 문제해결력 등 성인역량을 조사한 결과에 의하면(교육부 · 고용노동부 · 한국직업능력개발원, 2013), 우리나라 성인의 역량 수준은 OECD 평균이거나 평균보다 약간 낮은 편인 것으로 나타나는데, 16~24세 청소년과 청년층에 한정시켜보면 OECD 국가 중 성인 역량이 최상위 수준인 반면, 55~65세 성인의 경우 최하위 수준으로 나타난다. 한국은 성인역량의 연령별 격차가 가장 큰 나라에 해당한다. 이러한 조사 결과는 우리나라 성인들에게는 학교 졸업 이후에도 지속적으로 역량을 강화시킬 수 있는 평생교육 요구가 특히 강하다는 것을 시사해 준다.

그러나 우리나라 성인들의 평생교육 참여율은 OECD 국가와 비교하여 현저하게 낮다. 2013년 우리나라 성인의 평생교육 참여율은 30.2%로서(교육부 · 한국교육개발원 2013) 핀란드(56.8%), 덴마크(55.7%), 영국(43.9%), 미국(39.7%) 등 주요국에 비해 현저하게 낮은 수준이며, OECD 국가 평균(35.6%)에(최상덕 외, 2010) 비해서도 훨씬 낮다. 특히 연령층이 증가할수록 참여율은 낮아지고 있어[40] 평생학습 요구에 반비례하고 있다. 직업능력향상교육 참여율은 14.9%에 그치고 있는데, 이 역시 연령층이 증가할수록 감소하여(교육부 · 한국교육개발원, 2013) 우리나라 성인들의 경우 지속적인 능력개발이 이루어지지 않고 있음을 알 수 있다. 또한 능력개발 기회가 대규모 사업장의 정규직 근로자에 편중되어 있고, 중소기업이나 비정규직 근로자에게는 매우 제한되어 있어 균형 있는 성인 직업능력개발에 대한 정부의 관심을 필요로 한다. 그럼에도 불구하고 교육예산 대비 직업능력개발예산은 0.9%로서 미국(23.4%)이나 영국(29.0%)에 비해 매우 낮다(최상덕 외, 2010).

성인들의 평생교육 참여를 높이기 위해서는 대학, 산업체, 정부 간 협력이 필요하다. 대학들은 대학 평생학습원을 확충하고, 근로자들을 위한 재교육 · 훈련 프로그램을 제공하며, 대학교육기회를 놓치거나 또 다른 학위를 취득하기 원하는 성인들을 위한 정규 대학 프로그램을 운영하는 등 지역 평생학습의 중추로서 역할을 수행해야 할 것이다. 산업체는 자체적으로 근로자의 직업능력개발 프로그램을 운영하고, 대학 등 교육기관과 협력하여 근로자들에게 직업능력개발 기회를 제공해야 한다. 특히

40) 25~34세 연령층 참여율은 35.0%에 달하였으나, 이후 점차 낮아져서 55~64세 연령층에서는 25.4%에 불과하다.

전직과 퇴직하는 근로자들의 재취업을 위한 재교육 · 훈련 프로그램을 확충할 필요가 있다. 정부는 전반적으로 성인 평생학습 참여를 유인할 수 있는 정책을 추진하는 가운데 특히 저소득층, 중소기업 및 비정규직 근로자, 고령자 등 취약계층의 직업능력개발을 위한 정책 추진과 재정 지원에 역점을 기울여야 할 것이다.

참고문헌

강무섭 · 김재웅 · 민무숙(1986). 고등교육 정원정책 연구. 서울: 한국교육개발원.

경세기획원(1991). 제조업 경쟁력 강화 대책(1991. 3. 14).

경제기획원a. 경제활동인구연보. 각 연도.

경제기획원b. 인구 및 주택센서스. 각 연도.

공보부(1962). 혁명정부 1년간의 업적.

공은배 · 백성준(1994). 한국 교육투자의 실태와 수익률 분석에 관한 연구. 서울: 한국교육개발원.

공은배 · 천세영(1990). 한국의 교육비 수준. 서울: 한국교육개발원.

과학기술처. 과학기술연감. 각 연도.

교육개혁위원회(1998). 교육개혁백서.

교육부. 교육통계연보. 각 연도.

교육부 · 고용노동부 · 한국직업능력개발원(2013). 한국인의 역량, 학습과 일: 국제 성인역량조사(PIAAC) 보고서. 서울: 한국직업능력개발원.

교육부 · 한국교육개발원(2013). 한국 성인의 평생학습실태. 서울: 한국교육개발원.

교육인적자원부(2003). 국민의 정부 교육인적자원백서.

교육50년사편찬위원회(1998). 교육50년사. 서울: 교육부.

국민대학30년사편찬위원회(1976). 국민대학 30년사. 서울: 국민대학출판부.

국사편찬위원회(2011). 실록 대한민국사 자료집 – 한국 교육정책 자료 I –.

김광석 · 박준경(1979). 한국경제의 고도성장요인. 서울: 한국개발연구원.

김기석 · 유성상(2001). 미군정기 남한에서의 문맹퇴치운동: 1945~48. 김종서 편. 한국 문해교육 연구. 서울: 교육과학사.

김기석 · 류방란 · 오성철 · 류한구 · 이향규(1996). 한국교육 100년: 학제 및 인구통계적 변천. 서울: 서울대학교 사범대학 교육연구소 한국교육사고.

김동석 · 이진면 · 김민수(2002). 한국경제의 성장요인 분석: 1963~2000. 서울: 한국개발연구원.

김동석 · 김민수 · 김영준 · 김승주(2012). 한국경제의 성장요인 분석: 1970~2010. 서울: 한국개발연구원.

김신복 · 최종진 · 김영철(1974). 교육발전계획(1972~1976)의 수정보완(안). 서울: 한국교육개발원.

김영봉(1975). 우리나라 교육의 수요 형태 및 경제성장기여 분석. 서울: 한국개발연구원.

김영봉 · 김신복 · 김기영 · McGinn, N. F. · Snodgrass, D. R.(1980). 한국의 교육과 경제발전. 서울: 한국개발연구원.

김영화(1993a). 한국의 교육 불평등: 고등교육 팽창의 과정과 결과. 서울: 교육과학사.

김영화(1993b). 한국 실업계 고등학교 교육의 개혁과 과제. 한국비교교육학회. 『아시아 지역의 학교교육개혁』 학술대회 발표 논문.

김영화(1997). 한국의 경제발전과 교육의 역할. 교육재정 · 경제연구 6(1), 31~63.

김영화(2015). 교육과 경제성장. 오성철 외(2015). 대한민국 교육 70년. 서울: 대한민국 역사박물관, 189~251.

김영화 · 박인종(1990). 한국 경제 및 노동시장 구조 변화에 대한 학교교육체제의 대응. 서울: 한국교육개발원.

김영화 · 한유경 · 최돈민 · 양승실 · 조준래(1996). 국가 발전에서의 교육의 역할 분석 연구(I): 연구모형의 설정과 해방 이후 한국 교육의 전개 과정 분석(1945~1995). 서울: 한국교육개발원.

김영화 · 박용헌 · 한숭희(1997). 한국의 교육과 국가발전(1945~1995). 서울: 한국교육개발원.

김유배(1986). 경제발전과 노동시장의 변모. 현대사회 6(1), 86~100.

김윤태(1991). 한국 산업화 과정에서의 인력 수급의 실태 및 평가. 한국교육개발원 모노그래프. 서울: 한국교육개발원.

김종서(1961). 문맹자 조사. 서울: 중앙교육연구소.

김종서(1962). 문맹퇴치와 성인교육. 황종건 외. 사회교육. 서울: 현대교육총서출판사, 64~94.

김종철(1979). 한국 고등교육 연구. 서울: 배영사.

김종철(1989). 한국 교육정책 연구. 서울: 교육과학사.

김종철 · 구병림 · 신동진(1989). 한국 고등교육의 역사적 변천에 관한 연구. 서울: 한국대학교교육협의회.

김태종 · 이영(2006). 교육열의 경제적 가치 추정을 위한 실증연구. 서울: 대통령자문 교육혁신위원회.

내무부통계국(1961). 대한민국통계월보. 1월호.

노동부. 임금구조기본통계조사보고서. 각 연도.

대통령 비서실(1973). 박정희 대통령 연설문집 2, 3(제 5, 6대편).

대한민국정부(1981). 제5차 경제사회개발 5개년 계획(1982~1986).

대한민국정부(1986). 제6차 경제사회개발 5개년 계획(1987~1991).

대한민국정부(1992). 제7차 경제사회발전 5개년 계획(1992~1996).

대한민국정부(1993). 신경제 5개년 계획(1993~1997).

문교부(1957). 국가와 도덕. 고등학교 2. 서울: 대한교과서 주식회사.

문교부(1958). 문교개관.

문교부. 문교통계연보. 각 연도.

문교40년사편찬위원회(1988). 문교40년사. 서울: 문교부.

박부권 외(1999). 대학설립준칙주의 성과분석 및 개선방안 연구. 서울: 교육인적자원부.

박효선(2007). 해방 후 창군기 한국군의 평생교육 경향 분석. 평생교육학 연구 14(4), 123~148.

박희찬(1987). 우리나라 대학정원 정책의 사회적 함의에 관한 연구. 서울대학교 석사학위 논문.

반상진(2003). 새정부의 고등교육 개혁 과제. 교육행정학연구 21(1), 169~191.

서기곤(1969). 한국 대학교육에 있어서 정원정책 연구. 성균관대학교 석사학위 논문.

서울대학교(1986). 서울대학교 40년사. 서울: 서울대학교 출판부.

손인수(1992). 미군정과 교육정책. 서울: 민영사.

송광용(1989). 대학정원정책의 평가 연구. 서울대학교 박사학위 논문.

송미영 · 임해미 · 최혁준 · 박혜영 · 손수경(2013). OECD 국제학업성취도 평가연구: PISA 2012 결과보고서. 서울: 한국교육과정평가원.

송병순(1986). 졸업정원제의 득과 실. 대학교육 19(1), 18~22.

오성철(2003). 박정희의 국가주의 교육론과 경제성장. 역사문제연구 11호, 53~80.

오성철 · 강일국 · 박환보 · 김영화 · 장상수 · 황병주 · 이윤미(2015). 대한민국 교육 70년. 서울: 대한민국 역사박물관.

유네스코 · 운크라 교육계획사절단(1952). 한국의 교육상황: 예비조사보고서.

윤복남(1990). 한국 문해교육의 사회사적 고찰. 고려대학교 박사학위 논문.

윤정일 · 송기창 · 조동섭 · 김병주(1996). 한국 교육정책의 탐구. 서울: 교육과학사.

이계우 · 민유주아나(2010). 한국의 교육부문 원조정책의 방향: 수원경험에 비추어서. 국제 · 지역연구 19(1), 1~46.

이광호(1991). 한국교육체제 개편의 구조적 특성에 관한 연구: 1945~1955년을 중심으로. 연세대학교 박사학위 논문.

이동헌(2008). 1950년대 국민화 담론 연구: 도의교육을 중심으로. 한양대 한국학연구소. 한국학논집 43, 185~213.

이무근(2004). 준칙주의에 의한 대학 설립의 실상. 대학교육 11 · 12, 51~59.

이영(2010). 한국의 경제성장을 위한 교육의 역할과 향후 과제. 경제연구 31(2), 1~30.

이영덕 · 김신복 · 이상주 (1976). 국가발전에 대한 교육의 기여(1945~75). 서울: 한국교육개발원.

이용숙 · 김영준 · 이근님 · 곽병선(1985). 고등학교 교육과정 국제비교연구. 서울: 한국교육개발원.

이용숙 · 조영태 · 황규호(1994). 교육과정 개혁 국제비교 연구. 서울: 한국교육개발원.

이종욱(1992). 한국 전자산업의 경쟁력 원천에 관한 연구. 서울: 한국경제연구원.

이종재 · 김성기 · 김왕준 · 김영식(2010). 교육기회의 확대와 한국형 교육발전 전략. 이종재 · 김성열 · 돈 애덤스 편저. 한국교육 60년. 서울: 서울대학교출판문화원, 47~96.

임해미(2014). PISA 2012 수학소양을 중심으로 한 우리나라 학생들의 인지적 · 정의적 성취 특성 분석. 한국교육과정평가원. PISA 2012 결과에 나타난 우리나라 학생들의 성취 특성(제 25회 KICE 교육과정평가 정책포럼 자료집). 서울: 한국교육과정평가원, 29~54.

장수명 · 공은배 · 이한일(2004). 국가 및 산업 경쟁력 제고를 위한 교육의 역할. 서울: 한국교육개발원.

장창원 · 김상호(2006). 인적자원개발과 경제성장. 서울: 한국직업능력개발원.

재건국민운동본부(1961). 재건생활: 농촌판 10호.

전국경제인연합회(1986). 한국 경제정책 40년사.

전자신문사. 한국 전자 연감, 1990, 1997.

정두용(1994). 한국교육의 국제적 지위에 관한 추이 분석 연구. 교육재정경제연구 3(1), 205~229.

조순경(1990). 한국 여성노동시장 분석을 위한 시론. 송호근 편. 노동과 불평등. 서울: 나남, 235~273.

중앙교육연구소(1967). 한국의 교육행정.

중앙대학교 부설 한국교육문제연구소(1974). 문교사(1945~1974). 서울: 중앙대학교출판국.

진미석(2010). 교육과 노동시장의 연계: 직업 교육과 훈련의 위상. 이종재 · 김성열 · 돈 애덤스 편저. 한국교육 60년. 서울: 서울대학교출판문화원, 493~527.

천세영(2009). 국가주도형 발전전략: 개혁과 그 한계. 이종재 외. 한국교육 60년-성취와 과제. 서울: 한국교육과정평가원, 243~266.

최강식(1996). 교육이 경제 성장에 미친 효과 분석. 한국교육개발원 미발간 용역 보고서.

최상덕 · 유성상 · 이영 · 전병유(2010). 지속가능한 성장을 위한 교육 · 인재 정책 방향 연구. 서울: 한국교육개발원.

최상덕 · 서영인 · 황은희 · 김영철 · 장상현 · 최영섭(2013). 미래 인재 양성을 위한 핵심 역량 교육 및 혁신적 학습생태계 구축(Ⅰ). 서울: 한국교육개발원.

최운실 · 백은순(1990). 한국의 문해 실태와 문해교육. 서울: 한국교육개발원.

최운실 · 백은순 · 최돈민(1992). 한국 사회교육의 실상과 미래전망 연구(I): 한국 사회교육의 발전과정과 특성. 서울: 한국교육개발원.

최종철(1986). 교육제도의 개편과 국가의 사회통제: 7 · 30 교육개혁 조치를 중심으로. 서울대학교 박사학위 논문.

통계청(1995). 통계로 본 한국의 발자취.

통계청(2000). 통계로 보는 한국의 모습.

통계청a. 경제활동인구연보. 각 연도.

통계청b. 한국의 사회지표. 각 연도.

표학길 · 공병호 · 권호영 · 김은자(1993). 한국의 산업별 성장요인 분석 및 생산성 추계 (1970~1990). 서울: 한국경제연구원.

한국개발연구원(1995). 한국경제 반세기: 역사적 평가와 21세기 비전.

한국교육개발원(2009). 교육정책 분야별 통계자료집.

한국교육개발원. 한국의 교육지표. 각 연도.

한국교육신문사. 한국교육연감. 1989~1996.

한국교육십년사간행회(1960). 한국 교육 십년사. 서울: 풍문사.

한국국제협력단(2004). 한국에 대한 개발원조와 협력: 우리나라의 수원규모와 분야, 효과사례 등에 관한 연구조사.

한국무역협회. 무역동향, 각 호.

한국산업은행(1987). 한국의 산업(상).

한국은행. 경제통계연보, 각 연도.

한국은행. 국민계정, 각 호.

한국은행. 한국은행의 통계, 각 연도.

한국전문대학교육협의회(1996). 전국전문대학편람 1996학년도.

한국전자공업진흥회(1986). 전자산업의 중장기 전망.

한국전자공업진흥회(1990). 전자산업 기술개발 5개년 계획.

홍성덕(1991). 한국경제의 요소생산성 성장요인추정. 서울: 한국개발연구원.

홍웅선(1991). 광복 후의 신교육 운동. 서울: 대한교과서주식회사.

황병주(2015). 교육과 국민 만들기. 오성철 외. 대한민국 교육 70년. 서울: 대한민국 역사박물관, 305~360.

황종건 외(1962). 사회교육. 서울: 현대교육총서출판사.

황종건 외(1966). 한국의 사회교육: 우리나라 성인교육의 역사적 변천과 현황. 서울: 중앙교육연구소.

조선일보 1996. 8. 19.

중앙일보, 1990. 5. 11, 7. 22.

세계일보, 1990. 10. 18.

Adams, D. & Gottlieb, E. E.(1993). *Education and social change in Korea.* New

York: Garland Publishing, Inc.

Amsden, A. H.(1989). *Asia's next giant: South Korea and late industrialization.* New York: Oxford University Press.

Barnes, E. M.(1960). *The school of Taegu, Kyongsang Pukto(North Kyongsang Province), Korea in 1954~55: An investigation into the interaction between culture and education.* Unpublished Ph.D. dissertation, University of Maryland.

Barrett, R. E. & Chin, S.(1987). Export-oriented industrializing state in the capitalist world system: Similarity and differences. In F. C. Deyo(ed.). *The political economy of the new Asia industrialism.* Ithaca: Cornell University Press.

Barro, R. J. & Lee, J. W.(2001). International data on educational attainment: Updates and implications. *Oxford Economic Papers 53*(3), 541~563.

Benavot, A.(1992). Educational expansion and economic growth in the modern world 1913~1985. In B. Fuller & R. Rubinson(eds.). *The political construction of education: The state, school expansion and economic change.* New York: Praeger Publishers.

Berger, P. L. & Hsiao, H. H. M.(eds.)(1988). *In search of an East Asian development model.* New Brunswick: Transaction Publishers.

Bosworth, B. P. & Collins, S. M.(2003). The empirics of growth: An update. Brookings papers on economic activity. No. 2, 113~206.

Bowles, S. & Gintis, H.(1976). *Schooling in capitalist America.* New York: Basic.

Bowman, M. J. & Anderson, C. A.(1963). Concerning the role of education in development. In C. Geertz(ed.). *Old societies and new states: The quest for modernity in Asia and Africa.* New York: The Free Press.

Bray, M.(1983). Universal education in Pakistan: A perpetually elusive goal? *International Review of Education 29*(1), 167~178.

Carnoy, M.(1995a). Education and productivity. In M. Carnoy(ed.). *International encyclopedia of economics of education(2nd edition).* Cambridge: Cambridge University Press.

Carnoy, M.(1995b). Education and technological change. In M. Carnoy(ed.). *International encyclopedia of economics of education(2nd edition).*

Cambridge: Cambridge University Press.

Chang, Y.(1976). *Education in Korea, 1945~70: A comparison of North and South Korea. Workshop on Korean modernization: North and South.* Puerto Rico: University of Puerto Rico.

Cheng, K. M.(1990). Review and prospects of educational planning and management in Asia and the Pacific. Documents of the international congress: Planning and management of educational development. 정일환 · 유현숙 편역(1990). 교육계획 및 관리의 현황과 전망: 지역간 비교연구. 서울: 한국교육개발원.

Cochrane, S.(1979). *Fertility and education: What do we really know?* Baltimore: Johns Hopkins University Press.

Cole, R. H.(1975). *The Koreanization of citizenship education in South Korea, 1948~1974.* Unpublished doctoral dissertation. Arizona State University.

Coulombe, S., Tremblay, J.-F. & Marchand, S.(2004). *Literacy scores, human capital and growth across fourteen OECD countries.* Ottawa: Statistics Canada.

Denison, E. F.(1962). *The sources of economic growth in the United States and the alternatives before Us.* Supplementary paper, No. 13. New York: Committee for Economic Development.

Denison, E. F.(1967). *Why growth rates differ: Postwar experience in nine Western countries.* Washington, D.C.: The Brookings Institution.

Fuller, B. & Rubinson, R.(eds.)(1992). *The political construction of education: The state, school expansion and economic change.* New York: Praeger Publishers.

Goel, S. C.(1975). Education and development strategy. *Higher education* and *development: A selection of papers presented for the golden jubilee seminar.* New Delhi: Association of Indian University. ED198776.

Golden, H. H.(1955). Literacy and social change in underdeveloped countries. *Rural Sociology 20*(1), 1~7.

Guadilla, C. G. & Casanova, R.(1992). Venezuela: Education after prosperity. In D. A. Morales-Gomez & C. A. Torres(eds.). *Education, policy and social change: Experiences from Latin America*. London: Praeger.

Hagen, E.(1962). *On the theory of social change: How economic growth begins*. Homewood: Dorsey Press.

Hanushek, E. A. & Kimko, D. D.(2000). Schooling, labor force quality, and the growth of nations. *American Economic Review* 90(5), 1184~1208.

Hanushek, E. A. & Wößmann, L.(2007). The role of education quality for economic growth. World Bank Policy Research Working Paper 4122. Washington, D. C.: World Bank.

Harris, K. J.(1995). Endogenous learning and economic growth. In M. Carnoy(ed.). *International encyclopedia of economics of education(2nd edition)*. Cambridge: Cambridge and University Press.

Hicks, N. L.(1980). Is there a trade off between growth and basic needs? *Finance and Development 17*(2), 17~20.

Hicks, N. L.(1995). Education and economic growth. In M. Carnoy(ed.) *International encyclopedia of economics of education (2nd edition)*. Cambridge: Cambridge University Press.

Hong, Y. & Crampton, F. E.(1990). *An international comparison of economic development, educational expenditure and the length of compulsory education*. A paper presented at the 1990 annual conference of the American Education Finance Association. Las Vegas, Nevada.

Howkins, J.(2001). *Creative economy: How people make money from ideas*. New York: The Penguin Press.

IMD. *World competitiveness yearbook*. 2011~2014. Lausanne: IMD.

Imam, S. R.(2005). English as a global language and the question of nation-building education in Bangladesh. *Comparative Education 41*(4), 471~486.

Inkeles, A. & Smith, D. H.(1966). The modernizing of man. In M. Weiner(ed.). *Modernization: The dynamics of growth*. New York: Basic Book.

Inkeles, A. & Smith, D. H.(1974). *Becoming modern: Individual change in six developing countries*. Cambridge: Harvard University Press.

Izquierdo, C. M. & Schmelkes, S.(1992). Mexico: Modernization of education and the problems and challenges of basic education. In D. A. Morales-Gomez &

C. A. Torres(eds.). *Education, policy and social change: Experiences from Latin America*. London: Praeger.

Jamison, E. A., Jamison, D. T. & Hanushek, E. A.(2007). The effects of education quality on income growth and mortality decline. *Economics of Education Review 26*(6), 772~789.

Jamison, D. T. & Lau, L.(1982). *Farmer education and farm efficiency*. Baltimore: Johns Hopkins University Press.

Jamison, D. T. & Moock, P.(1984). Farmer education and farm efficiency in Nepal: The role of schooling, extension services and cognitive skills. *World Development 12*(1), 67~86.

Jeong, I. S.(1988). Educational effects on economic growth in the republic of Korea, 1955~1985. Master's thesis, Department of Sociology. Florida State University.

Jones, L. & SaKong, I.(1980). *Government, business and entrepreneurship in economic development: The Korean case*. Cambridge: Harvard University Council on East Asian Studies.

Kasarda, J., Billy, J. & West, K.(1986). *Status enhancement and fertility: Reproductive responses to social mobility and educational opportunity*. Orlando: Academic Press.

Kim, J. I. & Lau, L. J.(1994). The sources of economic growth of the East Asian newly industrialized countries. *Journal of the Japanese and International Economies 8*(3), 235~271.

Kim, K. & Park, J.(1985). *Sources of economic growth in Korea, 1963~1982*. Seoul: Korea Development Institute Press.

Kim, K. S. & Hong, S. D.(1997). *Accounting for rapid economic growth in Korea, 1963~1995*. Seoul: Korean Development Institute Press.

Kim, Y. H.(2000). Concurrent development of education policy and industrialization strategies in Korea(1945~95): A historical perspective. *Journal of Education and Work 13*(1), 95~117.

Krugman, P.(1995). What are the lessons of Asian growth? A paper presented at the 50th anniversary of Korean Liberation Seminar held by Korean Institute for Industrial Economics and Trade. August. Seoul, Korea.

Lee, D. W. & Lee, T. H.(1995). Human capital and economic growth: Tests based on the international evaluation of educational achievement. *Economics Letters 47*(2), 219~225.

Lee, Y. & Gordon, R.(2005). Tax structure and economic growth. *Journal of Public Economics 89*(5~6), 1027~1043.

Lerner, D.(1958). *The passing of traditional society*. Glencoe: The Free Press.

Lipietz, A.(1994). *Toward a new economic order: Fordism, ecology and democracy*. London: Polity Press.

Lockheed, M. E., Jamison, D. T. & Lau, L. J.(1980). Farmer education and farm efficiency: A survey. *Economic development and cultural change 29*(1), 37~76.

Lorey, D. E.(1993). *The university system and economic development in Mexico since 1929*. Palo Alto: Stanford University Press.

Lucas, R. E.(1988). On the mechanics of economic development. *Journal of Monetary Economics 22*(1), 3~42.

Manuel, C.(1992). Four Asian tigers with a dragon head: A comparative analysis of the state, economy and society in the Asian Pacific Rim. In R. P. Appelbaum & J. Henderson(eds.). *States and development in the Asian Pacific Rim*. Newbury Park: Sage.

McClelland, D. C.(1961). *The achieving society*. Princeton: Van Nostrand.

Moock. P. & Addou, H.(1992). *Education and productivity*. Washington, D. C.: World Bank(mimeo).

Morales-Gomez, D. A.(1989). Seeking new paradigms to plan education for development: The role of educational research. *Prospects 19*(2), 192~204.

Morales-Gomez, D. A. & Torres, C. A.(1992). *Education, policy and social change: Experiences from Latin America*. London: Praeger.

Murphy, K. & Welch, F.(1989). Wage premiums for college graduates recent growth and possible explanations. *Educational Researcher 18*(4), 17~26.

Nam, B. H.(1962). Educational reorganization in South Korea under the United States Army Government, 1945~1948. Unpublished Ph.D. dissertation,

University of Pittsburgh.

OECD(2005). *Paris declaration on aid effectiveness: Ownership, harmonization, alignment, result and mutual accountability*. Paris: OECD.

OECD(2013a). *PISA 2012 results: Ready to learn: Students' engagement, drive and self-beliefs(Vol. III). Preliminary version*. Paris: OECD.

OECD(2013b). *Education at a glance*. Paris: OECD.

OFSTED(1994a). *Secondary education in the republic of Korea*. London: HMSO.

OFSTED(1994b). *Taught time: A report on the relationship between the length of the taught week and the quality and standards of pupils' work: Including examination results*. London: HMSO.

Peaslee, A.(1967). Primary school enrollments and economic growth. *Comparative Education Review 11*(1), 57~68.

Portocarrero, M. G.(1992). Peru: Education for national identity ethnicity and Andean nationalism. In D. A. Morales-Gomez et al(eds.). *Education, policy and social change*. London: Praeger.

Rubinson, R. & Fuller, B.(1992). Specifying the effects of education on national economic growth. In B. Fuller & R. Rubinson(eds.). *The Political construction of education: The State, school expansion, and economic change*. New York: Praeger Publishers.

Ryoo, J.-K., Nam, Y.-S. & Carnoy, M.(1993). Changing rates of return to education over time: A Korean case study. *Economic Education Review 12*(1), 71~80.

Sala-i-Martin, X., Doppelhofer, G. & Miller, R. I.(2004). Determinants of long-term growth: A Bayesian Averaging of Classical Estimates(BACE) approach. *The American Economic Review 94*(4), 813~835.

Sanyal. B. C. & Yoo, H. S.(1989). *Technological development in the micro-electronics industry and its implications for educational planning in the Republic of Korea*. International Institute for Educational Planning(IIEP) research report No. 72. Paris: IIEP.

Schultz, T. W.(1963). *The economic value of education*. New York: Columbia University Press.

Schumpeter, J. A.(1934). Theory of economic development. Cambridge: Harvard University Press.

Sianesi, B. & Reenen, J. V.(2003). The returns to education: Macroeconomics. *Journal of Economic Surveys 17*(2), 157~200.

Solow, R. M.(1956). A contribution to the theory of economic growth. *Quarterly Journal of Economics 70*(1), 65~94.

Solow, R. M.(1957). Technical change and the aggregate production function. *Review of Economics and Statistics 39*(3), 312~320.

UNDP(1995). *Human development report*. Oxford: Oxford Univ. Press.

UNESCO. *Statistical yearbook. each year*. Paris: UNESCO.

UNESCO(1962a). The economic impact of primary education, Annexe III. Report of the meeting of ministers of education of Asian member states participating in the Karachi plan, 2-11 April, 1962. Tokyo.

UNESCO(1962b). The relation between literacy and economic development. World campaign for universal literacy: Request addressed to UNESCO by the General Assembly of the United Nations at its 18th session, 10 Oct., 1962. Paris.

Volio, A. F.(1992). Costa Rica: Education and politics-Historical perspective. In D. A. Morales-Gomez & C. A. Torres(eds.). *Education, policy and social change: Experiences from Latin America*. London: Praeger.

Welch, F.(1970). Education in production. *Journal of Political Economy 78*(1), 35~59.

World Bank(1985). *Impact of World Bank lending for educational development in Korea: A Review. Report No. 5950*. Operation Evaluation Dpt. Washington, D.C.: World Bank.

World Bank(1993). *The East Asian miracle: Economic growth and public policy*. Washington, D. C.: World Bank.

World Bank(1995). *Priorities and strategies for education: A Review*. Washington, D. C.: World Bank.

Young, A.(1994). The tyranny of numbers: Confronting the statistical realities of the East Asian growth experience. NBER Working Paper No.4680.

http://kess.kedi.re.kr/index 한국교육개발원 교육통계서비스 시계열 통계
http://data.uis.unesco.org 유네스코 통계청

찾아보기

《인 명》

《내 용》

ㄱ

ㅊ

ㅌ

ㅍ

ㅎ

저자 소개

김영화(金榮和)
yhkim20@hongik.ac.kr

경기여자고등학교 졸업
서울대학교 사범대학 교육학과 학사
서울대학교 대학원 교육학과 석사
스탠포드대학교 대학원 교육학과 박사(Ph.D), 교육사회학 전공

한국교육개발원 선임연구위원, 연구본부장
국제노동기구(ILO) 제네바본부 수석연구원
컬럼비아대학교 교육대학원 방문학자
한국교육사회학회 회장
현재 홍익대학교 사범대학 교육학과 교수

〈주요 저서〉
『한국의 교육불평등』, 『한국의 교육과 사회』, 『평생학습사회에서의 인적자원 개발을 위한 사회적 파트너십 구축』, 『학습사회의 교육학(공저)』, 『지역사회 교육개혁을 위한 시민사회조직의 참여』, 『교육사회학』 외 다수

〈주요 논문〉
정치 · 사회적 맥락에서 본 OECD주요국의 중등 사학에 대한 국가 지원과 통제, 미국과 영국의 교육사회학 연구 동향: 2000년 이후, 문화자본의 개념화와 문화자본 연구의 주요 쟁점에 관한 비판적 검토, 대안학교 졸업생은 어떤 삶을 살아가고 있는가? 외 다수

〈개정판〉

한국 산업화 시기의 교육과 경제성장

-비교역사적 관점-

2002년 11월 30일 초판 발행 한국학술정보(주)
2004년 1월 30일 초판 수정 한국학술정보(주)
2015년 7월 15일 2판 1쇄 인쇄
2015년 7월 20일 2판 1쇄 발행

저 자 • 김영화
발행자 • 김동규
발행처 • 교육과학사

경기도 파주시 문발동 광인사길 71
전화 • 031) 955-6956~8 / 팩스 031) 955-6037
Home-page • http://www.kyoyookbook.co.kr
E-mail • kyoyook@chol.com
등록 • 1970년 5월 18일 제2-73호

정가 16,000원
ISBN 978-89-254-0958-0